HUOCHE
GOUZAO YUANLI JIANCE
ZHENDUAN WEIXIU

货车

构造·原理·检测·诊断·维修

顾惠烽　麦铮敏　编

U0314266

化学工业出版社

·北京·

内 容 简 介

本书根据一线汽修人员的操作所需进行编写，既有理论部分的内容，也有实操方面的知识，将理论与实际有机地结合起来，在一本书中尽量全面地汇总与货车有关的信息，使读者在系统地了解货车结构原理的同时，能够快速掌握故障诊断与维修的基本方法，为进一步在实践中学习打下基础。

本书可供货车使用、管理、维修人员阅读，也可供大中专院校和培训机构相关专业的师生参考。

图书在版编目（CIP）数据

货车构造·原理·检测·诊断·维修 / 顾惠烽，麦铮敏编. -- 北京 ：化学工业出版社，2024. 12.
ISBN 978-7-122-46441-5

Ⅰ. U492.3

中国国家版本馆 CIP 数据核字第 2024GM0899 号

责任编辑：张燕文　黄　滢　　　　　装帧设计：王晓宇
责任校对：李雨函

出版发行：化学工业出版社
　　　　　（北京市东城区青年湖南街 13 号　邮政编码 100011）
印　　装：高教社（天津）印务有限公司
787mm×1092mm　1/16　印张 15¼　字数 355 千字
2025 年 3 月北京第 1 版第 1 次印刷

购书咨询：010-64518888　　　　　售后服务：010-64518899
网　　址：http://www.cip.com.cn
凡购买本书，如有缺损质量问题，本社销售中心负责调换。

定　　价：108.00 元

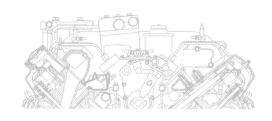

前　言

货车是一种主要为载运货物而设计和装备的车辆，它可以牵引或不牵引挂车。在物流领域，其占据着相当一部分运输份额。为了使相关从业人员对货车的结构特点和维修方法有一个基本的认识，特编写此书。

本书旨在为读者提供关于货车构造原理、检测诊断和维修方法的基础指南。本书一方面介绍了货车各组成部分的功能，读者通过了解货车的基本构造原理，可以为后续的检测诊断和维修工作打下基础；另一方面介绍了货车常见的故障排除方法，提供了一些维护建议，为读者在对货车进行故障诊断与排除的过程中提供帮助。

本书分为上、下两篇。上篇主要介绍了货车的分类、组成和技术参数，并进一步讲解了货车发动机、底盘、电气系统、空调系统的相关内容。下篇介绍了货车的故障诊断与维修方法，涉及测量、诊断与维修的相关内容，并给出了实际案例供读者参考。

考虑到货车家族庞大、种类繁多，一本书不可能全部涵盖，因此本书的主旨是帮助读者理清对货车维修的整体思路，为读者在实际操作过程中进一步积累经验打下伏笔，既可辅助快速上手操作，也对提升维修技能起到抛砖引玉的作用。希望本书能够帮助一线人员解决实际问题。

本书可供货车使用、管理、维修人员阅读，也可供大中专院校和培训机构相关专业的师生参考。

由于编者水平所限，书中不足之处在所难免，恳请广大读者批评指正。

编　者

目录

上篇　货车基本构造与原理

第3章　货车底盘 /50

第4章　货车电气系统 /70

第5章 货车空调系统 /103

下篇 货车故障诊断与维修

第6章 货车故障诊断与维修基础 /111

第7章 发动机故障诊断与维修 /121

第8章　底盘故障诊断与维修 /200

第9章 电气系统故障诊断与维修

第10章 空调系统故障诊断与维修

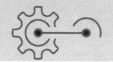

上篇

货车基本构造与原理

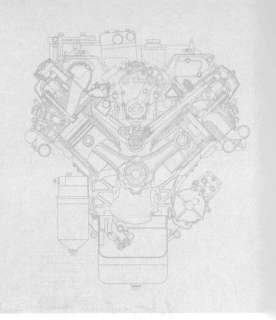

第**1**章

货车基础知识

1.1

货车的分类

（1）按功能分类

货车按功能可分为普通货车、多用途货车、全挂牵引车、越野货车、专用作业车和专用货车六大类。

① 普通货车　在敞开（平板式）或封闭（厢式）载货空间内载运货物的货车（图1-1-1）。

② 多用途货车　在其设计和结构上主要用于载运货物，但在驾驶员座椅后带有固定或折叠式座椅，可运载三个以上的乘客的货车（图1-1-2）。

图 1-1-1　普通货车

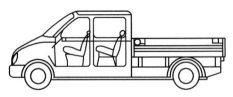

图 1-1-2　多用途货车

③ 全挂牵引车　一种牵引牵引杆挂车的货车。其本身可在附属的载运平台上运载货物（图1-1-3）。

④ 越野货车　在其设计上所有车轮同时驱动（包括一个驱动轴可以脱开的情况）或其几何特性（接近角、离去角、纵向通过角、最小离地间隙）、技术特性（驱动轴数、差速锁止机构或其他型式的机构）和它的性能（爬坡度）允许在非道路上行驶的一种货车（图1-1-4）。

⑤ 专用作业车　在其设计和技术特性上用于特殊工作的货车。例如消防车、救险车、垃圾车、应急车、街道清洗车、扫雪车、清洁车等（图1-1-5）。

⑥ 专用货车　在其设计和技术特性上用于运输特殊物品的货车。例如罐式车、乘用车

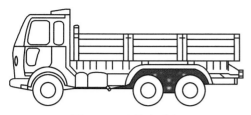

图 1-1-3　全挂牵引车

图 1-1-4　越野货车

图 1-1-5　专用作业车

图 1-1-6　专用货车

运输车、集装箱运输车等（图 1-1-6）。

（2）按驾驶室结构分类

货车按驾驶室结构可分为长头式货车、短头式货车、平头式货车、偏置式货车等。

① 长头式货车　其特点是发动机位于驾驶室的前部（图 1-1-7）。

② 短头式货车　其特点是发动机位于驾驶室的前下部（图 1-1-8）。

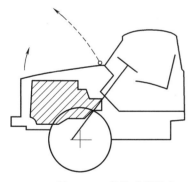

图 1-1-7　长头式驾驶室

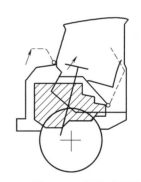

图 1-1-8　短头式驾驶室

③ 平头式货车　其特点是发动机位于驾驶室的下部（图 1-1-9）。

④ 偏置式货车　其特点是发动机偏置于驾驶室的一侧，它是平头式或长头式货车的一种变型（图 1-1-10）。

（3）按载重分类

目前常用的，一般分为微卡、轻卡、中卡、重卡四种。

① 微卡　总质量≤1.8t。

② 轻卡　1.8t＜总质量≤6t。

③ 中卡　6t＜总质量≤14t。

④ 重卡　总质量＞14t。

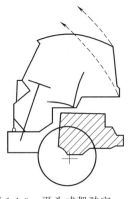

图 1-1-9　平头式驾驶室

图 1-1-10　偏置式货车

（4）按车厢结构分类

由于运输货物的特性不同，货车（挂车）车厢厢体差异较大，一般来讲，可以分为栏板式、平板式、箱式、仓栅式、罐式、自卸式等（图 1-1-11）。

图 1-1-11　货车按车厢结构分类

（5）按燃料分类

货车按燃料分为汽油货车、柴油货车、其他燃料货车。

（6）按驱动方式分类

例如 4×2，表示货车有 4 个车轮（两根轮轴，即双桥），其中有 2 个驱动车轮（一根驱动轴，即单驱动桥）。同理，6×4 表示货车有三根轮轴，双驱动桥。货车按驱动方式分类见表 1-1-1。

表 1-1-1　货车按驱动方式分类

分类	驱动桥数量					
	1	2	3	4	5	6
二轴车	4×2	4×4				
三轴车	6×2	6×4	6×6			
四轴车	8×2	8×4	8×6	8×8		
五轴车	10×2	10×4	10×6	10×8	10×10	
六轴车	12×2	12×4	12×6	12×8	12×10	12×12

1.2 货车的组成

（1）发动机

发动机的作用是给车辆提供动力。汽油发动机（简称汽油机）由两大机构和五大系统组成，即曲柄连杆机构、配气机构、燃料供给系统、润滑系统、冷却系统、点火系统和启动系统。柴油发动机（简称柴油机）由其工作原理决定，没有点火系统。

（2）底盘

底盘由传动系统、行驶系统、转向系统和制动系统四部分组成。底盘的作用是支承、安装发动机及其他各部件、总成，并接收发动机的动力，使车身产生运动，保证正常行驶。

（3）电气设备

电气设备是货车电气系统的重要组成部分，它主要由发电机、蓄电池、起动机、灯光系统、辅助设备、仪表系统和音响系统等多个部分组成。

（4）车身

车身提供乘坐、载货空间，车身安装在底盘的车架上。货车车身通常由驾驶室和车厢两部分组成。

1.3 货车的技术参数

以重汽 MC05 发动机为例，发动机技术参数见表 1-3-1 和表 1-3-2。

表 1-3-1　重汽 MC05 国五排放发动机技术参数

型号	MC05.14-50	MC05.16-50	MC05.18-50	MC05.21-50
气缸数	4 个	4 个	4 个	4 个
气缸排列方式	直列	直列	直列	直列
额定转速	2400r/min	2400r/min	2400r/min	2400r/min

最大转矩	535N·m	610N·m	700N·m	830N·m
全负荷最低燃油消耗率	199g/(kW·h)	199g/(kW·h)	199g/(kW·h)	199g/(kW·h)
发动机净重	459kg	459kg	459kg	459kg
缸径×行程	108mm×125mm	108mm×125mm	108mm×125mm	108mm×125mm
进气方式	增压中冷	增压中冷	增压中冷	增压中冷
燃料种类	柴油	柴油	柴油	柴油
排量	4.58L	4.58L	4.58L	4.58L
最大输出功率	103kW	118kW	132kW	151kW
最大转矩转速	1300～1700r/min	1300～1700r/min	1300～1700r/min	1300～1700r/min
发动机形式	直列、水冷、四冲程	直列、水冷、四冲程	直列、水冷、四冲程	直列、水冷、四冲程
压缩比	16.5∶1	16.5∶1	16.5∶1	16.5∶1
每缸气门数	4个	4个	4个	4个

表 1-3-2　重汽 MC05 国六排放发动机技术参数

型号	MC05H.20-60	MC05H.23-60	MC05H.25-60
气缸数	6个	6个	6个
进气方式	增压中冷	增压中冷	增压中冷
燃料种类	柴油	柴油	柴油
排量	4.91L	4.91L	4.91L
最大输出功率	147kW	166kW	180kW

　　发动机的飞轮端是发动机的后端，带轮端是发动机的前端，发动机气缸编号从前向后依次增大，例如直列四缸机靠近带轮的是1缸，靠近飞轮的是4缸。

　　如图 1-3-1 所示，一般情况下，面对车辆站立，从带轮端开始左侧为1缸、3缸、5缸，右侧为2缸、4缸、6缸。

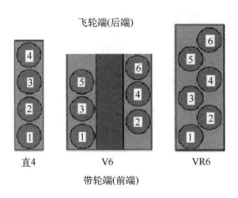

图 1-3-1　发动机气缸编号顺序

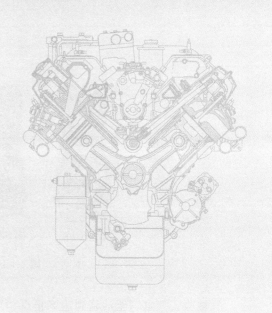

第2章
货车发动机

2.1
发动机的基本类型及工作原理

2.1.1 发动机的基本类型

① 按点火方式分类 可分为点燃式发动机（汽油机、液化石油气发动机和双燃料发动机）和压燃式发动机（柴油机和重油发动机）。

② 按工作循环分类 可分为四冲程发动机和二冲程发动机。

③ 按凸轮轴的位置和数量分类 按凸轮轴的位置可分为凸轮轴装在气缸盖上的（凸轮轴顶置）发动机和凸轮轴装在气缸体内的（凸轮轴中置，也称气门顶置）发动机。按凸轮轴数量可分为单凸轮轴发动机、双凸轮轴发动机和四凸轮轴发动机。

④ 按使用的燃料分类 可分为汽油机、柴油机、液化石油气发动机和双燃料发动机等。

⑤ 按气缸的数量和排列方式分类 按缸数可分为单缸发动机和多缸发动机。按气缸的排列方式，可分为直列式发动机、V 型发动机、辐射式发动机、对置式发动机和卧式发动机等。

⑥ 按冷却方式分类 可分为水冷发动机和风冷发动机。

目前主要采用四冲程、多缸、水冷、凸轮轴顶置发动机。

2.1.2 发动机的工作原理

（1）四冲程汽油（发动）机

四冲程汽油机的工作原理如图 2-1-1 所示。

① 进气冲程 曲轴带动活塞由上止点向下止点运动，进气门打开，汽油和空气的混合

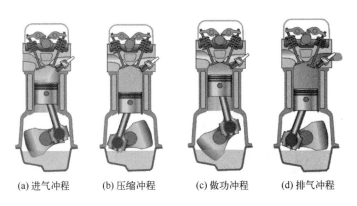

(a) 进气冲程   (b) 压缩冲程   (c) 做功冲程   (d) 排气冲程

图 2-1-1   四冲程汽油机的工作原理

气被吸入气缸，至活塞到达下止点，进气冲程结束 [图 2-1-1 (a)]。

② 压缩冲程   曲轴带动活塞由下止点向上止点运动，进气门和排气门均关闭，混合气被压缩，压力和温度升高，至活塞到达上止点，压缩冲程结束 [图 2-1-1 (b)]。

③ 做功冲程   压缩冲程即将结束，活塞到达上止点前的某一刻，点火系统提供的高压电作用于火花塞，火花塞跳火，点燃气缸内的混合气，因为活塞的运行速度极快而迅速越过上止点，同时混合气迅速燃烧膨胀做功，推动活塞下行，带动曲轴输出动力，到达下止点，做功冲程结束 [图 2-1-1 (c)]。

④ 排气冲程   曲轴带动活塞由下止点向上止点运动，排气门打开，燃烧后的废气经排气门排出。排气结束，活塞处于上止点 [图 2-1-1 (d)]。

发动机完成进气、压缩、做功、排气称为一个工作循环，需要四个冲程，曲轴转两圈，所以称为四冲程发动机。可燃混合气在燃烧室外形成（在直喷的情况下，也可以在内部完成）。混合气的压缩温度在 $400 \sim 600\,^{\circ}\mathrm{C}$ 之间，这个温度仍然低于其自燃温度，因此需要用火花塞点燃。

（2）四冲程柴油（发动）机

四冲程柴油机的工作原理如图 2-1-2 所示。

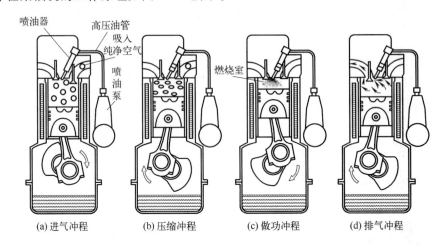

(a) 进气冲程   (b) 压缩冲程   (c) 做功冲程   (d) 排气冲程

图 2-1-2   四冲程柴油机的工作原理

① 进气冲程　开始时，活塞位于上止点，气缸内的燃烧室中还留有一些废气［图 2-1-2（a）］。当曲轴旋转时，连杆使活塞由上止点向下止点移动，同时，利用与曲轴相连的传动机构使进气门打开。随着活塞的向下运动，气缸内活塞上面的容积逐渐增大，使气缸内的空气压力低于进气管内的压力，新鲜空气不断充入气缸，直至活塞到达下止点。

② 压缩冲程　活塞从下止点向上止点运动，进气门关闭，气缸内的空气受到压缩，随着容积的不断减小，空气的压力和温度不断升高［图 2-1-2（b）］。当活塞运行到上止点前的某个位置时，柴油经过喷油器喷入气缸，被高温高压的气体压燃，释放能量，迫使活塞开始向下运动。

③ 做功冲程　在这个冲程开始时，大部分喷入燃烧室的柴油都燃烧了，放出大量的热，活塞在高温、高压气体作用下向下运动，并通过连杆使曲轴转动，对外做功［图 2-1-2（c）］。随着活塞的下行，气缸的容积增大，气体的压力下降，做功冲程在活塞行至下止点排气门打开时结束。

④ 排气冲程　当做功冲程活塞运动到下止点附近时，排气门打开，活塞在曲轴和连杆的带动下，由下止点向上止点运动，并把废气排出气缸外［图 2-1-2（d）］。在排气冲程开始时，气缸内的气体压力仍比大气压力高。排气门一打开，具有一定压力的气体就立即排出气缸，缸内压力迅速下降，这样气缸内的废气可以依靠活塞上行排出去。为了利用排气时的气流惯性使废气排除得干净，排气门在活塞运动到上止点以后才关闭。

柴油机混合气在燃烧室内部形成，采用自燃方式。柴油机具有更高的压缩比，压缩空气的温度能上升到 600～900℃，喷入的柴油自燃。

相比于四冲程发动机而言，二冲程发动机不需要配气正时。它的工作循环限制在两个冲程内，每一个工作循环曲轴旋转一周。当活塞向上运动时，进气门打开，混合气随着体积增大而进入曲轴箱。点火后，活塞从上止点向下运动，压缩曲轴箱内的混合气，在运行到下止点的过程中，活塞打开传输通道，该通道将曲轴箱与燃烧室相连。在曲轴箱经过预压缩的混合气进入燃烧室，并且燃烧后的气体通过排气门排入排气系统。二冲程发动机的设计更简单，运动部件更少。

2.2
柴油机的总体构造

2.2.1　曲柄连杆机构

曲柄连杆机构的作用是将活塞的往复运动转变为曲轴的旋转运动并输出动力。曲柄连杆机构包括气缸体曲轴箱组、活塞连杆组、曲轴飞轮组。

（1）气缸体曲轴箱组

气缸体曲轴箱组是发动机的机体，主要作用是承受发动机负荷，安装发动机的零部件（图 2-2-1）。

① 气缸体　其中安装活塞的部位称为气缸，各气缸连铸成整体（图 2-2-2）。

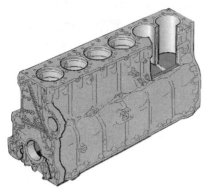

图 2-2-1 气缸体曲轴箱组

图 2-2-2 气缸体

② 气缸套 用耐磨铸铁制造，镶入气缸孔内，以延长气缸使用寿命（图 2-2-3）。

③ 气缸盖 用来封闭气缸并构成燃烧室，其结构随气门布置和冷却方式不同而不同（图 2-2-4）。

图 2-2-3 气缸套

图 2-2-4 气缸盖

④ 气缸垫 弥补气缸体和气缸盖接触面的不平，保证气缸密封，防止漏气、漏水（图 2-2-5）。

图 2-2-5 气缸垫

（2）活塞连杆组

活塞连杆组由活塞、活塞环、活塞销、连杆等组成（图 2-2-6）。

① 活塞 其顶部是燃烧室的组成部分，当发动机做功时，活塞直接承受气体的高压作用，并通过活塞销和连杆将压力传给曲轴。活塞分为顶部、头部和裙部三部分（图 2-2-7）。

② 活塞环 装在活塞头部的环槽中，分气环和油环。气环的作用是密封气缸，防止漏

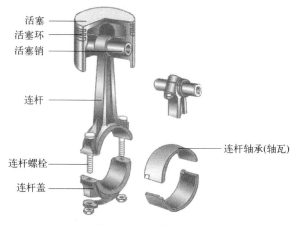

图 2-2-6 活塞连杆组

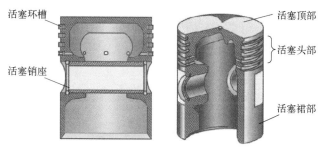

图 2-2-7 活塞

气和帮助活塞散热（图 2-2-8）。根据环的断面形状，气环可分为矩形环、扭曲环、梯形环等。油环的作用是刮除缸壁上多余的机油，减少进入燃烧室的机油，并将缸壁上的机油刮布均匀。

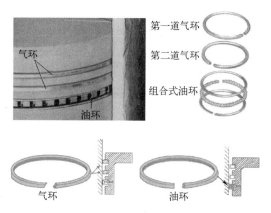

图 2-2-8 活塞环

③ 活塞销　用来连接活塞和连杆小头，它的中部穿入连杆小头孔中。活塞销（图 2-2-9）采用浮式安装法。

④ 连杆　其作用是连接活塞和曲轴，将活塞承受的力传给曲轴，并和曲轴配合，把活塞的往复直线运动变为曲轴的旋转运动（图 2-2-10）。

连杆由小头、杆身和大头三部分组成。为了润滑小头摩擦表面，在小头和衬套上钻孔，以集存润滑油（机油）。杆身呈工字形断面。大头做成可分的，两部分用螺栓紧固。

图 2-2-9　活塞销

图 2-2-10　连杆

⑤ 连杆轴承（连杆瓦）　连杆大头与连杆盖中装有剖分式滑动轴承，具有保持油膜、减少摩擦阻力和易于磨合的作用。连杆瓦上的凸键镶入连杆盖的凹槽中，以防止连杆瓦在工作中移动或转动（图 2-2-11）。

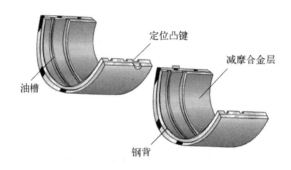

图 2-2-11　连杆轴承

（3）曲轴飞轮组

曲轴飞轮组的作用是连续承受从活塞做功冲程经连杆传来的力，并将转矩输送给传动机构（图 2-2-12）。同时，还要通过连杆推动各缸活塞进行进气、压缩和排气，并驱动配气机构及其他辅助装置。

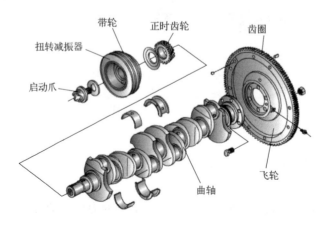

图 2-2-12　曲轴飞轮组

曲轴的构造分为主轴颈、连杆轴颈、曲柄、前端轴和飞轮凸缘盘等部分。主轴颈是曲轴的支撑点，安装在曲轴箱的主轴承座中，以增加曲轴的强度和刚度。连杆轴颈用来安装连杆大头，为了使发动机工作平稳，连杆轴颈之间具有一定的配角，六缸的配角为120°。曲柄是用来连接主轴颈和连杆轴颈的，曲柄内有油道贯通主轴颈和连杆轴颈。前端轴用来安装主动正时齿轮、法兰、减振器、带轮。

2.2.2 配气机构

配气机构的作用是按照气缸中所进行的工作过程，适时地开闭进、排气门，完成换气过程（图2-2-13）。配气机构由气门组和气门传动组组成。气门组包括气门、气门座、气门导管、气门弹簧等。气门传动组包括摇臂轴、摇臂、推杆、挺杆、凸轮轴、正时齿轮等。

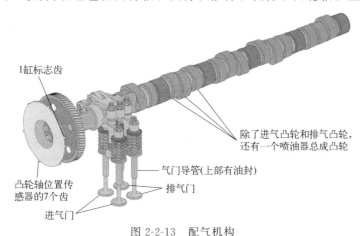

图 2-2-13 配气机构

当发动机工作时，曲轴通过正时齿轮驱动凸轮轴旋转。当凸轮轴转到凸轮的凸起部分（凸轮尖）顶起挺杆时，通过推杆使摇臂摆动，压缩气门弹簧，压下气门使其开启。当凸轮尖离开挺杆后，气门便在气门弹簧的作用下紧压在气门座上使气门关闭。

（1）气门

气门用来控制进气与排气（图2-2-14），由头部和杆部组成，头部采用平顶结构。气门

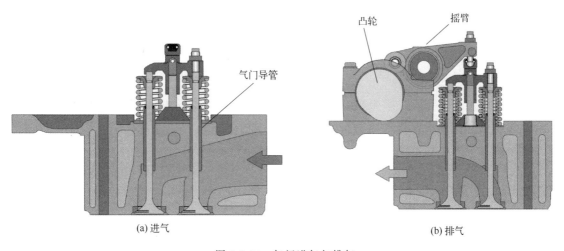

(a) 进气

(b) 排气

图 2-2-14 气门进气与排气

头部与气门座之间的配合面制成锥形面，以使其接触良好，防止漏气。

（2）气门座

气缸盖上进、排气口均镶有特殊铸铁材料的气门座，以提高缸盖的使用寿命（图2-2-15）。

（3）气门导管

气门导管的作用是保证气门直线运动，使气门头部与气门座正确闭合，同时将气门杆的热量传至气缸盖。气门杆和气门导管之间留有0.05～0.12mm的间隙，使气门能在其中自由运动（图2-2-16）。

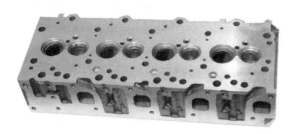

图2-2-15　气门座

图2-2-16　气门导管

（4）气门弹簧

气门弹簧的作用是使气门头部同气门座保持紧密闭合，并防止气门在开闭过程中，因运动件的惯性彼此脱开。为防止弹簧发生共振，采用旋向相反的内、外两个弹簧（图2-2-17）。

（5）凸轮轴

凸轮轴用来控制各气缸的进、排气门开闭时刻，使之符合发动机各缸的工作顺序和配气相位的要求，同时控制气门开度的变化规律。采用多轴颈支撑，减少其变形（图2-2-18）。

图2-2-17　气门弹簧

图2-2-18　凸轮轴

凸轮轴通过曲轴正时齿轮驱动，曲轴与凸轮轴的传动比为2∶1。为防止凸轮轴前后窜动，凸轮轴前端装有定位装置。

进、排气与增压系统在2.2.7小节进一步介绍。

2.2.3　冷却系统

（1）冷却系统的类型

柴油机采用强制水冷的冷却方式。根据不同机型的构造特点，分别设置了不同的冷却系统。具体可分为双循环冷却系统和单循环冷却系统。

① 双循环冷却系统（图 2-2-19） 在一台柴油机上，同时设置了两套完全独立的冷却循

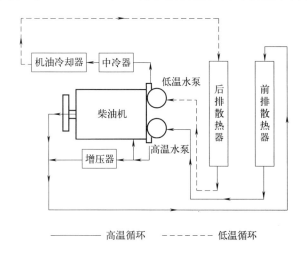

——— 高温循环　- - - - - 低温循环

图 2-2-19　双循环冷却系统

环系统，分别用于不同部位的冷却。通常称为高温冷却循环系统（简称高温循环）和低温冷却循环系统（简称低温循环）。

高温冷却循环系统主要将气缸套、气缸盖、增压器所吸收的热量及时传送出去，保证发动机在高温情况下可靠工作。该循环过程冷却水均经过柴油机高温工作区，吸收的热量较多，需控制其适当的冷却水温度，以免带走过多的热量，造成柴油机功率下降、油耗增加、工作粗暴等不良后果。该循环系统要求在保证受热零件工作可靠的前提下，使散走的热量尽可能少。通常回水温度应控制在 80～90℃之间。

低温冷却循环系统的作用是降低进气和机油的温度，提高柴油机进气效率及保持机油的润滑性能。该循环过程中的冷却水仅通过热交换器（中冷器、机油冷却器）来冷却进气和机油。为提高进气效率，进气温度应尽量低些，为此要求该系统内冷却水温度尽量低些。

② 单循环冷却系统（图 2-2-20） 在一台柴油机上，仅设置一套完整的冷却循环系统。在单循环冷却系统工作过程中，节温器起着重要作用。当回水温度高于规定值时，节温器打开通往散热器的通路，使冷却水流经散热器后，再由循环泵送入系统内（称为大循环）；当回水温度低于规定值时，节温器关闭通往散热器的通路，同时打开通往出水管的通路，使冷却水不经散热器直接回到循环泵进水口处（称为小循环）。当柴油机正常工作时，冷却水温度较高，系统内冷却水以大循环流通，经散热器作用，使其保持正常温度。当柴油机冷启动或环境温度较低时，冷却水温度较低，则以小循环流通，使冷却水温度得到较快的提升。

（2）冷却系统的主要部件

① 水泵 使冷却水产生一定的压力，压入柴油机冷却部位，保证柴油机工作过程中冷却水不断循环。一般采用离心式水泵（图 2-2-21）。

② 节温器 有两个出口，一路通往散热器，另一路通往水泵进口，根据需要控制冷却水的大、小循环，如图 2-2-22 所示。

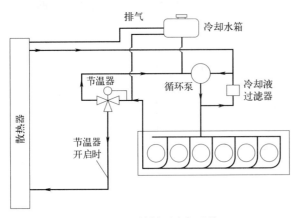

图 2-2-20 单循环冷却系统

图 2-2-21 离心式水泵

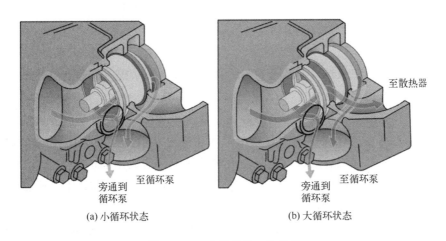

(a) 小循环状态

(b) 大循环状态

图 2-2-22 节温器的工作状态

③ 机油冷却器 把机油的过多热量带走，确保柴油机的正常润滑。机油在柴油机内部的高温环境下工作时，吸收大量的热，温度升高。随着温度的升高，机油不但黏度降低，还很容易产生氧化变质，因此必须及时降低机油温度，以保持正常的工作性能。机油冷却器安装位置如图 2-2-23 所示。

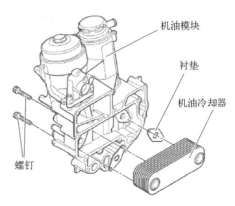

图 2-2-23 机油冷却器安装位置

④ 散热器　以空气作介质，将冷却水带出的热量传递出去，以保证柴油机的正常冷却（图2-2-24）。柴油机采用管片式或管带式散热器，有以下两种结构：组合式，散热器由若干散热芯子组装在一起，构成一个完整的散热装置；整体式，散热器为一整体构造，其芯子为管片式结构。

⑤ 风扇及其传动装置　如图2-2-25所示，柴油机上常用的是轴流式风扇，根据结构及使用要求不同，分别采用直接传动、离合器传动和偶合器传动等风扇传动装置。直接传动装置是由曲轴通过带传动，直接驱动风扇运转。该装置不能调节风扇转速，也不能控制风扇停转。离合器传动装置可根据柴油机出水温度的变化使风扇停止运转，但不能改变风扇转速。偶合器传动装置以液力偶合器作为传动机构驱动风扇运转，可根据冷却水温度自动调节风扇转速。

图2-2-24　散热器

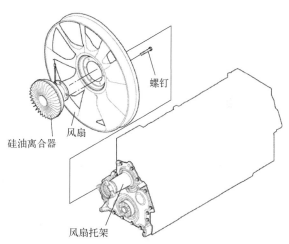

图2-2-25　风扇及其传动装置

2.2.4　润滑系统

润滑系统主要包括预供油泵、机油泵、单向调压阀、油底壳、机油滤清器等。其主要功用是向柴油机各摩擦表面提供充足的机油，以减少磨损，保证其正常工作。同时还具有散热、清洁、密封和防腐的作用。

① 预供油泵　在柴油机启动前，将机油压送到各摩擦表面，以保证柴油机在启动过程中各摩擦表面具有必要的润滑。根据驱动方式不同，预供油泵可分为手动式、气动式和电动式三种类型。

② 机油泵　提高机油的压力，将机油强制地输送到柴油机各摩擦表面上，以保证各摩擦表面的润滑。常用的机油泵主要有齿轮式（图2-2-26）和转子式（图2-2-27）两种。

齿轮式机油泵由主动轴、主动齿轮、从动轴、从动齿轮、壳体等组成，两齿数相同的齿轮相互啮合，装在壳体内，齿轮与壳体的径向和端面间隙很小。主动轴与主动齿轮通过键连接，从动齿轮空套在从动轴上。工作时，主动齿轮带动从动齿轮反向旋转。两齿轮旋转时，充满在齿轮齿槽间的机油沿油泵壳壁由进油腔被带到出油腔，在进油腔一侧由于齿轮脱开啮合以及机油被不断带出而产生真空，使油底壳内的机油在大气压力作用下经集滤器进入进油腔，而在出油腔一侧由于齿轮进入啮合和机油被不断带入而产生挤压作用，机油以一定压力

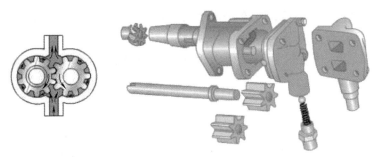

图 2-2-26　齿轮式机油泵

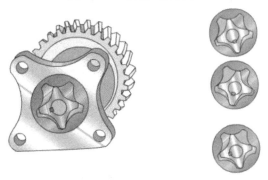

图 2-2-27　转子式机油泵

被泵出。齿轮式机油泵结构简单，机械加工方便，工作可靠，使用寿命长，应用较广泛。

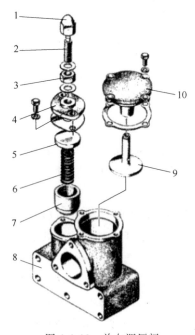

图 2-2-28　单向调压阀

1—螺母；2—调节螺钉；3—六方扁螺母；
4—法兰；5—弹簧座；6—弹簧；
7,9—阀芯；8—阀体；10—阀盖

转子式机油泵由壳体、内转子、外转子和泵盖等组成。内转子用键或销固定在转子轴上，由曲轴齿轮直接或间接驱动，内转子和外转子有偏心，内转子带动外转子一起沿同一方向转动。内转子有 4 个凸齿，外转子有 5 个凹齿，内、外转子同向不同步旋转。转子齿形齿廓设计得使转子转到任何角度时，内、外转子每个齿的齿形廓线上总能形成点接触。这样内、外转子间形成 4 个工作腔，随着转子的转动，这 4 个工作腔的容积是不断变化的。在进油道的一侧空腔，由于转子脱开啮合，容积逐渐增大，产生真空，机油被吸入，转子继续旋转，机油被带到出油道的一侧，这时，转子正好进入啮合，使这一空腔容积减小，油压升高，机油从齿间被挤出并经出油道被压送出去。这样，随着转子的不断旋转，机油就不断地被吸入和压出。转子式机油泵结构紧凑，外形尺寸小，重量轻，吸油真空度较大，泵油量大，供油均匀性好，成本低，在中、小型发动机上应用广泛。

③ 单向调压阀　由单向阀和调压阀两部分组成（图 2-2-28）。单向阀的功用是防止预供油时，机油沿机油泵出油通路回流到油底壳内。调压阀又称限压阀，它的功用是限制润滑系统的最高油压，防止润滑系统产生过高的压力，以免造成有关零部件的损坏及润滑系统密封处漏油。

柴油机启动前，单向阀阀芯在自身重力作用下，落在阀体座孔下端面处，将机油泵出油通路阻断，预供油泵送入系统内的机油不能向油底壳内倒流。当柴油机正常工作时，由机油泵压送出的机油，从阀体后侧进油口进入阀体，在机油压力作用下将阀芯 9 顶起，机油从出油口送至系统内。

调压阀的底部空腔与进油口相连通，当机油压力超出规定值时，便克服弹簧的弹力作用，将阀芯 7 顶起，使旁通油路打开，一部分机油从阀体后侧回油口流回油底壳，使润滑系统内的机油压力保持在规定范围内。

两阀共用一个阀体 8，阀芯 9 和阀盖 10 组成单向阀，由阀芯 7、弹簧 6、法兰 4 和调节螺钉 2 组成调压阀。

④ 油底壳　封闭曲轴箱，防止脏物进入柴油机内部，收集和储存机油（图 2-2-29）。油底壳前端板上的油尺座内装有油尺，用于检查油底壳内的油面高度。

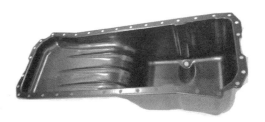

图 2-2-29　油底壳

⑤ 机油滤清器　必须在润滑系统中设置机油滤清器，使循环流动的机油在送往运动零件表面之前得到净化，保证摩擦表面的良好润滑，延长使用寿命。一般润滑系统中装有几个不同滤清能力的滤清器（集滤器、粗滤器和细滤器），分别串联或并联在主油道中。与主油道串联的滤清器称为全流式滤清器，一般为粗滤器；与主油道并联的滤清器称为分流式滤清器，一般为细滤器。

a. 集滤器　是具有金属网的滤清器，安装于机油泵进油管上，其作用是防止较大的机械杂质进入机油泵。浮式集滤器漂浮于机油表面吸油，能吸入油面上较清洁的机油，但油面上的泡沫易被吸入，使机油压力降低，润滑欠可靠，目前应用不多。固定式集滤器设置在油面以下，吸入的机油清洁度较差，但可防止泡沫吸入，润滑可靠，结构简单（图 2-2-30）。

b. 粗滤器　用于滤去机油中粒度较大的杂质，机油流动阻力小，通常串联在机油泵与主油道之间，属于全流式滤清器。其工作原理是利用机油通过细小的孔眼或缝隙时，将大于孔眼或缝隙的杂质截留。传统的粗滤器多采用金属片缝隙式（图 2-2-31），现多采用纸质滤芯式（图 2-2-32）。

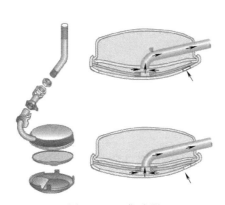

图 2-2-30　集滤器

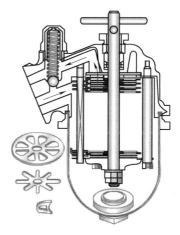

图 2-2-31　金属片缝隙式粗滤器

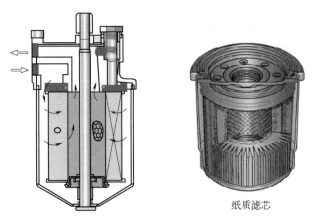

纸质滤芯

图 2-2-32　纸质滤芯式粗滤器

　　c. 细滤器　用以清除细小的杂质，机油流动阻力较大，故多制成分流式，与主油道并联，只有少量的机油通过它滤清后又回到油底壳。细滤器有过滤式和离心式两种，过滤式机油细滤器存在着滤清能力与通过能力的矛盾，为此多数发动机采用离心式细滤器。

2.2.5　燃油供给系统

　　燃油供给系统主要由燃油箱、输油泵、喷油泵、调速器、喷油器、燃油滤清器和燃油输送管路等组成（图 2-2-33）。燃油供给系统的功用是，根据柴油机的工况要求，将柴油喷入燃烧室，并使其雾化且与空气充分混合，以实现燃烧、做功过程。同时，通过系统内的喷油泵及调速器，控制柴油机在给定的工况下稳定运转。

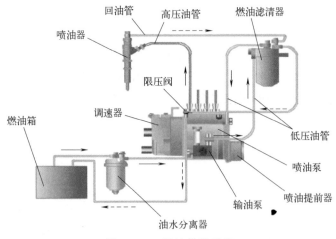

图 2-2-33　燃油供给系统

　　（1）输油泵和喷油泵

　　输油泵和喷油泵如图 2-2-34 所示。

　　① 输油泵　将燃油箱内的柴油提高到一定的压力，克服其通过滤清器的阻力，保证连续不断地向喷油泵输送足量的燃油。输油泵的工作原理如图 2-2-35 所示。凸轮尖转过，活塞上行，下泵腔容积增大，产生真空，进油阀开启，柴油经进油口进入下泵腔。同时上泵腔

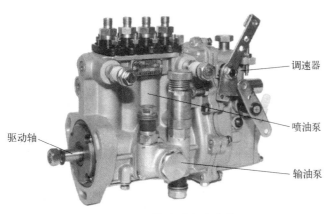

图 2-2-34　输油泵和喷油泵

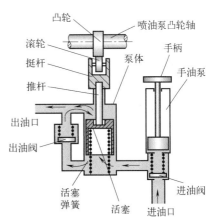

图 2-2-35　输油泵的工作原理

容积缩小，压力增大，出油阀关闭，上泵腔中的柴油经出油口压出。凸轮尖转至，推动滚轮、挺杆和推杆，使活塞向下运动，下泵腔油压增高，进油阀关闭，出油阀开启，柴油从下腔流入上腔。输油泵供油量大于喷油泵需要量时，上泵腔油压增高，与活塞弹簧的弹力相平衡时，活塞便停止泵油。用手油泵泵油来清除燃油供给系统内的空气。

　　② 喷油泵　又称高压油泵，用以提高柴油的压力，并根据柴油机工作过程的要求，定时、定量、定压地向燃烧室内输送柴油。目前常采用柱塞式喷油泵，其结构如图 2-2-36 所示。

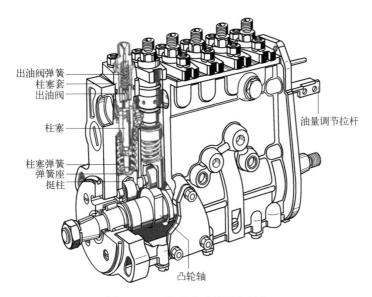

图 2-2-36　柱塞式喷油泵的结构

　　如图 2-2-37 所示，喷油泵中柱塞与套筒是精密偶件，柱塞在套筒内上下移动来泵油，两者之间具有严格的配合间隙（一般为 0.0015～0.0025mm）。柱塞与套筒是经过研磨选配的，不能互换。

　　柱塞式喷油泵工作过程：进油过程，喷油泵凸轮轴由曲轴带动，当凸轮尖转过时，柱塞在弹簧的作用下向下移动，套筒上部空间增大，形成真空，当柱塞下行让开套筒油孔时，柴油被吸入并充满柱塞上部空间，［图 2-2-38（a）］；压油过程（亦即供油过程），

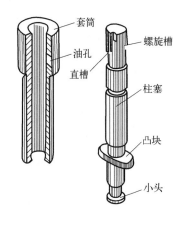

图 2-2-37 柱塞与套筒结构

当凸轮继续转动，凸轮尖顶起挺柱时，柱塞上行，当套筒上的油孔被柱塞封闭时，柴油开始受压缩，油压逐渐升高，当达到规定压力时将出油阀顶开，高压柴油经油管送到喷油器［图 2-2-38（b）］；回油过程，当柱塞上行至一定高度，柱塞上的螺旋槽与套筒上的油孔相对时，则套筒内柱塞上部空间的柴油便通过油槽回油，油压立即下降，出油阀在弹簧力的作用下迅速下落，关闭出油口，停止供油，这时虽然柱塞继续上行，但是不再压油［图 2-2-38（c）］。

柱塞从供油开始到供油结束时的行程称为有效行程 h，如图 2-2-39 所示。柱塞往复运动总行程 L 是不变的，由凸轮的升程决定。柱塞每循环的供油量大小决定于有效行程，即决定于柱塞顶面至油孔上缘所对斜槽边缘的距离。当柴油机负荷变化时，要求喷油泵供油量也相应变化。转动柱塞即可达到调节供油量的目的。柱塞有效行程较大时，供油量较大；柱塞有效行程较小时，供油量较小；当柱塞直槽正对着套筒上油孔时，柱塞有效行程为零，喷油泵停止供油，柴油机处于停车状态。

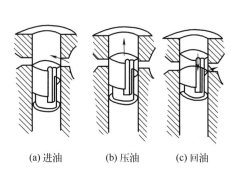

(a) 进油　　　(b) 压油　　　(c) 回油

图 2-2-38　柱塞式喷油泵的工作状态

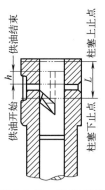

图 2-2-39　有效行程

柱塞上的螺旋槽，其螺旋线有左旋的和右旋的，用以配合喷油泵在柴油机左侧或右侧安装。螺旋槽的形状有三种，如图 2-2-40 所示。图 2-2-40（a）形式的柱塞，供油量改变时，只改变供油结束时刻，而供油开始时刻不变。图 2-2-40（b）形式的柱塞，只改变供油开始时刻，而供油结束时刻不变。图 2-2-40（c）形式的柱塞，供油开始和结束时刻都改变。目前一般柴油机多采用供油开始时刻不变的柱塞。

出油阀的作用是保证喷油泵供油时急速开始，又能突然停止，以避免因动作迟缓造成喷油器出现滴油现象。出油阀偶件经过研磨加工而成，选配成对，使用时不能互换。其结构如图 2-2-41 所示。

（2）调速器

调速器可以根据柴油机负荷变化情况自动调节供油量，保证柴油机在规定的转速范围内

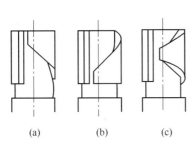

(a)   (b)   (c)

图 2-2-40　柱塞螺旋槽的形状

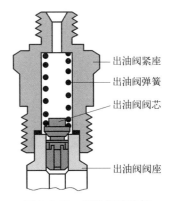

出油阀紧座

出油阀弹簧

出油阀阀芯

出油阀阀座

图 2-2-41　出油阀的结构

工作。根据工作原理不同，调速器可分为机械式、气动式、液压式三种，目前广泛使用的是机械式调速器。机械式调速器是利用重物旋转产生离心力的原理而工作的。按控制转速范围的不同，机械式调速器又可分为单速式（只控制柴油机的最高转速）、双极式（控制柴油机的最高、最低转速）和全速式（控制柴油机在限定的最高、最低转速范围内的任一转速）三种。

　　双极式调速器（RQ 型）的结构如图 2-2-42 所示。其工作原理如图 2-2-43 所示：稳定怠速，怠速时飞锤在凸轮轴后端轴和高速弹簧内座之间移动，高速弹簧不起作用；转速升高飞

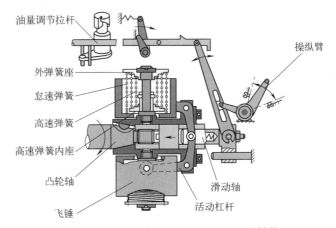

油量调节拉杆

操纵臂

外弹簧座

怠速弹簧

高速弹簧

高速弹簧内座

凸轮轴

滑动轴

飞锤

活动杠杆

图 2-2-42　双极式调速器（RQ 型）的结构

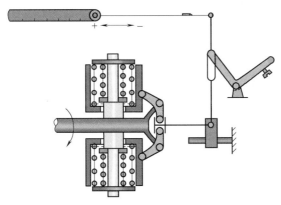

+　　−

图 2-2-43　双极式调速器（RQ 型）的工作原理

锤外张，油量调节拉杆后移减油，转速降低飞锤收拢，油量调节拉杆前移加油；一般工作转速，飞锤与高速弹簧内座相抵，不能将高速弹簧压缩，调速器不起作用；限制超速，当转速超过最高额定转速时，飞锤继续外张，同时压缩高速弹簧和怠速弹簧，油量调节拉杆向减油的方向移动，使转速降低。

全速式调速器（以转子分配式喷油泵调速器为例）的结构如图 2-2-44 所示。其工作原理如图 2-2-45～图 2-2-48 所示：启动加浓（图 2-2-45），启动开始，飞锤收拢，加速踏板踩到底，调速杠杆抵高速螺钉，调速弹簧拉伸，启动弹簧使启动杠杆上端和调速套筒左移到极限位置，并在张力杠杆凸起销和启动杠杆之间出现间隙 A，油量调节套筒右移至最大供油量位置；怠速稳定（图 2-2-46），调速杠杆抵怠速螺钉，调速弹簧无张力，启动弹簧被压缩，飞锤离心力与怠速弹簧弹力相互作用，怠速转速升高，张力杠杆上端压缩怠速弹簧右移，油量调节套筒左移，供油量减少，反之，相应零件运动方向相反；中速和高速调节（图 2-2-47），调速杠杆抵高速螺钉，转速升高，飞锤离心力增大，调速套筒右移同时推动启动杠杆和张力杠杆顺时针摆动，油量调节套筒左移，供油量减少，转速不再升高，反之亦然；超速

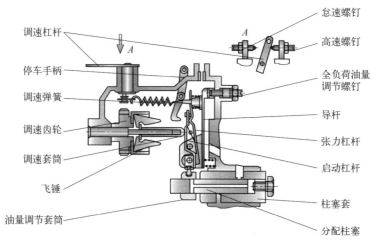

图 2-2-44　转子分配式喷油泵（VE 泵）调速器的结构

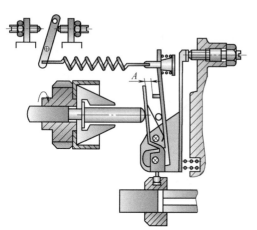

图 2-2-45　转子分配式喷油泵
（VE 泵）调速器启动工况

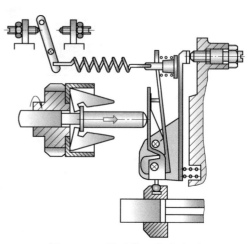

图 2-2-46　转子分配式喷油泵
（VE 泵）调速器怠速工况

（图 2-2-48），在调速杠杆处于高速位置时，如果负荷突然减小，则转速迅速升高，此时飞锤离心力迅速增大，调速套筒右移，推动启动杠杆和张力杠杆以 N 点为轴顺时针转动，油量调节套筒左移，供油量减少，从而防止柴油机飞车。

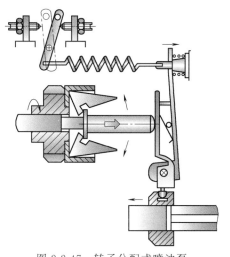 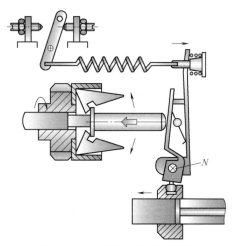

图 2-2-47　转子分配式喷油泵　　　　　图 2-2-48　转子分配式喷油泵

（VE 泵）调速器中高速工况　　　　　（VE 泵）调速器超速工况

（3）喷油器

喷油器（图 2-2-49）的安装位置如图 2-2-50 所示。喷油器将喷油泵供给的高压柴油以雾状喷入燃烧室。要求油束有一定的贯穿距离和喷雾锥角，油束形状和方向与燃烧室相适应；雾化质量好；无后滴现象。喷油器有孔式和轴针式两种。

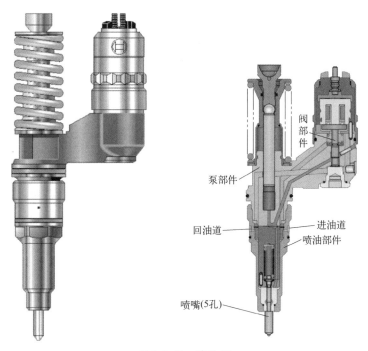

图 2-2-49　喷油器

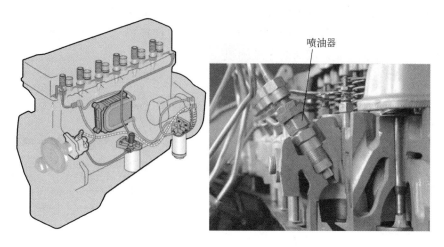

图 2-2-50　喷油器的安装位置

① 孔式喷油器（图 2-2-51）　用于直喷式燃烧室，喷孔数 1～7，孔径 0.2～0.5mm，针阀开启油压＞40MPa。其喷孔数和孔径与喷油量、燃烧室形状和燃烧室内空气涡流有关。高压油进入喷嘴内压力室，产生推力，克服弹簧预紧力，针阀打开，喷油；喷油泵停止供油，喷孔关闭，终止喷油。

② 轴针式喷油器（图 2-2-52）　用于分隔式燃烧室，孔径 1～3mm，针阀开启油压 12～14MPa。

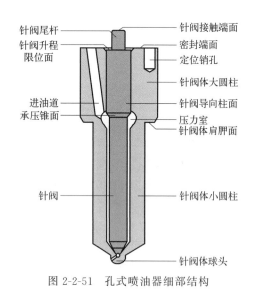

图 2-2-51　孔式喷油器细部结构

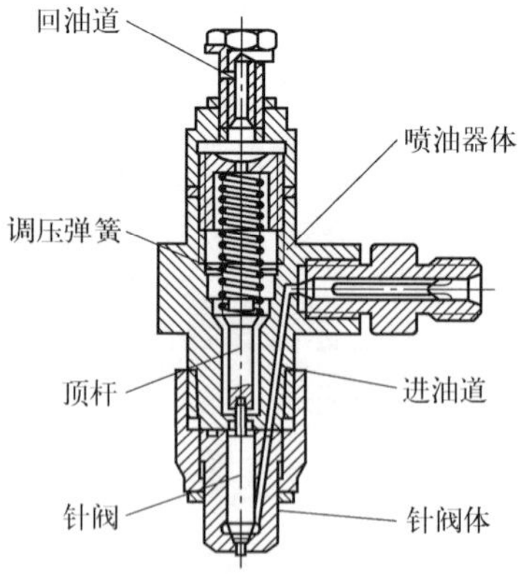

图 2-2-52　轴针式喷油器细部结构

（4）燃油滤清器、油水分离器

燃油滤清器的作用是滤除燃油供给系统中的有害杂质和水分，保证发动机的正常运转，提高发动机寿命（图 2-2-53）。燃油中水分多时需要油水分离器（图 2-2-54），油水分离器常与燃油滤清器制成一体（图 2-2-55）。

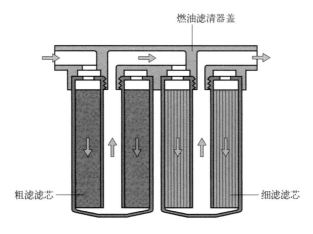

图 2-2-53 两级滤清器

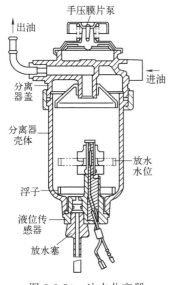

图 2-2-54 油水分离器

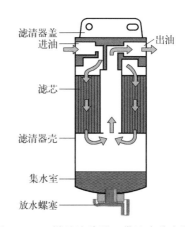

图 2-2-55 燃油滤清器（带油水分离器）

（5）燃油箱

燃油箱是储存燃油的容器，一般用钢板冲压焊接而成，它的容量通常应能满足柴油机8～10h工作的需要。在其内部通常用隔板分成数格，防止柴油在油箱内因受冲击而产生泡沫。油箱下部有出油口和放油口，出油口位置高于放油口，以使燃油中杂质沉淀于油箱底部，防止从出油口流到燃油供给系统中。放油口在油箱底部最低位置，用来定期将沉淀在油箱底部的杂质排除掉。

油箱顶部有加油口和通气孔。加油口处装有滤网，在加注燃油时起过滤作用。通气孔用来保持油箱内部与大气相通，防止工作过程中因油面降低而造成油箱内部气压下降，影响正常供油。此外，在油箱上还装有油尺等。

2.2.6 启动系统

柴油机在静止状态下不能自行运转，需要创造一定的条件才能开始工作。实现柴油机启动的条件是，有一定的外力，以克服各机件运动时所产生的摩擦阻力、惯性力及活塞压缩气体时的压缩阻力（统称为启动阻力），带动曲轴转动，并且还应使曲轴获得必要的转速（称为启动转速）。

（1）柴油机的启动方式

根据柴油机启动所使用的能量来源不同，有多种启动方式，常见的有人力启动、电动机启动、压缩空气启动、辅助发动机启动等；在实际应用中，常采用电动机启动和压缩空气启动这两种方式。

① 人力启动　小功率柴油机采用人力启动方式，这是最简单的启动方法，通常用手柄直接转动曲轴，使发动机启动。手摇启动装置简单，只允许单向传递转矩，应避免发动机反转伤人。在一些特殊场合可采用此法。

② 电动机启动　用于中小功率柴油机，采用铅酸蓄电池作电源，由专用的直流启动电动机拖动发动机曲轴旋转。为保证启动可靠，延长蓄电池的使用寿命，每次启动通电时间不得超过15s，连续使用不得超过3次，而且各次之间的间隙时间不少于1min。

电动机启动方式通过踏板和杠杆操纵启动开关，或者按下启动按钮，使电磁开关通电吸合，控制起动机的齿轮啮入飞轮齿圈带动柴油机启动。当发动机开始运转后，启动电动机应立即与曲轴分离，否则当发动机转速升高后，会使启动电动机超速旋转而造成损坏。因此，启动电动机必须装离合机构，启动时保证启动电动机的动力能传递给曲轴，启动后能切断启动电动机与曲轴的联系。

③ 压缩空气启动　对于功率较大的柴油机，通常采用压缩空气启动方式。有两种方法：一种是用空气分配器将高压空气按柴油机的工作顺序送入各个气缸，直接推动活塞使柴油机启动，此法一般适用于缸径大于或等于150mm的柴油机；另一种是以压缩空气驱动气动马达，再由气动马达带动柴油机启动。

启动用的气动马达有柱塞式和叶片式两种，应用较广泛的是叶片式气动马达。叶片式气动马达主要由定子、转子、叶片等零件构成。定子上有进、排气用的配气槽或孔，转子上铣有长槽，槽内有叶片。定子两端有密封盖，密封盖上有弧形槽与进气孔、排气孔及叶片底部相通。转子与定子偏心安装。这样由转子的外表面、叶片（两叶片之间）、定子的内表面及两密封端盖就形成了若干个密封工作容积。

④ 辅助发动机启动　工程机械、大中型拖拉机用柴油机，常采用辅助汽油机启动。启动时先用人力启动汽油机，再通过传动装置带动柴油机启动。

（2）柴油机启动的辅助装置

① 减压机构　其作用是使气缸内的压力不因气体压缩而升高，从而减小启动时气缸内的压缩阻力。柴油机减压机构是利用凸轮将配气机构推杆顶起，使进气门处于开启状态。

② 预热装置　柴油机依靠高温、高压使柴油自燃，因此柴油机启动时气缸内温度的高低，对启动柴油机影响很大，尤其在环境温度低的情况下，影响更大。用直流电动机启动的柴油机，通常在辅助燃烧室中装设电热装置，以便柴油在燃烧室内容易雾化形成可燃混合气。

2.2.7　进、排气系统

进、排气系统如图2-2-56所示。

柴油机进气系统主要是由进气管和空气滤清器、气缸盖中的进气道等组成。其功用是把新鲜空气经过滤清净化后送入气缸内，以满足柴油机工作过程所需。要求进气道截面积足够大，内表面平整光滑，空气流通阻力小。

柴油机排气系统包括气缸盖中的排气道、排气管和消声器等。其功用是排出柴油机燃烧后的废气，降低噪声，增加安全性。柴油机排气温度很高，因此除要求排气管阻力小外，其还必须能够承受高温。

柴油机采用废气涡轮增压装置（图2-2-57），充分利用排出废气的余能。涡轮增压器利用柴油机排出的废气来驱动涡轮高速旋转，从而带动同轴的压气机进行工作，它不需要消耗柴油机发出的有用功。这种增压方式经济性能好，柴油机在结构上变动也不大，并能使其功率得到很大提高。

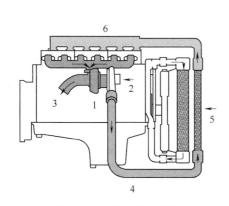

图 2-2-56　进、排气系统

1—涡轮增压器；2—环境空气入口；3—废气出口；
4—中冷前进气；5—中冷器；6—中冷后进气

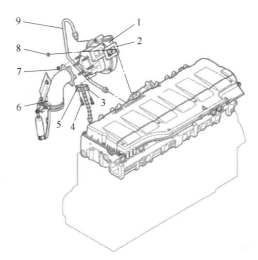

图 2-2-57　废气涡轮增压装置

1—涡轮增压器；2,5—垫片；3—润滑油回油管；
4—安装螺栓；6—排气歧管；
7,8—安装螺母；9—润滑油进油管

2.3
柴油机电控系统

2.3.1　电控系统概述

（1）柴油机电控系统组成与特点

柴油机电控系统由信号输入装置、电控单元和执行器三部分组成。柴油机电控技术有两个明显的特点：一个是其关键技术和技术难点在柴油喷射电控执行器上；另一个是柴油电控喷射系统的多样化。柴油机电控系统常用信号输入装置见表2-3-1。

表 2-3-1　柴油机电控系统常用信号输入装置

名称	功能
加速踏板位置传感器	检测加速踏板的位置,即发动机的负荷信号,此信号输入电控单元(ECU)后,与转速信号共同决定柴油机的喷油量及喷油提前角,是柴油机电控系统的主控制信号
转速传感器、曲轴位置传感器	检测发动机转速或曲轴位置,与加速踏板位置传感器共同决定喷油量和喷油提前角,是柴油机电控系统的主控制信号
泵角传感器	检测喷油泵轴转角,与曲轴位置传感器配合共同控制喷油量,并保证在喷油正时改变时不影响喷油量
点火正时传感器	检测燃烧室开始燃烧的时刻,修正喷油正时
冷却液温度传感器	检测发动机冷却液温度,修正喷油量及喷油正时
进气温度传感器	检测进气温度,修正喷油量及喷油正时
进气压力传感器	检测进气压力,修正喷油量及喷油正时
溢流环位置传感器	检测溢流控制电磁铁的电枢位置,以反馈控制溢流环的位置。用于 ECU 控制系统
正时活塞位置传感器	检测电子提前器正时活塞的位置,将喷油正时提前量信号输入 ECU。用于 ECU 控制系统
控制杆位置传感器	检测调速器中控制杆的位置,将燃油喷射量的增减信号反馈给 ECU
控制套筒位置传感器	检测调速器中控制套筒的位置,将燃油喷射量的增减信号反馈给 ECU
E/G 开关	发动机点火开关,向 ECU 输入发动机工作状态信号
A/C 开关	空调开关,向 ECU 输入空调工作状态信号,是怠速控制信号之一
动力转向油压开关	检测动力转向管路油压的变化,所获信号是怠速控制信号之一
空挡启动开关	向 ECU 输入自动变速器是否处于空挡位置信号,是怠速控制信号之一

（2）柴油机常见电控系统功能

① 燃油喷射控制（表 2-3-2）

表 2-3-2　燃油喷射控制

项目	功能
喷油量控制	柴油机电控燃油喷射系统最主要的控制功能之一。在启动、怠速、正常运转等各种工况下,ECU 根据发动机转速信号、负荷信号(加速踏板位置信号)和内存控制模型来确定基本喷油量,再根据冷却液温度信号、进气温度信号、启动开关信号、空调开关信号、反馈信号等对喷油量进行修正
喷油正时控制	柴油机电控燃油喷射系统最主要的控制功能之一。在柴油机电控燃油喷射系统中,ECU 根据发动机转速信号、负荷信号和内存控制模型来确定基本的喷油提前角,再根据反馈信号进行修正
喷油速率和喷油规律的控制	ECU 以柴油机转速信号和负荷信号作为主控制信号,按预设的程序确定最佳的喷油速率和喷油规律
喷油压力的控制	ECU 以柴油机转速信号和负荷信号作为主控制信号,按预设的程序确定最佳的喷油压力,并对喷油压力进行闭环控制
柴油机低油压保护	柴油机机油压力过低时,ECU 根据机油压力传感器信号减少喷油量,降低转速并报警;当机油压力降到一定值以下时,则切断燃油供给,强制发动机熄火
增压器工作保护	装有增压装置的柴油机,增压压力过高会造成中冷器和气缸内最高压力升高;增压压力过低则会导致进气量不足使排气温度升高。因此,ECU 根据增压压力信号适当调节喷油量,并在增压压力过高或过低时报警

② 怠速控制（表 2-3-3）

表 2-3-3　怠速控制

项目	功能
怠速转速的控制	怠速工况时，ECU 以柴油机转速信号和负荷信号作为主控制信号，按内存程序确定怠速时的喷油量，并根据冷却液温度信号、进气温度信号、空调开关信号、转速（反馈）信号等，对怠速喷油量进行修正控制，使怠速转速保持稳定
各缸均匀性的控制	在共轨式第二代柴油机电控燃油喷射系统中，由 ECU 分别对各缸的喷油器进行控制（顺序喷射控制），ECU 可以通过精确测定曲轴转速，根据各缸做功冲程中曲轴转速的变化确定各缸喷油量的偏差，然后进行补偿调节

③ 进气控制（表 2-3-4）

表 2-3-4　进气控制

项目	功能
进气节流控制	ECU 主要根据柴油机转速信号和负荷信号，控制设在进气管中的节气门开度，以满足不同工况对进气流量的不同要求
进气涡流控制	ECU 以柴油机转速信号和负荷信号作为主控制信号，按内存程序对进气涡流强度进行控制，以满足不同工况对进气涡流强度的不同要求
气门驱动控制	ECU 根据柴油机转速信号和负荷信号，按内存程序控制气门驱动机构，以改变配气正时和气门升程，以满足发动机不同工况的要求

④ 增压控制　柴油机的增压控制主要是由 ECU 根据柴油机转速信号、负荷信号、增压压力信号等，通过控制废气旁通阀的开度或废气喷射器的喷射角度、增压器涡轮废气进口截面大小等措施，实现对废气涡轮增压器工作状态和增压压力的控制，以改善柴油机的转矩特性，提高加速性能，减少尾气排放和噪声。

⑤ 排放控制　柴油机的排放控制主要是废气再循环（EGR）控制。ECU 主要根据柴油机转速信号和负荷信号，按内存程序控制 EGR 阀开度，以调节废气再循环率。

⑥ 启动控制　柴油机启动控制主要包括喷油量控制、喷油正时控制和预热装置控制，其中喷油量控制和喷油正时控制与其他工况相同。

⑦ 巡航控制　带有巡航控制功能的柴油机电控系统，当通过巡航控制开关选定巡航控制模式后，ECU 即可根据车速信号等自动维持汽车以一定车速行驶。

⑧ 故障自诊断和失效保护　柴油机电控系统中也包含故障自诊断和失效保护两个子系统。柴油机电控系统出现故障时，自诊断系统将点亮仪表盘上的故障指示灯，提醒驾驶员注意，并存储故障代码，检修时可通过一定的操作程序调取故障代码等信息，同时失效保护系统启动相应保护程序，使柴油机能够继续保持运转或强制熄火。

⑨ 柴油机与自动变速器的综合控制　在装用电控自动变速器的柴油车上，将柴油机控制 ECU 和自动变速器控制 ECU 合为一体，实现柴油机与自动变速器的综合控制，以改善汽车的变速性能。

（3）柴油机电控燃油喷射系统分类

柴油机电控燃油喷射系统根据其产生高压燃油的机构可分为直列泵电控燃油喷射系统、分配泵电控燃油喷射系统、泵喷嘴电控燃油喷射系统、共轨式电控燃油喷射系统。

2.3.2 直列泵电控燃油喷射系统

在直列泵电控燃油喷射系统中（图 2-3-1），由调速器控制调节齿杆的位置，从而控制喷油量；由提前器控制发动机曲轴和凸轮轴间的相位差，从而控制喷油时间。调速器和提前器是直列泵电控燃油喷射系统中的两个特殊执行器。从各个传感器传来的信号由 ECU 处理，将与发动机负荷及转速状态相适应的信号送往调速器和电磁阀，使调速器和提前器动作。另外，在调速器和提前器中，有检测实际动作值的传感器，把这些传感器送来的反馈信号输入ECU，以控制最适当的喷油量和喷油时间。

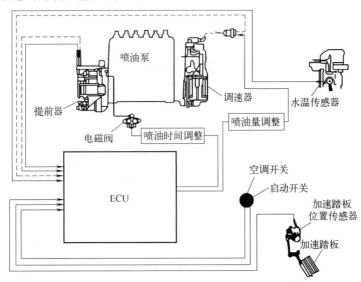

图 2-3-1 直列泵电控燃油喷射系统的组成与工作原理

（1）电子调速器

电子调速器的结构如图 2-3-2 所示。线性螺线管控制线圈中的电流，使调节齿杆移动。齿杆位置传感器由线圈和铁芯构成，可以检测调节齿杆的位置。转速传感器检测出发动机的转速。传感器放大器将检测到的齿杆位置传感器的输出信号放大后送到 ECU 中。

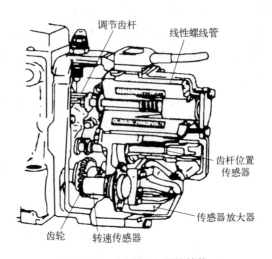

图 2-3-2 电子调速器的结构

电子调速器的工作原理如图 2-3-3 所示。喷油量由油门开度和发动机转速决定。当电流流过线性螺线管控制线圈时，滑动铁芯沿箭头方向被拉动，在复位弹簧的作用下，在某一个平衡位置停住。调节齿杆和滑动铁芯是连在一起的，与铁芯一起运动。如果铁芯向与箭头相反的方向移动，则调节齿杆使喷油量减少。连接杆的下端和齿杆位置传感器的铁芯联动，齿杆位置传感器的输出随之发生变化。

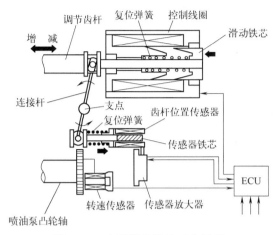

图 2-3-3　电子调速器的工作原理

齿杆位置传感器的信号经过传感器放大器进行整流、放大，输入 ECU 中，ECU 将该信号和齿杆位置的目标值进行比较，根据两者的差值向线性螺线管发出驱动信号，改变喷油量。

（2）电子提前器

电子提前器是通过改变发动机曲轴与凸轮轴之间的相位角即喷油提前角，来实现对喷油正时的控制的。其结构如图 2-3-4 所示。电子提前器由带动喷油泵转动的输入轴、输出轴和

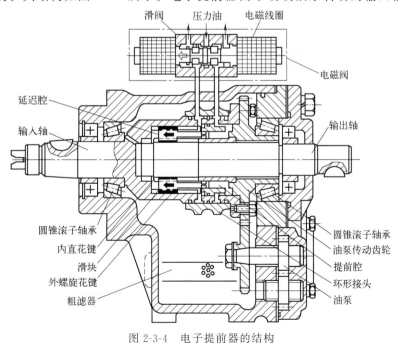

图 2-3-4　电子提前器的结构

滑块等组成。滑块有一个内直花键和一个外螺旋花键，它们分别与输出轴的直花键以及输入轴的螺旋花键相啮合。此外，有一个环形接头，它装在输入轴的外部，上面有油路直通滑块。

电子提前器的工作原理如图 2-3-5 所示。电磁阀由 ECU 驱动，控制作用在滑阀上的油压，滑阀左右移动，改变曲轴和凸轮轴之间的相位（图 2-3-6）。发动机曲轴和凸轮轴上分别装有转速脉冲发生器和提前角脉冲发生器。对应两个脉冲发生器分别装置了转速传感器和提前角传感器。从两个传感器的信号 n_e 和 n_p 可以检测出两者的相位差。电子提前器对于发动机的负荷可以通过适当改变喷油时间加以控制。

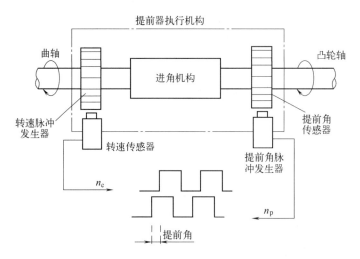

图 2-3-5　电子提前器的工作原理

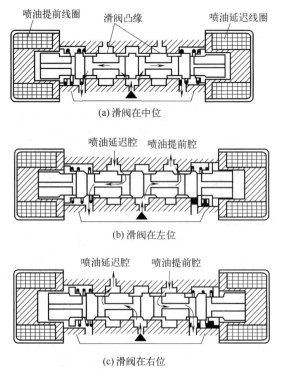

(a) 滑阀在中位

(b) 滑阀在左位

(c) 滑阀在右位

图 2-3-6　电磁阀的工作原理

2.3.3 分配泵电控燃油喷射系统

分配泵电控燃油喷射系统根据各种传感器提供的信息检测出发动机的实际运转状态，由ECU完成喷油量控制、喷油时间控制和怠速转速控制。分配泵电控燃油喷射系统可分为位置控制式和时间控制式两类。

（1）位置控制式分配泵电控燃油喷射系统

如图2-3-7所示，ECU根据发动机的状态计算出目标喷油量，并将结果输出到驱动回路；驱动回路根据ECU的指令一边反馈控制执行机构的位置，一边控制输出，将VE泵的溢流环控制在目标位置，从而控制喷油量。

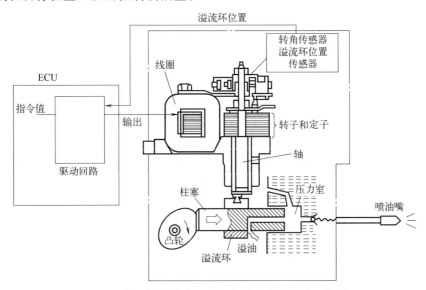

图 2-3-7　位置控制式分配泵电控燃油喷射系统工作原理

（2）时间控制式分配泵电控燃油喷射系统

如图2-3-8所示，VE泵的提前器正时活塞内设有连通高压腔和低压腔的通道，按占空

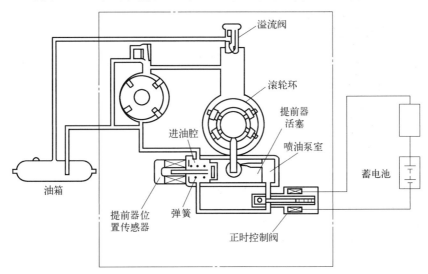

图 2-3-8　时间控制式分配泵电控燃油喷射系统工作原理

比调节正时控制阀，使正时活塞两侧的压差变化，从而控制喷油时间。

2.3.4 泵喷嘴电控燃油喷射系统

泵喷嘴电控燃油喷射系统的组成如图2-3-9所示。泵喷嘴就是将泵油柱塞和喷油嘴合成一体，安装在缸盖上。由于喷油嘴无高压油管，所以可以消除长的高压油管中压力波和燃油压缩的影响，高压容积大大减少，因此喷射压力可以很高。电控泵喷嘴燃油压力目前可达200MPa，它的驱动机构比较特殊，必须是顶置式凸轮轴驱动机构。

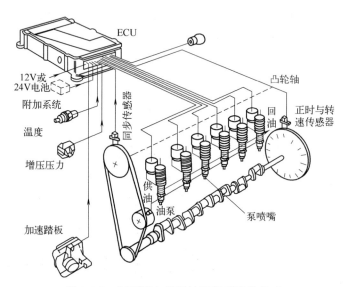

图 2-3-9　泵喷嘴电控燃油喷射系统的组成

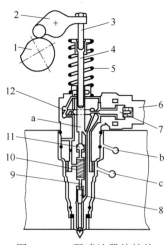

图 2-3-10　泵喷油器的结构

1—喷油凸轮；2—摇臂；3—球头螺栓；4—泵油柱塞；
5—泵油柱塞回位弹簧；6—电磁控制阀阀体；
7—电磁控制阀针阀；8—喷油针阀；9—喷油针阀
阻尼器；10—喷油针阀回位弹簧；11—辅助柱塞；
12—电磁控制阀针阀回位弹簧；
a—高压油腔；b—回油道；c—低压油道

（1）泵喷嘴的结构原理

泵喷嘴由喷油泵、喷油器和电磁控制阀三部分组成，具体结构如图2-3-10所示。

喷油凸轮安装在控制气门打开和关闭的凸轮轴上，其上升段为陡峭的直线（有利于快速提高喷油压力），而下降段较平缓（有利于在喷油结束后向高压油腔缓慢进油，避免在燃油中产生气泡）。电磁控制阀位于泵喷嘴的中部，由柴油机电控系统控制。电磁控制阀针阀用于接通和切断高压油腔与低压油道之间的通道。辅助柱塞用来接通和切断高压油腔与辅助柱塞腔之间的通道，以及接通和切断辅助柱塞腔与喷油针阀复位弹簧腔之间的通道。喷油针阀阻尼器的作用是控制燃油的预喷量。

（2）泵喷嘴的工作过程

泵喷嘴的工作过程可分为预喷油和主喷油两个阶段，进一步分为预喷油、预喷油结束、主喷油、主喷油结束及高压油腔进油五个过程。喷油时间和喷油量由辅助柱塞、喷油针阀、喷油针阀回位弹簧、喷油针阀阻尼器与电磁控制阀共同控制。

① 预喷油 当凸轮的直线段与摇臂接触时，电控系统向电磁控制阀供电，使电磁控制阀针阀向左移动，切断高压油腔与低压油道之间的通道，与此同时，泵油柱塞在摇臂的作用下，克服泵油柱塞回位弹簧的弹力而向下运动，使高压油腔中的油压迅速上升。当油压上升到 18MPa 时，燃油在喷油针阀中部锥面上产生的向上推力大于喷油针阀回位弹簧的预紧力，就会顶起喷油针阀，开始预喷油。

② 预喷油结束 预喷油开始后，喷油针阀继续向上运动，当喷油凸轮转过喷油行程的 1/3 时，喷油针阀阻尼器下端进入喷油针阀阻尼器孔内，喷油针阀顶部的燃油就只能通过细小的缝隙流向喷油针阀回位弹簧腔内。这样，在喷油针阀的顶部形成了一个"液压垫圈"，阻止喷油针阀继续向上运动，使燃油的预喷量受到限制。

随着泵油柱塞的向下运动，高压油腔里的油压继续上升，当油压达到规定值时，辅助柱塞在高压燃油的作用下向下运动后，高压油腔的容积突然增大，燃油压力瞬间下降。此时，喷油针阀中部锥面上的向上推力随之下降，喷油针阀在喷油针阀回位弹簧的作用（受辅助柱塞的压缩而弹力增大）下复位，预喷油结束。

③ 主喷油 预喷油结束后，泵油柱塞继续向下运动，使高压油腔内的油压迅速上升。当油压上升到大于预喷油的油压（30MPa）时，喷油针阀向上移，主喷油开始。高压油腔内燃油压力上升的速度极快，会持续上升到 205MPa 左右。

④ 主喷油结束 当电控系统停止向电磁控制阀供电时，电磁控制阀针阀在其回位弹簧的作用下向右移动，接通高压油腔与低压油道。这时，高压油腔内的燃油经电磁控制阀流向低压油道，高压油腔里的燃油压力下降，喷油针阀在喷油针阀回位弹簧的作用下复位，辅助柱塞则在喷油针阀回位弹簧的作用下关闭高压油腔与喷油针阀回位弹簧之间的油道，主喷油结束。

⑤ 高压油腔进油 当凸轮的下降段与摇臂接触时，泵油柱塞在泵油柱塞回位弹簧的作用下向上运动，高压油腔因容积增大而产生真空。这时，低压油道（与进油管相连）内的燃油经电磁控制阀流向高压油腔，直到充满高压油腔为止，从而为下一次喷油做好准备。

2.3.5 共轨式电控燃油喷射系统

（1）共轨式电控燃油喷射系统的工作原理

如图 2-3-11 所示，燃油由发动机凸轮轴驱动的齿轮泵（输油泵）经滤清器从燃油箱中抽出，流入高压油泵，此时的压力约为 0.2MPa，然后油流分为两路，一路作为冷却油通过高压油泵的凸轮轴流入压力控制阀，然后流回燃油箱，另一路充入三缸高压油泵。在高压油泵内，燃油压力上升到 135MPa，供入共轨。高压燃油从共轨流入喷油器后又分为两路：一路直接喷入燃烧室；另一路在喷油期间与针阀导向部分和控制柱塞处泄漏出的燃油一起流回燃油箱。

在共轨式电控燃油喷射系统中，由各种传感器（如发动机转速传感器、加速踏板位置传感器、各种温度传感器等）实时检测出发动机的实际运转状态，由 ECU 根据预先设计的计

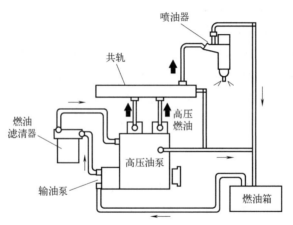

图 2-3-11　共轨式电控燃油喷射系统的工作原理

算程序进行计算后，定出适合于该运转状态的喷油量、喷油时间、喷油率模型等参数，使发动机始终都能处于最佳工作状态。

在共轨式电控燃油喷射系统中，供油压力与发动机的转速、负荷无关，是可以独立控制的。由共轨压力传感器测出燃油压力，并与设定的目标喷油压力进行比较后进行反馈控制。

（2）共轨式电控燃油喷射系统的主要部件

共轨式电控燃油喷射系统的主要部件有输油泵、高压油泵、高压共轨、喷油器等（图2-3-12）。

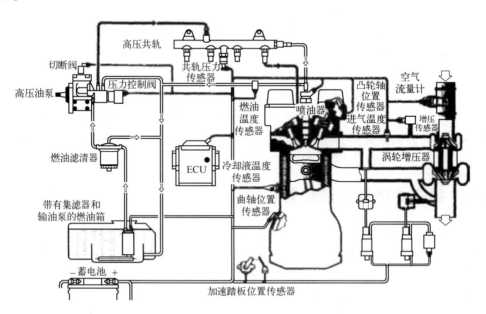

图 2-3-12　共轨式电控燃油喷射系统的主要部件

① 输油泵　如图 2-3-13 所示，一般为齿轮泵。要保证入口和出口处密封良好，以防止燃油回流。齿轮泵的泵油量是与发动机转速成比例的。油量可通过在入口处设置节流阀和在出口处设置限压阀控制。齿轮泵是免维护的，第一次启动前或当燃油箱是空的时候，在齿轮

泵或低压管路上安装手动泵，以进行排除空气的操作。

②高压油泵（喷油泵）　通过进油管和安全阀以及带有油水分离器的燃油滤清器，输油泵将燃油输送至高压油泵（图2-3-14）。燃油压力达到安全阀开启压力（50~150kPa）时，输油泵泵出的油液将通过高压油泵进油阀进入泵腔，此时泵腔中的柱塞向下运动（吸油过程）。当柱塞到达下止点时，进油阀关闭。柱塞上行，当泵腔中的油压升至一定值时打开出油阀，将油液输送到高压油路。柱塞持续输送燃油，一直到上止点（压油过程），出油阀关闭，直到柱塞再次向下运动，开始下一个循环。

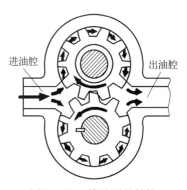

图 2-3-13　输油泵的结构

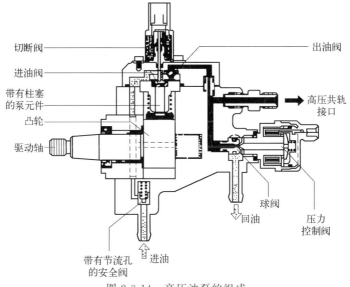

图 2-3-14　高压油泵的组成

压力控制阀的作用是保持共轨中的压力稳定在规定值。如果共轨压力过高，压力控制阀打开，部分燃油通过回油管回到燃油箱；如果共轨压力过低，压力控制阀关闭，以使燃油压力升高。压力控制阀的结构如图2-3-15所示。压力控制阀不通电时，高压燃油通过高压入口

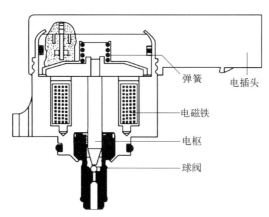

图 2-3-15　压力控制阀的结构

进入压力控制阀，电磁铁无外力作用，过量的高压燃油顶开弹簧流回燃油箱，压力控制阀开启大小由油量决定。弹簧预先设计最大压力约为10MPa。压力控制阀通电时，电磁铁产生外力作用，使压力控制阀保持关闭状态，直到一边的燃油压力与另一边的弹簧力加电磁力达到平衡，压力控制阀打开，保持燃油压力恒定。

③ 高压共轨　其作用是储存高压燃油，当大量燃油排出时，维持内部的压力近乎不变，这可确保喷油剩余的压力在喷油器打开时仍然恒定。高压共轨的组成如图2-3-16所示。

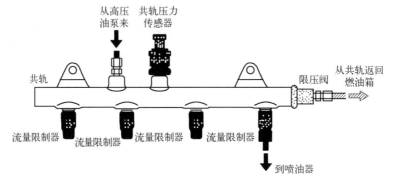

图 2-3-16　高压共轨的组成

限压阀通过接通旁通油道限制共轨中的压力。限压阀允许短时间内共轨中的最大压力为150MPa。其结构如图2-3-17所示。在正常的工作压力下，弹簧推动阀芯与阀座接合，共轨保持压力。当压力过高时，阀芯被推动，克服弹簧力，燃油通过回油管流回燃油箱。当阀门打开时，共轨中的压力便会降低。

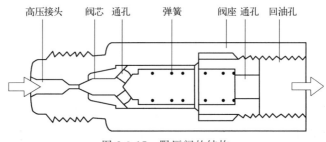

图 2-3-17　限压阀的结构

流量限制器的结构如图2-3-18所示。流量限制器内部有一个柱塞，弹簧将此柱塞向共轨方向压紧。柱塞对外壳内壁密封。柱塞上的纵向孔连接进油口和出油口。通过柱塞的上下移动，适时阻止喷油器的持续喷油。

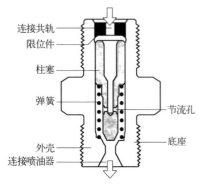

图 2-3-18　流量限制器的结构

④ 喷油器　如图2-3-19所示，溢流孔关闭，液压力作用在控制柱塞上，大于喷油器针阀处的开启压力，针阀落座并使燃烧室的高压孔道密封。当喷油器的电磁阀被触发时，溢流孔打开，控制室的压力降低，作用在控制柱塞上的液压力也降低，针阀打开，燃油以雾状喷入燃烧室。供油量比实际需要的多，多余的燃油通过控制室返回燃油管道。

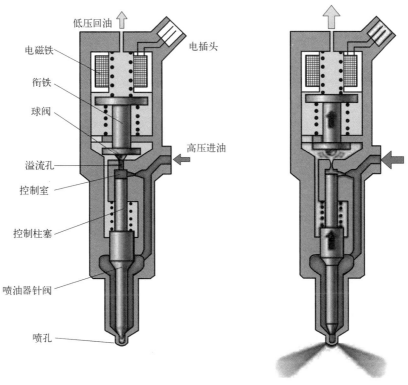

电磁铁

衔铁

球阀

溢流孔

控制室

控制柱塞

喷油器针阀

喷孔

电插头

高压进油

图 2-3-19　喷油器的结构与工作过程

2.4
柴油发动机后处理系统

2.4.1　国六后处理排气系统

国六后处理排气系统由 DPM（燃油喷射单元）排气管、金属软管、后处理器［DOC（氧化催化器）＋DPF（颗粒捕集器）＋SCR（选择性催化还原装置）＋ASC（氨过滤器）］、后处理器装饰罩及相关支架等组成（图 2-4-1～图 2-4-3）。

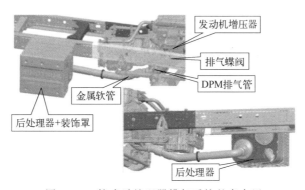

发动机增压器

排气蝶阀

DPM排气管

金属软管

后处理器+装饰罩

后处理器

图 2-4-1　箱式后处理器排气系统整车布置

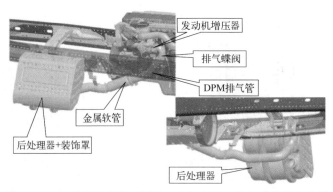

图 2-4-2　U 型后处理器（平行于车架布置）排气系统整车布置

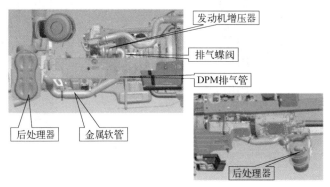

图 2-4-3　U 型后处理器（垂直于车架布置）排气系统整车布置

（1）DPM 排气管

DPM 排气管位于排气蝶阀下游，其上设有 IU（燃油喷嘴）安装接口，提供 DPF 主动再生时所需燃油（图 2-4-4）。

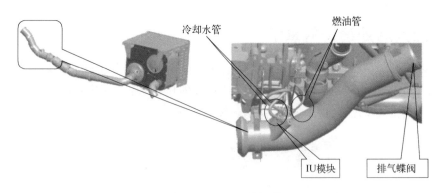

图 2-4-4　DPM 排气管

（2）金属软管

金属软管的作用是吸收发动机的振动，防止底盘振动和热膨胀载荷通过排气管路传送到涡轮增压器（图 2-4-5）。

（3）后处理器

箱式国六后处理器和 U 型国六后处理器分别见表 2-4-1 和表 2-4-2。

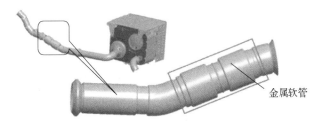

图 2-4-5 金属软管

表 2-4-1 箱式国六后处理器

类 型	MC07/MC09 箱式后处理器	MC11/MC13 箱式后处理器
图示		
外形尺寸 （长×宽×高）	680mm×600mm×600mm	830mm×600mm×600mm
内部气流走向		

注：DPF 为颗粒捕集器；DOC 为氧化催化器；SCR 为选择性催化还原装置。

表 2-4-2 U 型国六后处理器

类 型	MC11/MC13 平行于 车架后处理器	MC11/MC13 垂直于 车架后处理器	MC07/MC09 垂直于 车架后处理器
图示			
外形尺寸 （长×宽×高）	773mm×631mm×631mm	351mm×735mm×726mm	351mm×695mm×726mm

内部气流走向	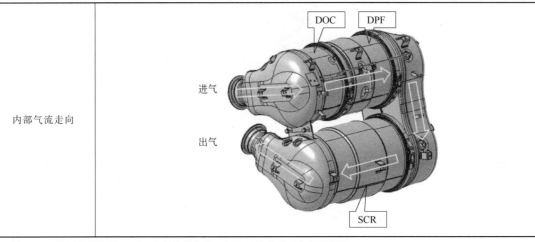

注：DPF 为颗粒捕集器；DOC 为氧化催化器；SCR 为选择性催化还原装置。

箱式和 U 型后处理器的传感器布置如图 2-4-6 和图 2-4-7 所示。

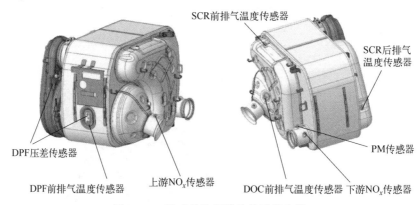

图 2-4-6　箱式后处理器的传感器布置

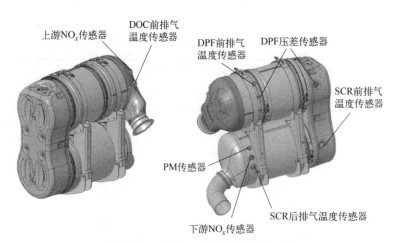

图 2-4-7　U 型后处理器的传感器布置

四个温度传感器（图 2-4-8）分别位于 DOC 前、DPF 前、SCR 前、SCR 后；DOC 前排气温度传感器用于测量 DOC 前的排气温度，作为是否可进行主动再生的判定条件；DPF 前排气温度传感器用于监控 DPF 再生时的温度，判定再生是否正常；SCR 前排气温度传感器用于测量 SCR 前的排气温度，控制尿素喷射特性；SCR 后排气温度传感器用于测量 SCR 后的排气温度，更加准确地反映 SCR 的反应温度。两个 NO_x 传感器（图 2-4-9）分别位于 DOC 前和 SCR 后：DOC 前（上游）NO_x 传感器用于测量发动机原排气的氮氧化物含量；SCR 后（下游）NO_x 传感器用于测量发动机尾气的氮氧化物含量。

图 2-4-8　温度传感器

图 2-4-9　NO_x 传感器

压差传感器（图 2-4-10）用于监测 DPF 前后压差，判断 DPF 碳载量，服务于车载诊断系统（OBD）的监控功能，压差范围为 $0\sim125kPa$。PM 传感器（图 2-4-11）位于 SCR 后，用于测量尾气中 PM 颗粒物的含量，检测 DPF 的过滤效率。

图 2-4-10　压差传感器

图 2-4-11　PM 传感器

2.4.2 SCR 后处理系统

国六 SCR 后处理系统由尿素供给单元（SM）、尿素喷射单元（DM）、尿素液位温度质量传感器、尿素箱、后处理控制单元（ECU）及相应管路和线束等构成（图 2-4-12）。国六 SCR 后处理系统整车布置如图 2-4-13 所示。

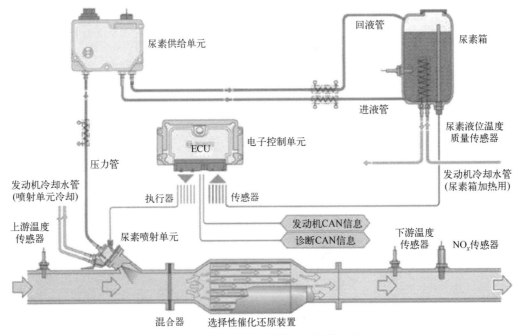

图 2-4-12　国六 SCR 后处理系统的组成

尿素供给单元将尿素水溶液从尿素箱中抽出供给尿素喷射单元，由压力传感器、隔膜泵、尿素滤芯和反向阀等组成（图 2-4-13），温度低时可以加热。尿素喷射单元将尿素水溶液喷入后处理器中，采用发动机冷却水冷却国六后处理器尿素喷嘴（图 2-4-14）。尿素箱如图 2-15 所示。国六后处理系统标配加热功能，尿素箱采用发动机冷却液加热，尿素管采用电加热。电加热尿素管接头和管身都具有加热功能，其管身由波纹管、加热丝、尼龙管组成（图 2-4-16）。

国六 SCR 后处理系统整车布置如图 2-4-17 所示。

2.4.3 HCI 后处理系统

国六 HCI（主动再生）后处理系统主要由 DPM 喷射系统、DOC 总成、DPF 总成组成。通过温度传感器检测温度信息，实时监控 DPF 系统，并将信号传输至 ECU，ECU 计算碳载量，决定是否需要主动再生以及主动再生的喷油量。DPM 喷射系统的作用是控制 DOC 前燃油喷射的喷射精度。

DPM 喷射系统主要有燃油计量单元（MU）和燃油喷嘴（IU）两个元件（图 2-4-18）。MU 从发动机低压油路吸取燃油，无额外的燃油泵。MU 接口及安装位置如图 2-4-19 所示。IU 布置在排气蝶阀后的排气管上，因为与排气直接接触，需要冷却水进行冷却。IU 接口及安装位置如图 2-4-20 所示。

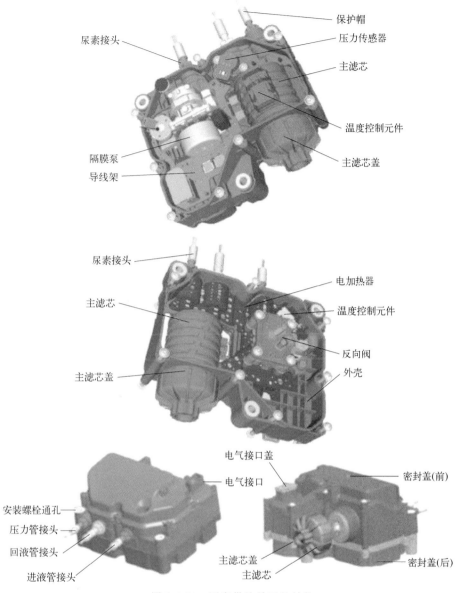

保护帽

压力传感器

尿素接头

主滤芯

温度控制元件

隔膜泵

主滤芯盖

导线架

尿素接头

电加热器

主滤芯

温度控制元件

反向阀

主滤芯盖

外壳

电气接口盖

电气接口

密封盖(前)

安装螺栓通孔

压力管接头

回液管接头

进液管接头

主滤芯盖

主滤芯

密封盖(后)

图 2-4-13　尿素供给单元的结构

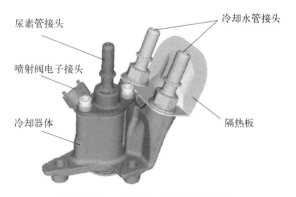

尿素管接头

冷却水管接头

喷射阀电子接头

冷却器体

隔热板

图 2-4-14　国六后处理器尿素喷嘴

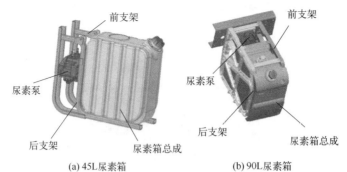

(a) 45L尿素箱　　　　　　(b) 90L尿素箱

图 2-4-15　尿素箱

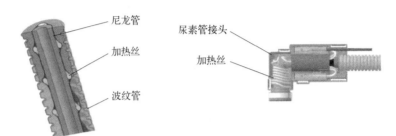

图 2-4-16　电加热尿素管的结构

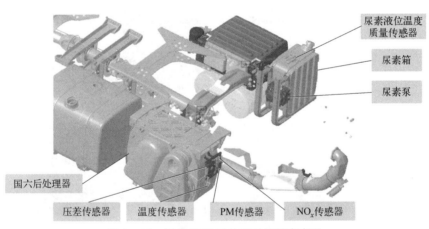

图 2-4-17　国六 SCR 后处理系统整车布置

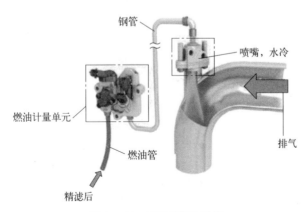

图 2-4-18　DPM 喷射系统

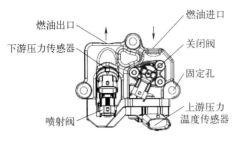
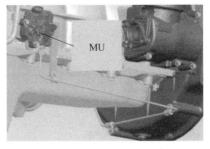

图 2-4-19　MU 接口及安装位置

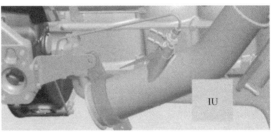

图 2-4-20　IU 接口及安装位置

国六 HCI 后处理系统整车布置如图 2-4-21 所示。

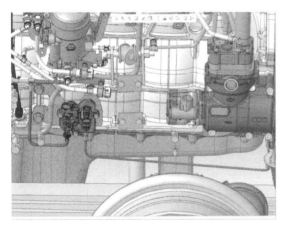

图 2-4-21　国六 HCI 后处理系统整车布置

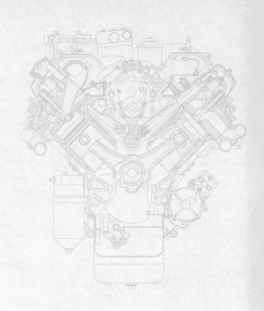

第**3**章

货车底盘

3.1
传动系统

货车传动系统由离合器、变速器、万向传动装置、主减速器、差速器和半轴等组成（图3-1-1）。

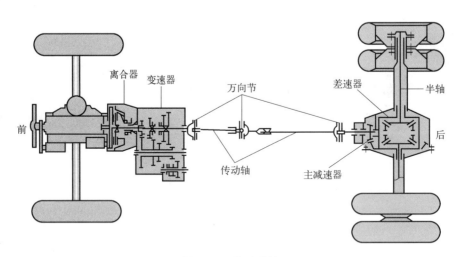

图 3-1-1　传动系统

3.1.1　变速器

变速器的作用是改变发动机曲轴的转矩和转速，以适应汽车在起步、加速、正常行驶以及克服各种道路障碍等不同行驶条件下对驱动车轮牵引力及车速的不同需要。适当的变速器结构还可以改善整车性能，如动力性、经济性及操控性能，并可降低油耗。

（1）手动变速器（MT）

单箱手动变速器的结构如图 3-1-2 所示。

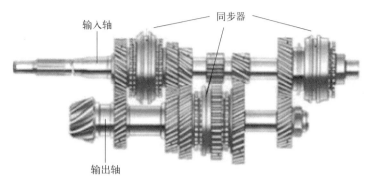

图 3-1-2　单箱手动变速器的结构

对于 7 挡以上变速器，如果仍然采用单箱结构，那么箱体的轴向尺寸将会很长，操纵系统的结构也将非常复杂，因此普遍采用主副箱结构（图 3-1-3）。通用的方法是在原主箱的基础上增加一个后置副箱（必要时再增加一个前置副箱）。采用主副箱结构后，主箱只需要设计成 4 挡或 5 挡，单独采用后置副箱可以实现 8～10 挡，配合使用前置副箱可以实现 12～18 挡。挡位布置可分为分段式配挡和插入式配挡。分段式配挡：由副变速器高、低速两挡传动比分别与主变速器各挡传动比搭配而组成高、低两段传动比范围，常用于后置副箱。插入式配挡：通过较小的副变速器传动比，使得组合出的传动比均匀插入主变速器各挡传动比之间，常用于前置副箱。

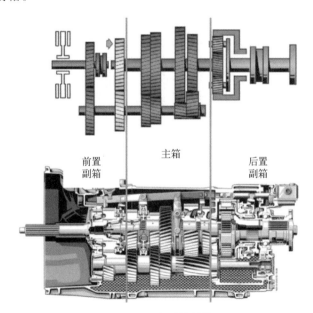

图 3-1-3　主副箱结构

同步器的作用是缩短换挡时间，并防止换挡冲击，使车辆更加平稳地行驶（图 3-1-4、图 3-1-5）。锁环式同步器的工作原理：当锁环与待接合齿轮接触后，在摩擦力矩的作用下齿轮转速迅速降低或升高到与同步锁环转速相等，两者同步旋转，齿轮相对于同步锁环的转速为零，因而惯性力矩也同时消失，此时接合套不受阻碍地与锁环接合，并进一步与待接合齿轮接合而完成换挡过程。锁销式同步器通过定位销使摩擦锥盘和摩擦锥环接触，产生摩擦力矩，使接合套与待接合齿轮转速相同并进一步接合，该挡位齿轮工作。

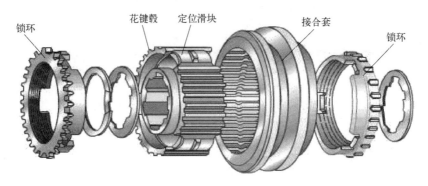

图 3-1-4　锁环式同步器的结构

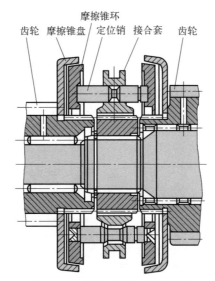

图 3-1-5　锁销式同步器的结构

（2）机械式自动变速器（AMT）

机械式自动变速器由电控换挡系统和机械式变速器组成。电控换挡系统集成了电子控制单元（TCU）的换挡手柄总成、信号采集系统、选换挡执行机构（X-Y 执行机构）、离合器执行机构（离合器助力缸 PCA）、显示仪表及相关线束和气管等（图 3-1-6～图 3-1-9）。

机械式自动变速器采用强制润滑和齿轮飞溅润滑相结合的润滑方式，大流量强制润滑高压油泵使润滑油流到各个部分，使同步器、轴承及齿轮得到润滑冷却。变速器外部安装有滤油器，保证润滑油的清洁，另外在变速器的壳体上留有油冷器接口，可选装油冷器（图 3-1-10）。

（3）自动变速器（AT）

自动变速器是在液力变矩器之后装配行星齿轮机构，通过换挡离合器和液压控制系统实现自动换挡（图 3-1-11）。

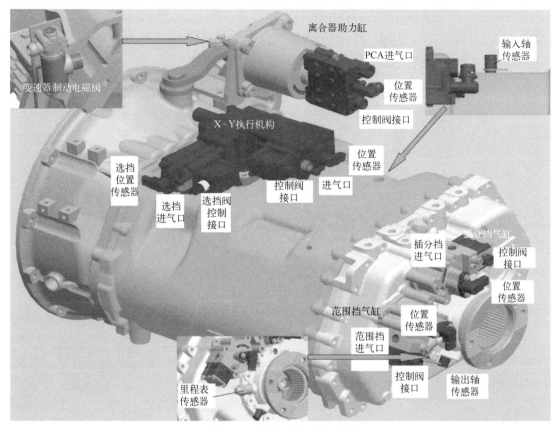

图 3-1-6　机械式自动变速器

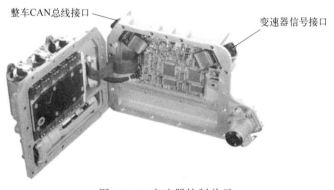

图 3-1-7　变速器控制单元

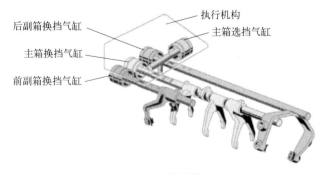

图 3-1-8　换挡拨叉

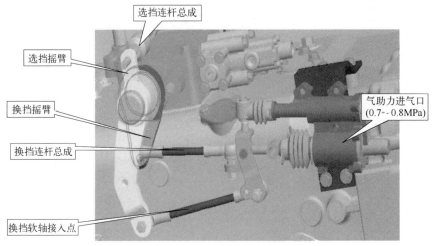

图 3-1-9　换挡操纵机构

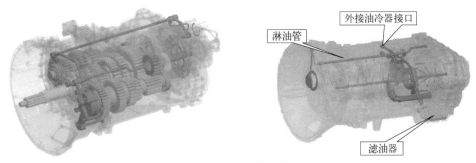

图 3-1-10　润滑系统

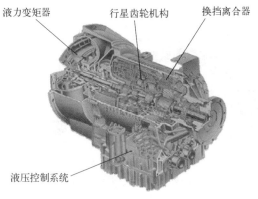

图 3-1-11　自动变速器

在起步和低速行驶时，通过液力变矩器实现增矩功能。在起步后达到一定车速时，液力变矩器闭锁，以减少动力损失。

自动变速器（AT）与机械式自动变速器（AMT）主要性能对比见表 3-1-1。

表 3-1-1　AT 与 AMT 主要性能对比

项目	AT	AMT
舒适性	低速挡无换挡冲击(车速<20km/h)	存在换挡冲击,并依赖于整车标定水平
动力性	无动力中断	存在动力中断

项目	AT	AMT
燃油经济性	存在能量损失	无能量损失
重量	大	小
成本	高	低
维修性	差	好

3.1.2 其他传动部件

（1）离合器

离合器一般布置在发动机与变速器之间，用来切断或接合动力的传递（图 3-1-12）。

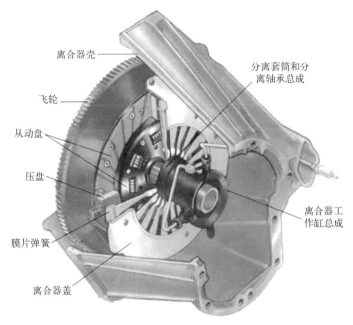

图 3-1-12　离合器

离合器的作用：作为变速器的辅助机构，可以使换挡轻便；使车辆起步和加速平稳；作为保险机构，可以限制发动机及传动系统承受过大负荷；便于启动发动机。

离合器主要由飞轮、压盘、离合器片、分离轴承及操纵装置等组成。离合器盖和压盘总成将发动机转矩传给从动盘总成。从动盘总成将动力传给变速器。膜片弹簧用来在离合器接合时将压盘与从动盘总成压紧。为了在各种工作条件下都能可靠传递发动机的最大转矩，离合器所能传递的转矩应大于发动机最大转矩。

当驾驶员踩下离合器踏板时，离合器操纵机构使分离叉推动分离套筒和分离轴承向前移动。当分离轴承向前压膜片弹簧的弹性杠杆内端时，膜片弹簧以支承环为支点，外端将向后移动，在分离钩的作用下压盘离开从动盘后移，离合器便分离了。

（2）万向传动装置

万向传动装置由万向节和轴管组成（图 3-1-13）。变速器与后桥之间距离较远，必须通过传动轴传递动力。若传动轴连接的两部件间距离也会发生变化，必须将传动轴做成两段，用滑动花键连接。为了使传动轴的刚度与强度提高，一般将传动轴做成空心的，通常用钢板卷焊而成。

在传动轴过长需分成两段时，应有中间支承作为传动轴的中支点，这使两支点间传动轴长度减小，从而提高了传动轴的固有频率，使传动轴避开了共振转速。

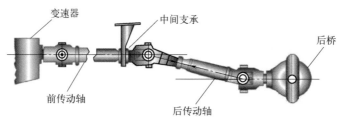

图 3-1-13 万向传动装置

（3）主减速器和差速器总成

主减速器是指传动系统中起降低转速和增加转矩作用的部分，发动机垂直放置时，有改变转矩方向的作用，依靠齿轮实现减速。差速器是指能使左、右或前、后驱动轮以不同速度转动的机构，它主要由半轴齿轮、行星齿轮和齿轮架组成。主减速器和差速器总成如图 3-1-14 所示。

（4）半轴

半轴是在差速器与驱动轮之间传递动力的实心轴，其内端与差速器半轴齿轮连接，而外端则与驱动轮的轮毂（或制动鼓/制动盘等）相连（图 3-1-15）。从差速器传来的转矩经过半轴、轮毂等，最终传递给车轮，半轴是传动系统中传递转矩的重要零件。

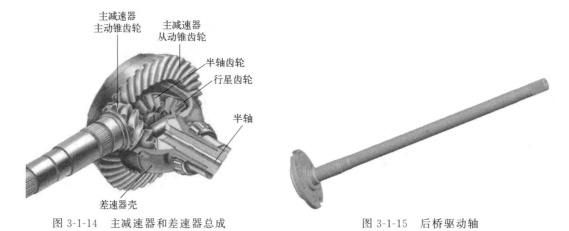

图 3-1-14 主减速器和差速器总成

图 3-1-15 后桥驱动轴

3.2
行驶系统

货车的行驶系统一般由车架、车桥、悬架和车轮四部分组成（图 3-2-1）。

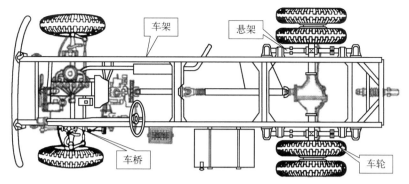

图 3-2-1 货车行驶系统的组成

3.2.1 车架

车架用于支承、连接车辆的各零部件，并承受来自车辆内外的各种载荷。车架的类型主要有边梁式、中梁式和综合式三种。

边梁式车架由两根位于两边的纵梁和若干根横梁组成，用铆接法或焊接法将纵梁与横梁连接成坚固的刚性构架（图 3-2-2）

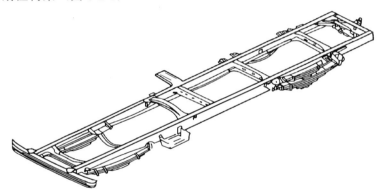

图 3-2-2 边梁式车架

中梁式车架只有一根位于中央贯穿前后的纵梁，也称为脊骨式车架。中梁的断面可以做成管形或箱形。这种结构的车架有较大的扭转刚度，使车轮有较大的运动空间（图 3-2-3）。

车架前部是边梁式，而后部是中梁式，这种车架称为综合式车架（也称复合式车架）。它同时具有边梁式车架和中梁式车架的特点（图 3-2-4）。

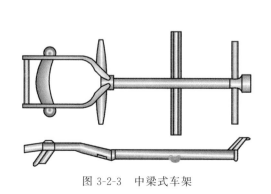

图 3-2-3 中梁式车架

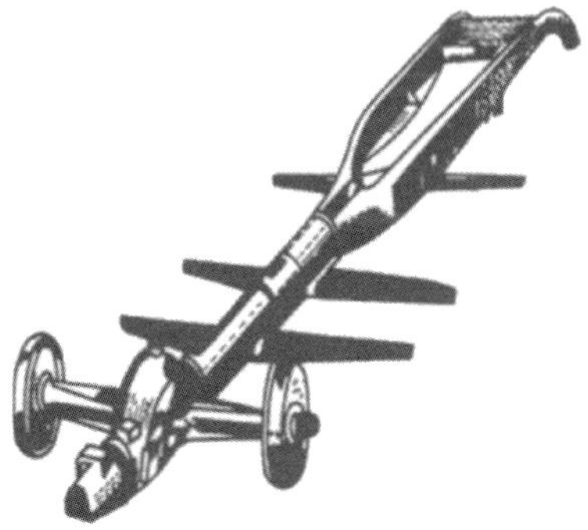

图 3-2-4 综合式车架

3.2.2 车桥

前桥起转向作用，只有在特殊工况下的少数车辆中有驱动作用。后桥主要为驱动桥，一般由主减速器、差速器、半轴、桥壳等组成（图 3-2-5）。转矩首先传到主减速器，增大转矩并相应降低转速后，经差速器分配给左右两半轴，最后通过半轴外端的凸缘盘传至驱动车轮的轮毂。桥壳由主减速器壳和半轴套管组成。

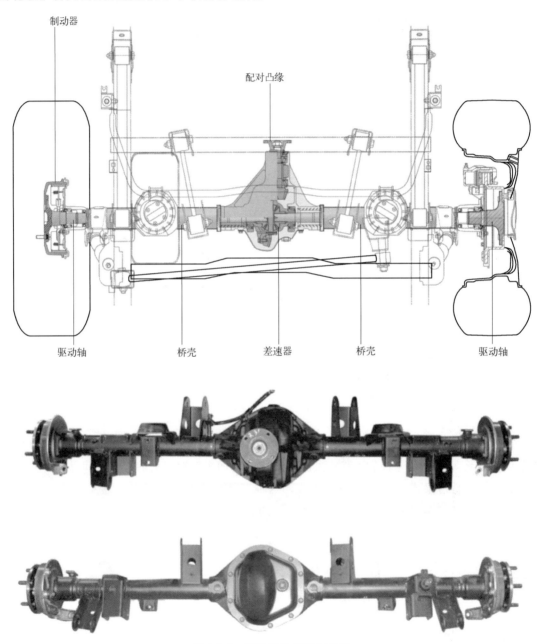

图 3-2-5　驱动桥的结构与外观

根据不同的使用要求，主减速器的结构也有所不同。按参加减速传动的齿轮副数目分，有单级式主减速器和双级式主减速器。在双级式主减速器中，若第二级减速器齿轮有两对，并分置于两侧车轮附近，实际上成为独立部件，则称为轮边减速器。按主减速器传动比挡数可分为单速式和双速式主减速器。单速式的传动比是固定的，而双速式则有两个传动比供选择。

3.2.3 悬架

悬架是汽车的重要总成之一，其主要任务是传递作用在车轮和车架之间的一切力和力矩，并缓和路面传给车架的冲击载荷，衰减由此引起的承载系统的振动，保证汽车行驶平顺性，保证车轮在路面不平和载荷变化时有理想的运动特性，保证汽车的操纵稳定性，使汽车获得高速行驶能力。

钢板弹簧悬架系统如图 3-2-6 和图 3-2-7 所示，空气悬架系统如图 3-2-8 和图 3-2-9 所示。

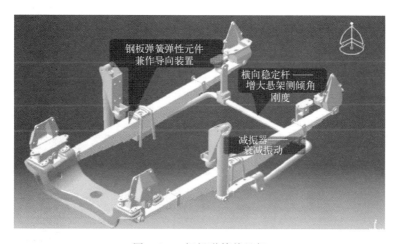

图 3-2-6　钢板弹簧前悬架

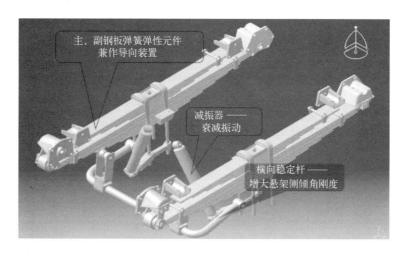

图 3-2-7　钢板弹簧后悬架

空气悬架的工作原理是，气囊内充满压缩空气，利用控制系统控制气囊的充放气，实现车辆承载和高度的调节（图 3-2-10 和图 3-2-11）。

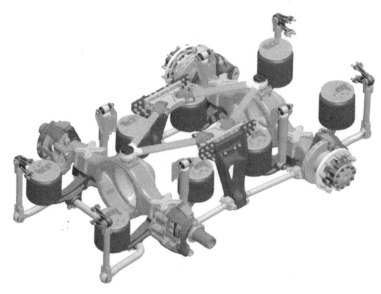

图 3-2-8　空气悬架（八气囊）

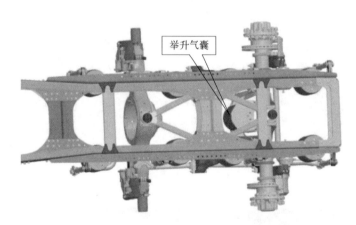

图 3-2-9　空气悬架（九气囊）

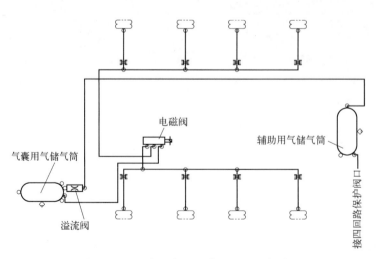

图 3-2-10　空气悬架的工作原理（八气囊）

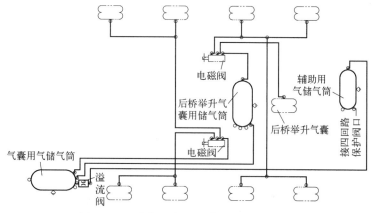

图 3-2-11 空气悬架的工作原理（九气囊）

3.3
转向系统

转向系统的功能是保证汽车能按驾驶员的意图进行转向行驶，同时对操纵稳定性有一定的影响。当汽车需要改变行驶方向时，必须使转向轮绕主销轴线偏转一定角度，直到新的行驶方向符合驾驶员的要求时，再将转向轮恢复到直线行驶位置。这种由驾驶员操纵转向轮偏转和回位的一整套机构称为汽车转向系统（图 3-3-1）。

图 3-3-1 转向系统

3.3.1 分类与组成

转向系统按能源的不同分为机械转向系统和动力转向系统两大类。机械转向系统以驾驶员的体力作为转向能源，其中所有传力件为机械的。机械转向系统由转向器、转向操纵机构和转向传动机构组成（图 3-3-2）。动力转向系统是在机械转向系统的基础上加设一套转向助力装置而形成的（图 3-3-3）。

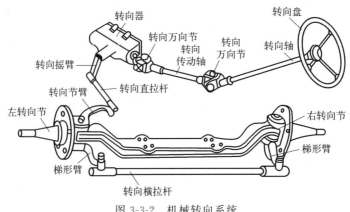

图 3-3-2　机械转向系统

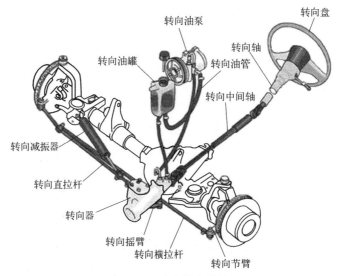

图 3-3-3　动力转向系统

3.3.2　结构原理

（1）转向器

转向器主要有齿轮齿条式、循环球式和蜗杆曲柄指销式等。

齿轮齿条式转向器分两端输出式（图 3-3-4）和中间（或单端）输出式（图 3-3-5）两种。采用齿轮齿条式转向器可以使转向传动机构简化（不需转向摇臂和转向直拉杆等），齿轮齿条无间隙啮合，不需调整，而且逆传动效率很高。

循环球式转向器（图 3-3-6）应用广泛，一般有两级传动副，第一级是螺杆螺母传动副，第二级是齿条齿扇传动副。转向螺杆转动时，通过钢球将力传给转向螺母，螺母即沿轴向移动。同时，在螺杆及螺母与钢球间的摩擦力偶作用下，所有钢球在螺旋状通道内滚动，形成"球流"。在转向器工作时，两列钢球只是在各自的封闭流道内循环，不会脱出。螺母与齿条

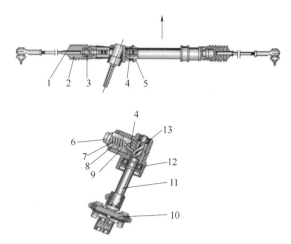

图 3-3-4　齿轮齿条式转向器（两端输出式）

1—转向横拉杆；2—防尘套；3—球头座；4—转向齿条；5—转向器壳体；

6—调整螺塞；7—压紧弹簧；8—锁紧螺母；9—压块；10—万向节；

11—转向齿轮轴；12—向心球轴承；13—滚针轴承

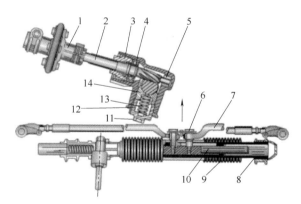

图 3-3-5　齿轮齿条式转向器（单端输出式）

1—万向节叉；2—转向齿轮轴；3—调整螺母；4—向心球轴承；5—轴承；6—固定螺钉；

7—转向横拉杆；8—转向器壳体；9—防尘套；10—转向齿条；11—调整螺塞；

12—锁紧螺母；13—压紧弹簧；14—压块

制成一体，在螺母的下端制出齿条，而在转向摇臂上制出齿扇。在转向器上、下盖与壳体间均有垫片，用以调整螺杆轴承预紧度。

蜗杆曲柄指销式转向器（图 3-3-7）的传动副以转向蜗杆为主动件，其从动件是装在摇臂轴曲柄端部的指销。转向蜗杆转动时，与之啮合的指销即绕摇臂轴轴线沿圆弧运动，并带动摇臂轴转动。

（2）转向操纵机构

转向操纵机构（图 3-3-8）由转向盘、转向轴、转向管柱等组成，其作用是将驾驶员转动转向盘的操纵力传给转向器。

安全转向操纵机构的上下两段可以相互分离或相互滑动，此类转向操纵机构在发生撞车时，能够吸收一部分能量，从而有效地防止转向盘对驾驶员的伤害（图 3-3-9 和图 3-3-10）。

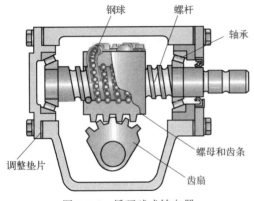

图 3-3-6　循环球式转向器

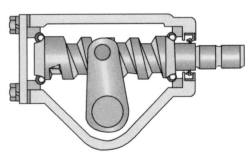

图 3-3-7　蜗杆曲柄指销式转向器

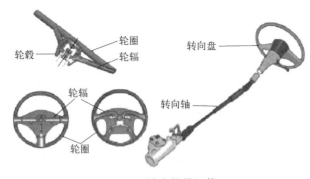

图 3-3-8　转向操纵机构

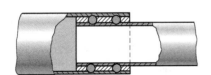

图 3-3-9　钢球滚压变形式结构

图 3-3-10　波纹管变形吸能式结构

（3）转向传动机构

转向传动机构的功用是将转向器输出的力和运动传到转向桥两侧的转向节，使两侧转向轮偏转，且使两转向轮偏转角按一定关系变化，以保证汽车转向时车轮与地面的相对滑动尽可能小。转向传动机构主要包括转向摇臂、转向直拉杆、转向节臂（或梯形臂）等。

转向直拉杆（图 3-3-11）的作用是将转向摇臂传来的力和运动传给转向节臂（或梯形臂）。它所受的力既有拉力、也有压力。在转向轮偏转或

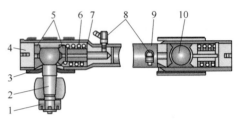

图 3-3-11　转向直拉杆

1—螺母；2,10—球头销；3—橡胶防尘垫；

4—螺塞；5—球头座；6—压缩弹簧；7—弹簧座；

8—油嘴；9—直拉杆体

因悬架弹性变形而相对于车架跳动时，转向直拉杆与转向摇臂及转向节臂的相对运动都是空间运动，为了不发生运动干涉，上述三者间的连接都采用球头销。

随着车速的提高，现代货车的转向轮有时会产生摆振（转向轮绕主销轴线往复摆动，甚至引起整车的振动），这不仅影响货车的稳定性，而且还影响货车的舒适性，加剧前轮轮胎的磨损。在转向传动机构中设置转向减振器（图 3-3-12）是克服转向轮摆振的有效措施。转向减振器的一端与车身（或前桥）铰接，另一端与转向直拉杆（或转向器）铰接。

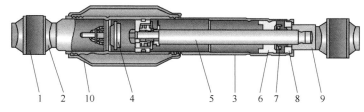

图 3-3-12　转向减振器

1—连接环衬套；2—连接环橡胶套；3—油缸；4—压缩阀总成；5—活塞及活塞杆总成；
6—导向座；7—油封；8—挡圈；9—轴套及连接环总成；10—储液缸

3.4
制动系统

制动系统有两种，一种是气顶油式，另一种是全空气式。

3.4.1　气顶油式制动系统

图 3-4-1 所示为气顶油式制动系统。气动伺服制动器（图 3-4-2）仅用于气顶油式制动系统。

踩下制动踏板时，双腔制动阀的引导压力进入继动阀的 A 腔（图 3-4-3），作用在活塞

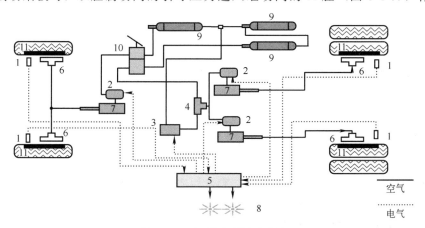

图 3-4-1　气顶油式制动系统

1—轮速传感器；2—压力控制阀；3—ASR（驱动防滑系统）阀；4—双腔止回阀；5—ECU；
6—轮缸；7—气动伺服制动器；8—报警灯；9—储气筒；10—双腔制动阀；11—车轮

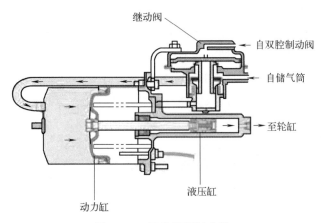

图 3-4-2 气动伺服制动器

上，使阀座与阀分离，连通储气筒与气动伺服制动器之间的气道。压缩空气进入气动伺服制动器的动力缸。松开制动踏板时，引导压力撤除，继动阀活塞上行，直至阀的上部抵到阀座，储气筒和气动伺服制动器的动力缸之间通道关闭，压缩空气不再能进入动力缸，加给动力缸的压缩空气通过排出口放入大气。

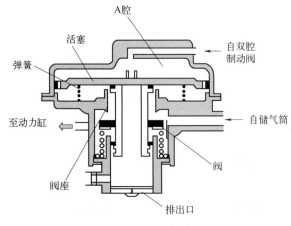

图 3-4-3 继动阀总成

由继动阀动作提供的压缩空气进入动力缸 A 腔（图 3-4-4），作用于动力活塞上。动力缸 B 腔与大气接通，在 A 腔与 B 腔之间产生压差。如推动动力活塞的力大于弹簧力，动力活塞便向右移，推杆将来自继动阀的气压传递给液压活塞。

动力活塞的运动带动推杆将液压活塞推向右方，液压活塞的轭架离开座圈，制动液储罐侧的 C 腔与轮缸侧的 D 腔之间的通道关闭，D 腔中的制动液被向右运动的液压活塞加压送往轮缸（图 3-4-5）。

随着液压活塞的运动，C 腔容积增大，剩余压力止回阀中的剩余压力变为负值，从而使剩余压力止回阀开启，从制动液储罐中吸油。

动力活塞的回位弹簧与 D 腔中制动液压力迫使液压活塞回到原位，轭架与座圈接触，使 C 腔与 D 腔连通。制动液通过 C 腔，压缩剩余压力止回阀弹簧，经剩余压力止回阀外缘回到制动液储罐。当弹簧力与制动液压力平衡时制动液停止流动。

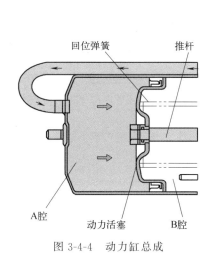

图 3-4-4　动力缸总成

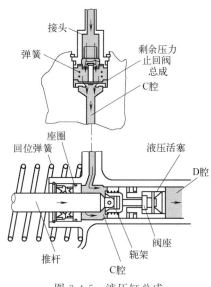

图 3-4-5　液压缸总成

3.4.2　全空气式制动系统

图 3-4-6 所示为全空气式制动系统。

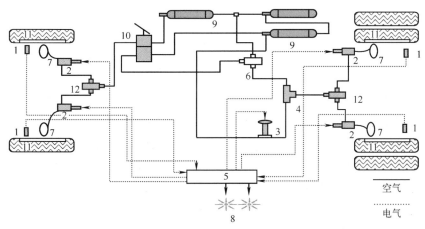

图 3-4-6　全空气式制动系统

1—轮速传感器；2—压力控制阀；3—ASR（驱动防滑系统）阀；4—双腔止回阀；5—ECU；6—继动阀；
7—制动气室；8—报警灯；9—储气筒；10—双腔制动阀；11—车轮；12—快放阀

　　快放阀的工作原理如图 3-4-7 所示。踩下制动踏板时，压缩空气加到快放阀的进气口，空气流至制动气室。抬起制动踏板时，加给制动气室的压缩空气经快放阀迅速放掉。

　　如果全空气式制动系统无继动阀，储气筒中的压缩空气直接通过双腔制动阀流至制动气室。但由驾驶员座椅至各车轮的制动管线距离是不同的，到达制动气室的时间也不相同，不可能满足同步性与即时性。为了解决这个问题，采用了继动阀。继动阀有供气口、出气口、检修口与排气口，分别与储气筒、后轮制动气室、双腔制动阀及大气相通（图 3-4-8）。

　　当驾驶员踩下制动踏板时，双腔制动阀动作，储气筒的压缩空气加到继动阀的检修口。

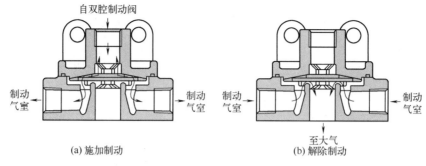

(a) 施加制动　　　　　　　　　(b) 解除制动

图 3-4-7　快放阀的工作原理

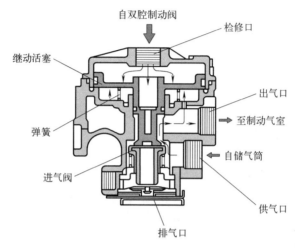

图 3-4-8　继动阀的结构

当压缩空气加到继动阀的继动活塞上部时，继动活塞向下运动，排气口关闭，进气阀打开。与从储气筒来的压缩空气合在一起通过出气口流向后轮制动气室。当驾驶员轻踩制动踏板并保持时，加给制动气室的压缩空气作用于继动活塞的底面，继动活塞的上部与底部受力相同。此时，由于内置的弹簧作用，继动活塞会稍稍向上运动，于是进气阀关闭，继动阀中无气流通过。当驾驶员松开制动踏板时，检修口的压缩空气在双腔制动阀处放入大气。继动阀的继动活塞向上运动，进气阀关闭，排气口打开，加到制动气室的压缩空气经排气口排到大气中。

　　双腔止回阀有两条供气线路（图 3-4-9）。通过双腔止回阀可以使更高的压力作用于后轮

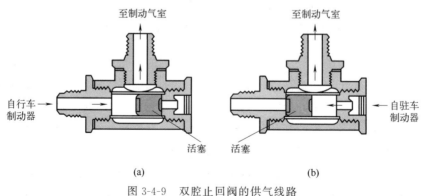

(a)　　　　　　　　　　　　　　(b)

图 3-4-9　双腔止回阀的供气线路

制动气室。双腔止回阀用于防止空气管损坏、漏气及驻车制动压力与行车制动压力混合。双腔止回阀由两个供气口与一个出气口组成。如果一侧的压力高于另一侧，低压侧供气口被活塞封闭，高压侧的压缩空气便通过出气口流向制动气室。

制动气室将压缩空气的能量转换成机械能（图 3-4-10）。驾驶员踩下制动踏板，压缩空气流入制动气室，推动膜片，进而将推杆向前推。推杆与间隙调节器相接，间隙调节器与 S 凸轮轴相接，S 凸轮轴推动制动蹄压向制动鼓，行车制动器接合。对于驻车制动器，当压缩空气加到制动气室时，驻车制动器松开，要使驻车制动器接合，需放掉压缩空气。

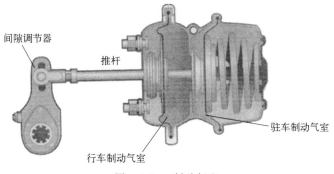

图 3-4-10　制动气室

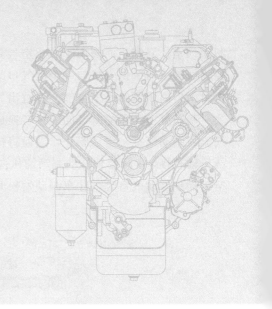

第4章
货车电气系统

4.1
电气系统组成

（1）发电机

发电机的作用是在发动机正常运转时，向除起动机外的所有用电设备供电，同时给蓄电池充电。交流发电机一般由转子、定子、整流器、端盖等组成（图 4-1-1）。

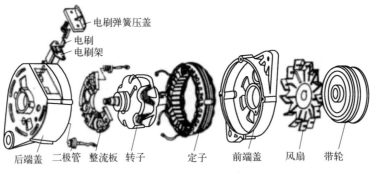

图 4-1-1　发电机的结构

转子的功能是产生旋转磁场，其组成如图 4-1-2 所示。转子轴上压装着两块爪极，两块

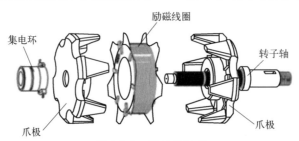

图 4-1-2　转子的组成

爪极各有六个鸟嘴形磁极，爪极空腔内装有磁场绕组（励磁线圈）和磁轭。集电环由两个彼此绝缘的铜环组成，压装在转子轴上并与轴绝缘，两个集电环分别与磁场绕组的两端连接。当两集电环通入直流电时（通过电刷），磁场绕组中就有电流通过，并产生轴向磁通，使爪极一块被磁化为 N 极，另一块被磁化为 S 极，从而形成六对相互交错的磁极。当转子转动时，就形成了旋转的磁场。

定子的功能是产生交流电。定子由定子铁芯和定子绕组组成（图 4-1-3）。定子铁芯由内圈带槽的硅钢板叠成，定子绕组就嵌放在铁芯的槽中。定子绕组有三相，三相绕组采用星形接法或三角形（大功率）接法，都能产生三相交流电。

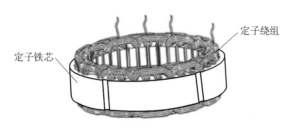

图 4-1-3　发电机定子

交流发电机整流器的作用是将定子绕组的三相交流电变为直流电。6 管交流发电机的整流器由 6 只硅整流二极管组成，6 只整流二极管分别压装（或焊装）在两块板上。将正极管安装在一块铝制散热板上，称为正整流板；将负极管安装在另一块铝制散热板上，称为负整流板，也可用发电机后盖代替负整流板。在正整流板上有一个输出接线柱 B（发电机的输出端），负整流板一定与壳体相连（搭铁）。整流板的形状各异，有马蹄形、长方形、半圆形等。

端盖一般分两部分（前端盖和后端盖），起固定转子、定子、整流器和电刷组件的作用。端盖一般用铝合金铸造，一是可有效防止漏磁，二是散热性能好。后端盖上装有电刷组件（图 4-1-4），电刷的作用是将电流通过集电环引入磁场绕组。

根据磁场绕组（两只电刷）和发电机的连接不同，将发电机分为内搭铁型和外搭铁型两种（图 4-1-5）。

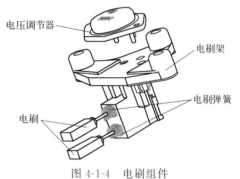

图 4-1-4　电刷组件

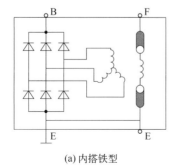

(a)内搭铁型

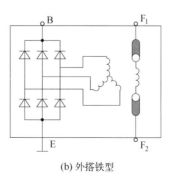

(b)外搭铁型

图 4-1-5　发电机搭铁型式

对比图 4-1-6 和图 4-1-7，6 管交流发电机的基本结构和 9 管交流发电机相同，所不同的是 9 管交流发电机的整流器是由 6 只大功率整流二极管和 3 只小功率磁场二极管组成的。其中 6 只大功率整流二极管组成三相全波桥式整流电路，对外负载供电，3 只小功率二极管与 3 只大功率负极管也组成三相全波桥式整流电路，专门为发电机磁场供电。充电指示灯亮，转子励磁；充电指示灯灭，发电机发电。

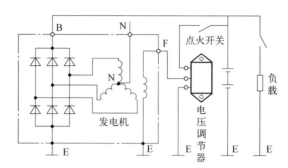

图 4-1-6　6 管交流发电机电路原理

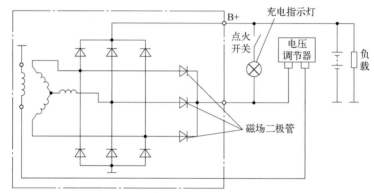

图 4-1-7　9 管交流发电机电路原理

（2）组合仪表

组合仪表由车速表、发动机转速表、燃油表、冷却液温度表（水温表）、气压表、机油压力表（油压表）、信号指示灯、液晶显示屏等组成（图 4-1-8）。在点火开关接通时，若表

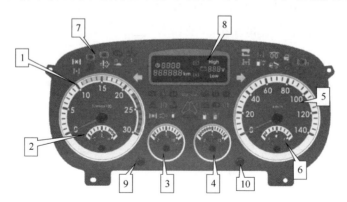

图 4-1-8　组合仪表

1—发动机转速表；2—水温表；3—机油压力表；4—气压表；5—车速表；6—燃油表；7—信号指示灯；
8—液晶显示屏（时间、里程、气压 1、气压 2、电压）；9—气压 1、2 切换；10—小里程清零按钮上的常火线突然断电时，所有指针将停在断电瞬间的位置。常火线恢复通电后，打开点火开关，组合仪表将首先进行通电自检，自检完成后指针将指示当前测量值。

CAN 总线组合仪表的指示灯如图 4-1-9 所示，各指示灯解释见表 4-1-1。

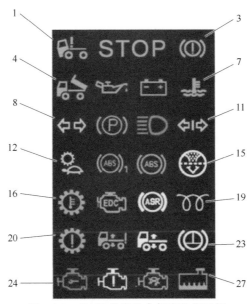

图 4-1-9　CAN 总线组合仪表的指示灯

表 4-1-1　CAN 总线组合仪表的指示灯解释

位置	功能	颜色	位置	功能	颜色
1	驾驶室锁止	红色	15	空滤器堵塞报警	黄色
2	停车/严重故障报警	红色	16	变速箱油温高	红色
3	制动气压报警	红色	17	EDC 故障	红色
4	自卸大箱工作指示	红色	18	ASR 工作	黄色
5	发动机机油压力低	红色	19	预热器工作	黄色
6	充电指示	红色	20	变速箱故障	红色
7	发动机水温过高	红色	21	电控悬架故障	红色
8	主车转向灯	绿色	22	电控悬架警告	黄色
9	驻车制动	红色	23	缓速器工作	黄色
10	远光灯指示	蓝色	24	发动机维护	蓝色
11	挂车转向灯	绿色	25	发动机警告	黄色
12	低速挡工作	绿色	26	发动机停机	红色
13	主车 ABS 报警	红色	27	水位报警	红色
14	挂车 ABS 报警	红色			

（3）门控/遥控系统

门控系统包括左/右两个门控器。两门控器之间可以通过 CAN 总线互相通信，也可以分别通过 CAN 总线和仪表 CBCU（车身控制单元）等控制器通信。如图 4-1-10 所示，左门控制器（DCM）可以控制左/右车窗的上升/下降、左/右门锁的解锁/锁止、左后视镜除霜以及右侧车窗升降的解锁/锁止。右门控制器（PCM）可以控制右侧车窗的上升/下降、左/右门锁的解锁/锁止、右后视镜除霜以及接收并响应遥控器信号。

遥控系统包括遥控器和遥控接收控制器，主要作用是发出、接收和传递遥控信号给门控制器。按遥控器的开/闭锁按键，遥控器发送遥控信号，遥控接收控制器通过内部天线接收并处理遥控信号，然后将处理后的信号发给门控制器。门控制器根据收到的信号，控制门锁做出相应的开/闭锁动作。

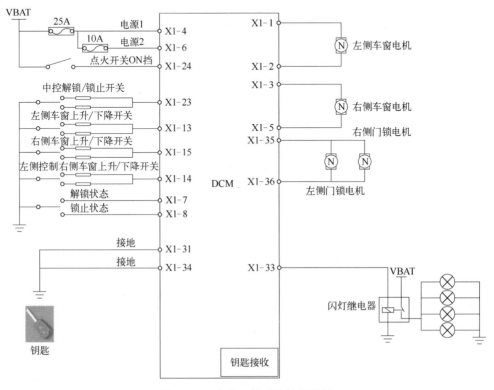

图 4-1-10　中控门锁系统控制接线

门控/遥控系统的主要功能见表 4-1-2。

表 4-1-2　门控/遥控系统的主要功能

条件	开关输入	动作
点火开关 ON	门窗升降开关	按下门窗升降开关门窗升降；长按门窗下降开关 1~2s 松开门窗自动下降到底
常电	中控开关	按下中控解锁/锁止开关，门锁解锁/锁止
点火开关 OFF	遥控按键	按下遥控解锁/锁止按键，门锁解锁/锁止
点火开关 ON	后视镜加热开关	按一下后视镜加热开关，后视镜加热 10min 后自动关闭；在加热过程中再按一下开关，后视镜停止加热

按照开关控制的方式分有高控和低控两种，门控制器采用低控方式（图 4-1-11）。在低控电路中，开关将低控信号送到电子控制器的信号输入端，开关断开时信号输入端的电压为 7V，开关闭合时信号输入端的电压小于 1V。

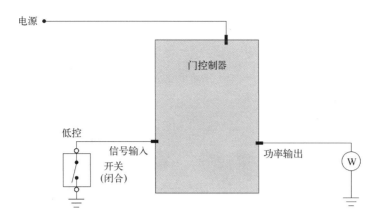

图 4-1-11　低控方式

（4）发动机防盗系统

发动机防盗系统是一种基于低频无线通信和总线通信的电子防盗系统。防盗控制器（图4-1-12）、钥匙（图4-1-13）、发动机电控单元在生产线下线时使用下线设备进行匹配，只有匹配过的钥匙，才能启动发动机。

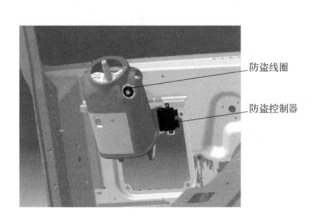

图 4-1-12　防盗控制器

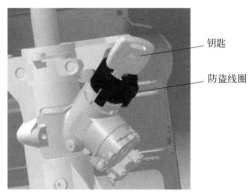

图 4-1-13　钥匙

发动机防盗系统通过对比钥匙中的转发器芯片 ID，来决定是否能够启动发动机，从而起到防止复制的钥匙非法启动发动机的作用。同时仪表上的防盗报警灯会根据防盗系统的状态进行相应的指示。该系统主要由防盗控制器、防盗线圈和转发器芯片构成。防盗控制器安装于圆管梁的支架上，防盗线圈安装于点火锁头上，转发器芯片安装在钥匙手柄中，防盗报警灯在组合仪表上。

（5）智能辅助系统

① 电子制动控制系统　组成如图4-1-14所示。电子制动控制系统（EBS）是近些年在防抱死制动系统（ABS）与驱动防滑系统（ASR）基础上发展起来的控制系统，用于改善重型汽车的制动性能。电子制动控制系统具有 ABS 防抱死功能、轮速监测和补偿功能、制动管理功能以及减速度控制、辅助制动控制、制动舒适性控制功能。

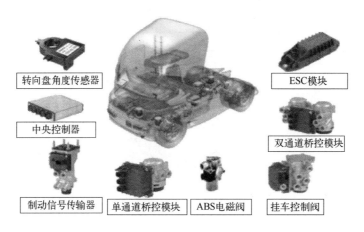

图 4-1-14　电子制动控制系统组成

中央控制器可以识别驾驶员意图，能够直接控制各个部件，实现制动力分配和综合持续制动控制。制动信号传输器具有两条电回路，两条气回路，带有两个制动开关和行程传感器，电回路失效时，气回路可进行常规制动。单通道桥控模块控制前桥的制动压力，产生前桥备压，内路含有一个比例电磁阀和一个压力传感器。双通道桥控模块拥有独立的 ECU 控制，可以独立实现压力调节控制，通过传感器对速度/压力情况进行监控，以及实现 ABS 控制功能。此外，还可以减少后桥和驾驶室之间的线束连接以及减少零部件数量与安装时间。挂车控制阀内路含有比例电磁阀、继动阀和压力传感器，能够保留备压控制。ESC（电子稳定性控制系统）功能包括防侧翻控制和方向控制。防侧翻控制可以防止由于车速过高而导致的翻车情况发生；方向控制可以控制车辆按照驾驶员的需求行驶，实现车辆在转弯时的稳定性。

② 坡道起步辅助系统　其功能是基于电子制动控制系统实现的。坡道起步辅助系统可以在车辆起步前产生行车制动压力将车轮制动，并通过 CAN 通信，监控发动机、变速箱等的信息，判断车辆是否起步。车辆正常起步后，系统施加的行车制动压力逐渐消失。坡道起步辅助系统可以有效防止车辆溜坡，提升驾驶舒适性。

③ 车道偏离预警系统　是一个能够在驾驶员无意识偏离行驶车道时，给驾驶员以声光警告的系统。前向摄像头安装在前挡风玻璃下方（图 4-1-15），车道偏离预警系统通过图像处理获取车道标识线信息。系统分别监测车道两侧的标识线，以确定本车相对于车道线的位置和横向速度。

车辆上电后，车道偏离预警系统默认为待命状态，待各项条件（车速、车道线识别情况等）满足时，进入激活状态。在本次驾驶循环内，驾驶员可以随时操作使能翘板开关暂时关闭和恢复车道偏离预警系统。车道偏离预警系统是预警形式的驾驶辅助系统，不会对车辆进行方向控制。

④ 自动紧急制动系统　是一个能够自动探测潜在的前向碰撞风险，并激活本车制动系统以降低车速，避免或减轻碰撞的系统。自动紧急制动系统通过安装于前保险杠上的毫米波雷达探测前方车辆的速度及位置信息（图 4-1-16）。

只有当车速不小于 15km/h，且不大于 125km/h 时，自动紧急制动系统才会被激活。一

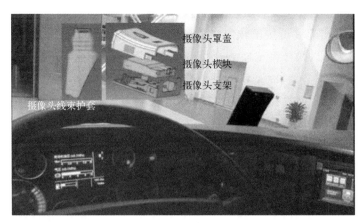

图 4-1-15　车道偏离预警系统摄像头模块

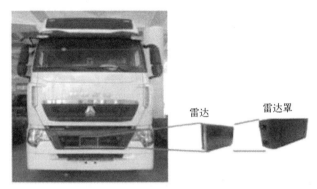

图 4-1-16　自动紧急制动系统雷达

个完整的自动紧急制动系统激活过程包含四个阶段：伴随着制动气压预建立的前向碰撞预警阶段；触觉警告阶段；预警阶段；自动紧急制动阶段。

在车辆行驶过程中，如果累计发生了三次自动紧急制动完全激活的事件，车辆的自动紧急制动系统将会失效。为了保证安全，必须尽快将车辆驶至服务站进行检修。检修完毕，由专业人员对系统进行重新标定后，车辆方可继续行驶。

驾驶员可以随时使用退出和抑制方法中断前向碰撞预警和紧急制动功能。驾驶员在短时间内的以下行为可以抑制上述功能：快速深踩加速踏板；打开转向灯开关。车辆上电，自动紧急制动系统默认开启。在本次驾驶循环内，驾驶员可以操作开关来关闭系统。打开危急报警灯开关也可以关闭自动紧急制动系统。

为了保证自动紧急制动系统发挥最优的性能，挂车要求装备符合要求的 ABS 系统。挂车存在的 ABS 故障会影响自动紧急制动系统的制动表现。

⑤ 自适应巡航控制系统　通过安装于前保险杠上的毫米波雷达探测前方车辆的速度及位置信息。自适应巡航控制系统是在传统的定速巡航基础上演化/增强的巡航系统。传统的定速巡航控制车辆以驾驶员设定好的车速行驶，而自适应巡航控制可以自动调整本车车速以与前车保持安全的跟车距离。自适应巡航控制系统的主要目的是提高驾驶的舒适性。该系统还可以降低由于驾驶员不合理的驾驶习惯导致的油耗损失及制动系统的磨损。交通事故统计表明自适应巡航控制系统的距离控制可以提高行车安全性。

车辆上电，自适应巡航控制系统默认打开。自适应巡航控制系统的工作车速范围在 30～125km/h 之间，当驾驶员按压转向盘上的 Set＋/－键时，系统进入激活状态。在本次驾驶循环内，驾驶员可以操作系统使能开关来关闭自适应巡航控制系统。系统关闭后，驾驶员按压转向盘上的 Set＋/－键时，将会进入传统的定速巡航控制模式。

自适应巡航控制系统通过控制发动机转矩/请求排气制动/缓速器制动甚至电子制动系统制动来降低车速，与前车保持安全车距。若道路情况需要的减速度超过自适应巡航控制系统对电子制动系统的最大减速度请求，自适应巡航控制系统会向驾驶员发出报警信息，需要驾驶员马上接管车辆采取制动措施。

（6）照明系统

① 无控制器参与的灯光系统　传统车型由于功能较少，使用硬线连接就能达到车辆需求的全部功能。灯光控制采用开关直接控制继电器控制端线圈，通过继电器输出端对灯具负载进行通断电（图 4-1-17）。由于开关直接驱动继电器，可实现的灯光控制功能比较单一，无法满足复杂逻辑下实现控制灯光的功能。

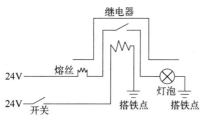

图 4-1-17　传统车型灯光系统原理

② 车身控制器控制的灯光系统　车身控制器可以实现不同逻辑下的灯光输出。利用车身控制器内部的复杂逻辑运算，可以满足不同车辆配置时的灯光控制。车身控制器的优势在于可以采集各种输入信号（如开关信号、传感器信号等），并经过其内部的数据逻辑控制，在不同的条件下输出不同的控制信号，内部芯片高度集成，可以减少大量硬线的使用。车身控制器通过接收灯光电源开关与光线传感器信号，经过内部转换后输出控制继电器线圈的开合（图 4-1-18），从而控制灯光。

③ CAN 总线参与控制的灯光系统　所有开关信号可直接通过网关进入 CAN 总线，通过 CAN 总线驱动车身控制器，再由车身控制器控制继电器线圈，从而达到控制灯光的目的（图 4-1-19）。

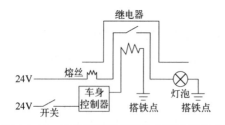

图 4-1-18　车身控制器控制的灯光系统原理

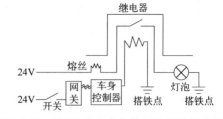

图 4-1-19　CAN 总线参与控制的灯光系统原理

4.2

电路图

（1）电源电路一（图 4-2-1）

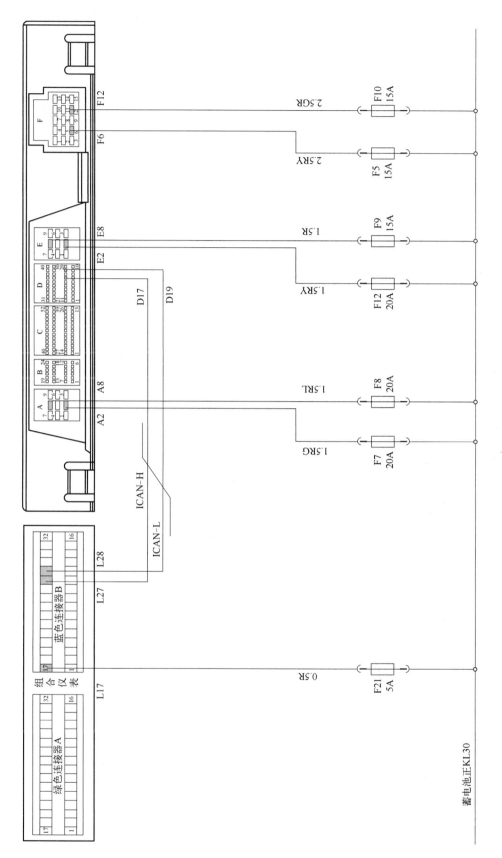

图 4-2-1　电源电路一

（2）电源电路二（图 4-2-2）

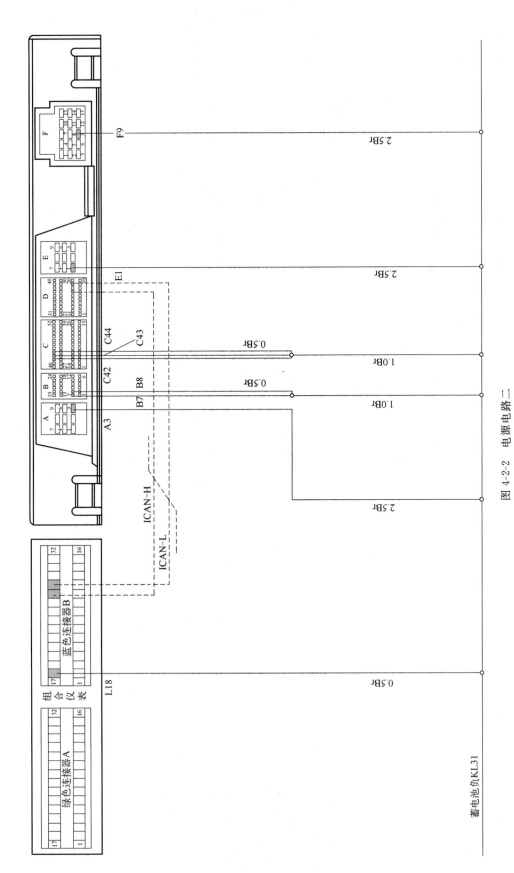

图 4-2-2 电源电路二

（3）CAN 网络（图 4-2-3）

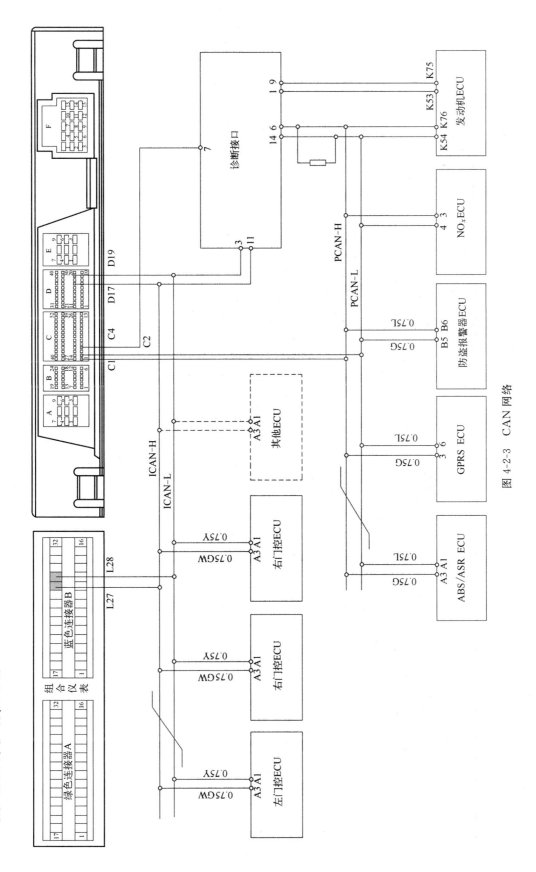

图 4-2-3 CAN 网络

（4）唤醒电路（图 4-2-4）

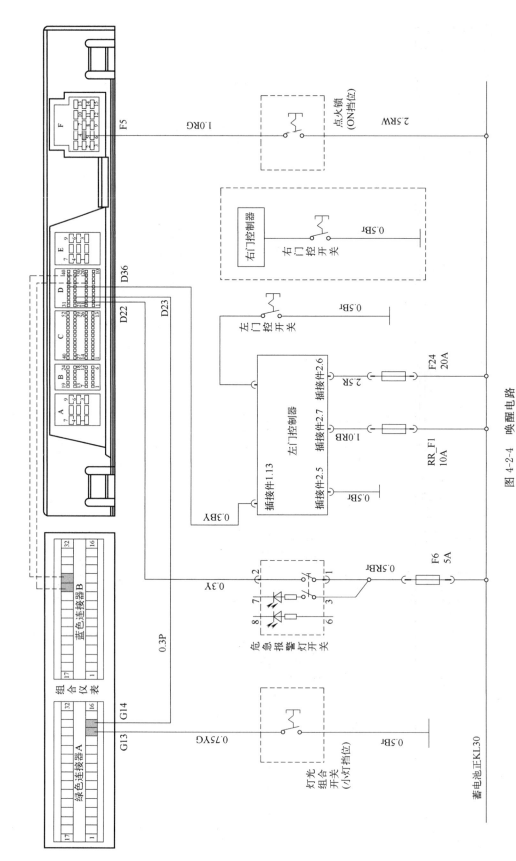

图 4-2-4 唤醒电路

（5）小灯电路（图 4-2-5）

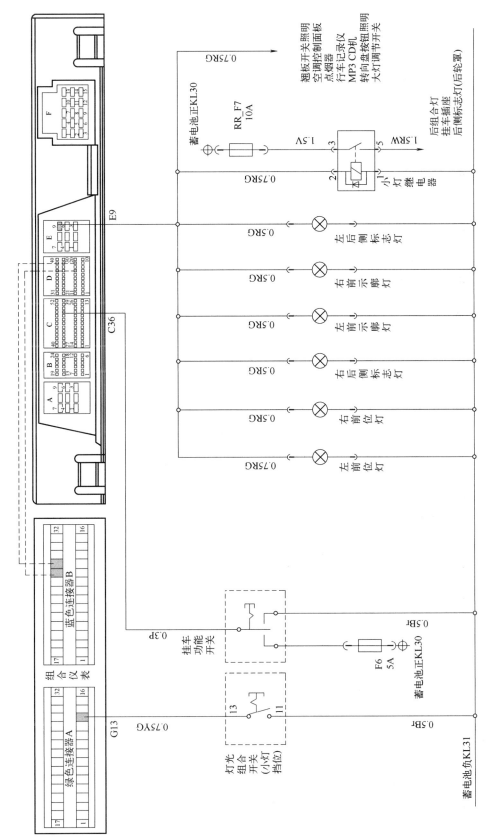

图 4-2-5　小灯电路

（6）大灯电路（图 4-2-6）

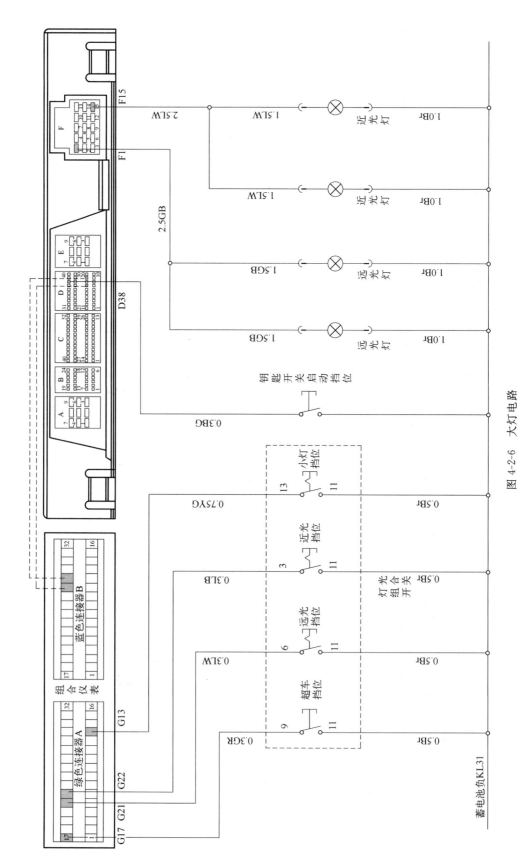

图 4-2-6 大灯电路

（7）雾灯电路（图 4-2-7）

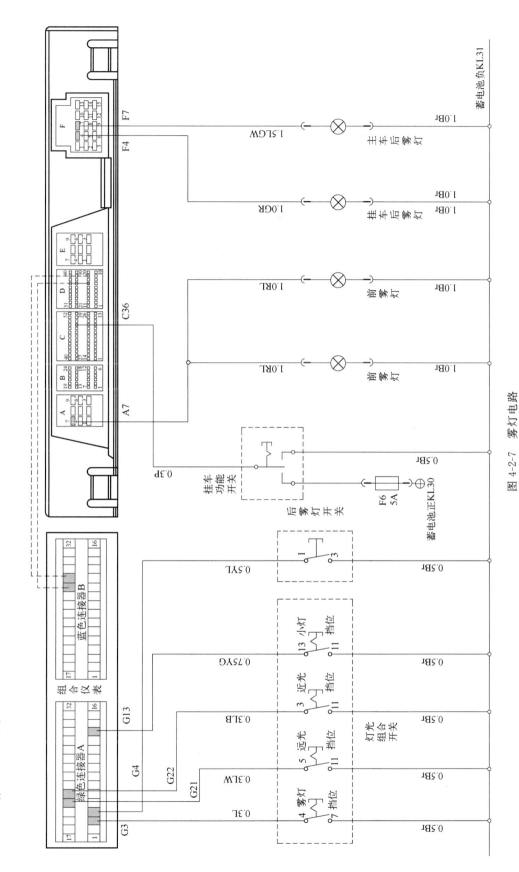

图 4-2-7　雾灯电路

（8）转向灯电路（图 4-2-8）

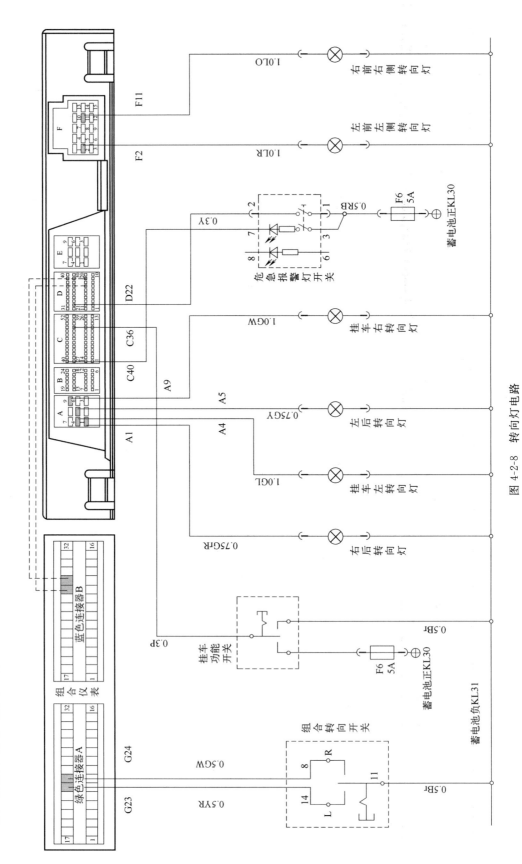

图 4-2-8　转向灯电路

（9）制动灯电路（图 4-2-9）

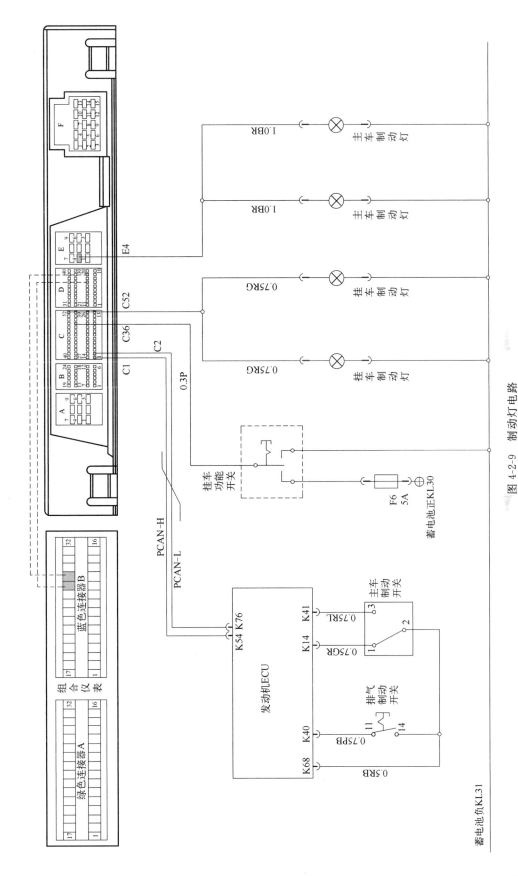

图 4-2-9　制动灯电路

（10）倒车灯电路（图 4-2-10）

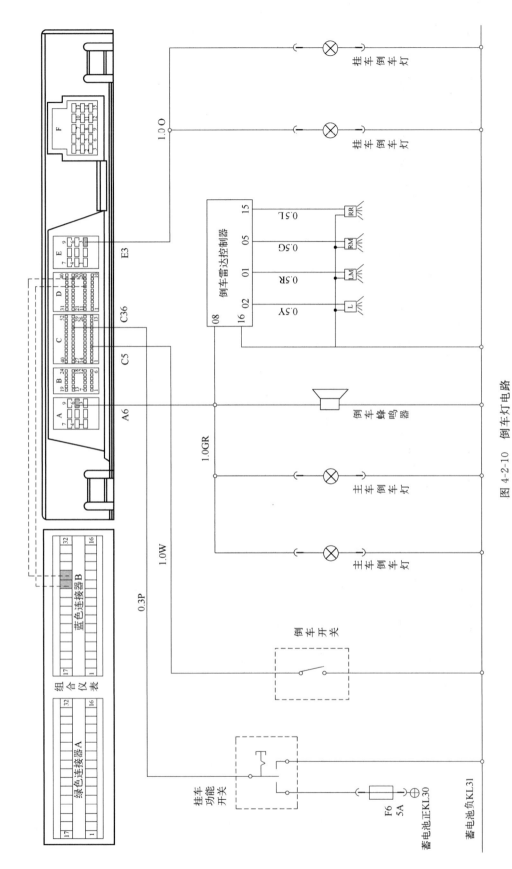

图 4-2-10　倒车灯电路

(11) 昼行灯电路（图 4-2-11）

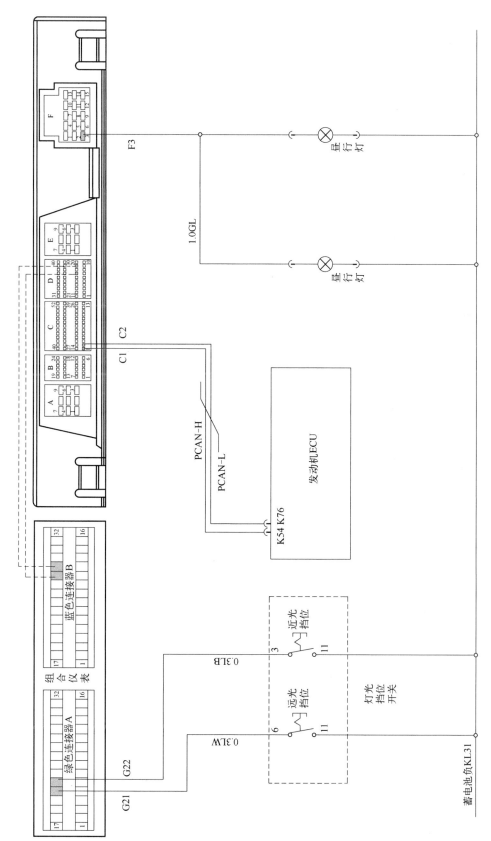

图 4-2-11　昼行灯电路

（12）车速灯电路（图 4-2-12）

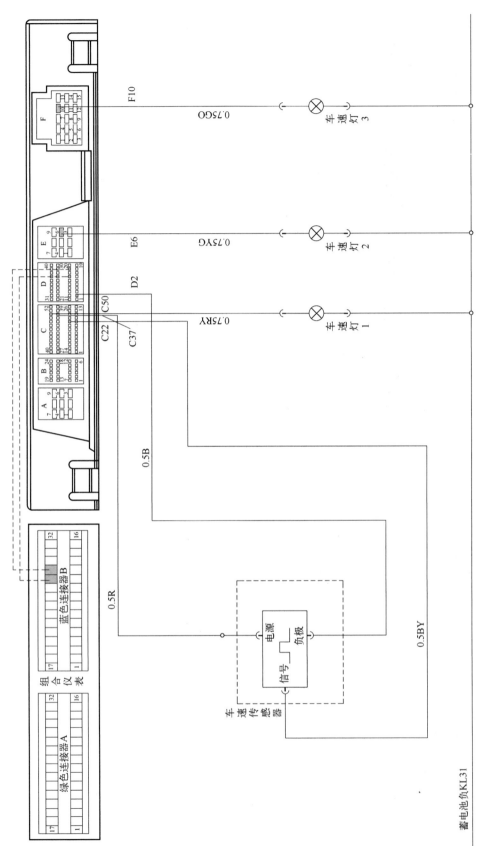

图 4-2-12　车速灯电路

（13）驾驶室踏步灯电路（图 4-2-13）

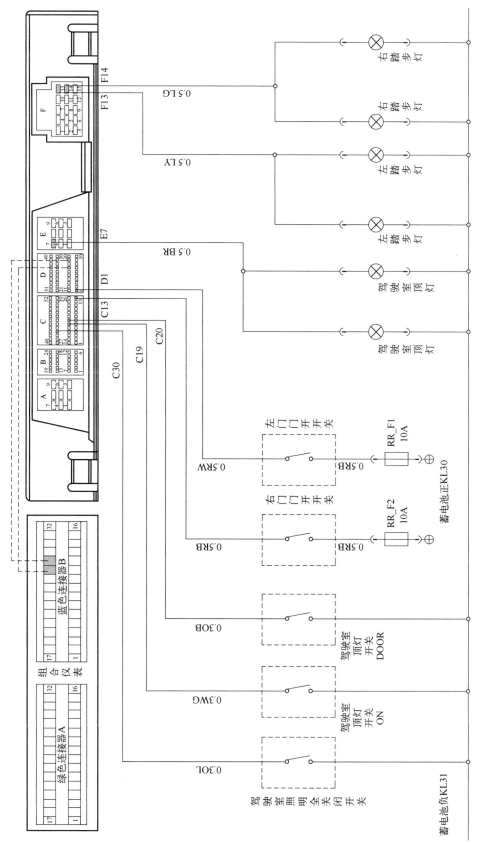

图 4-2-13　驾驶室踏步灯电路

（14）阅读灯电路（图 4-2-14）

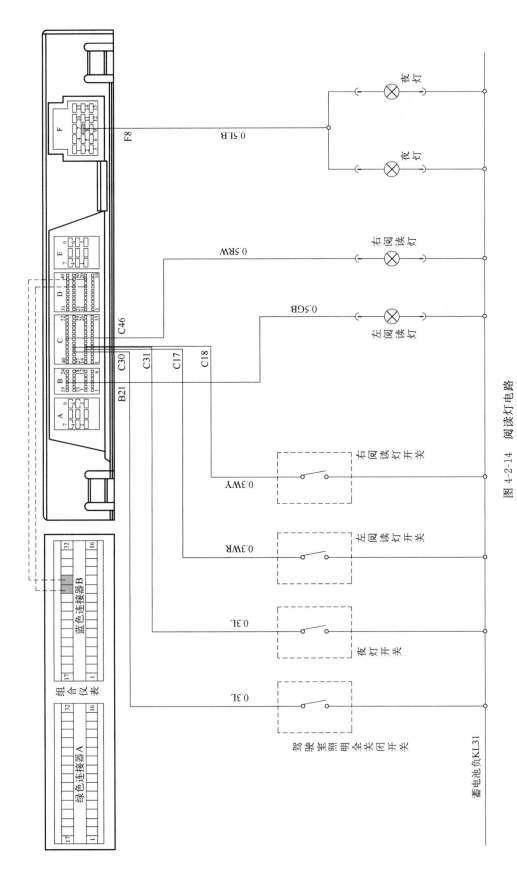

图 4-2-14　阅读灯电路

（15）报警信号电路一（图 4-2-15）

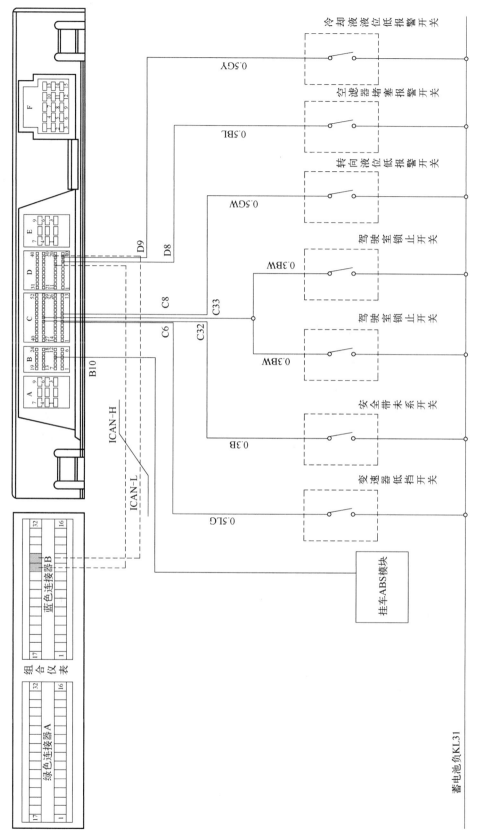

图 4-2-15　报警信号电路一

（16）报警信号电路二（图 4-2-16）

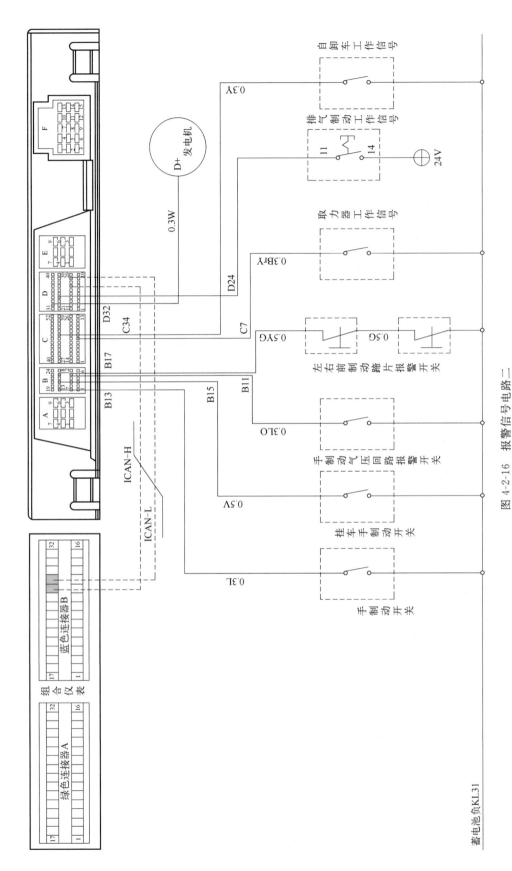

图 4-2-16　报警信号电路二

（17）报警信号电路三（图 4-2-17）

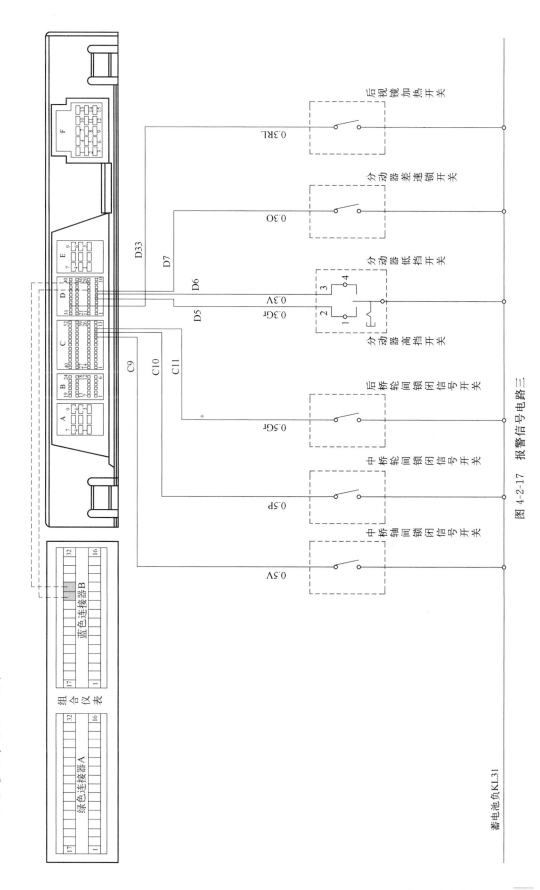

图 4-2-17　报警信号电路三

（18）机油压力传感器电路（图 4-2-18）

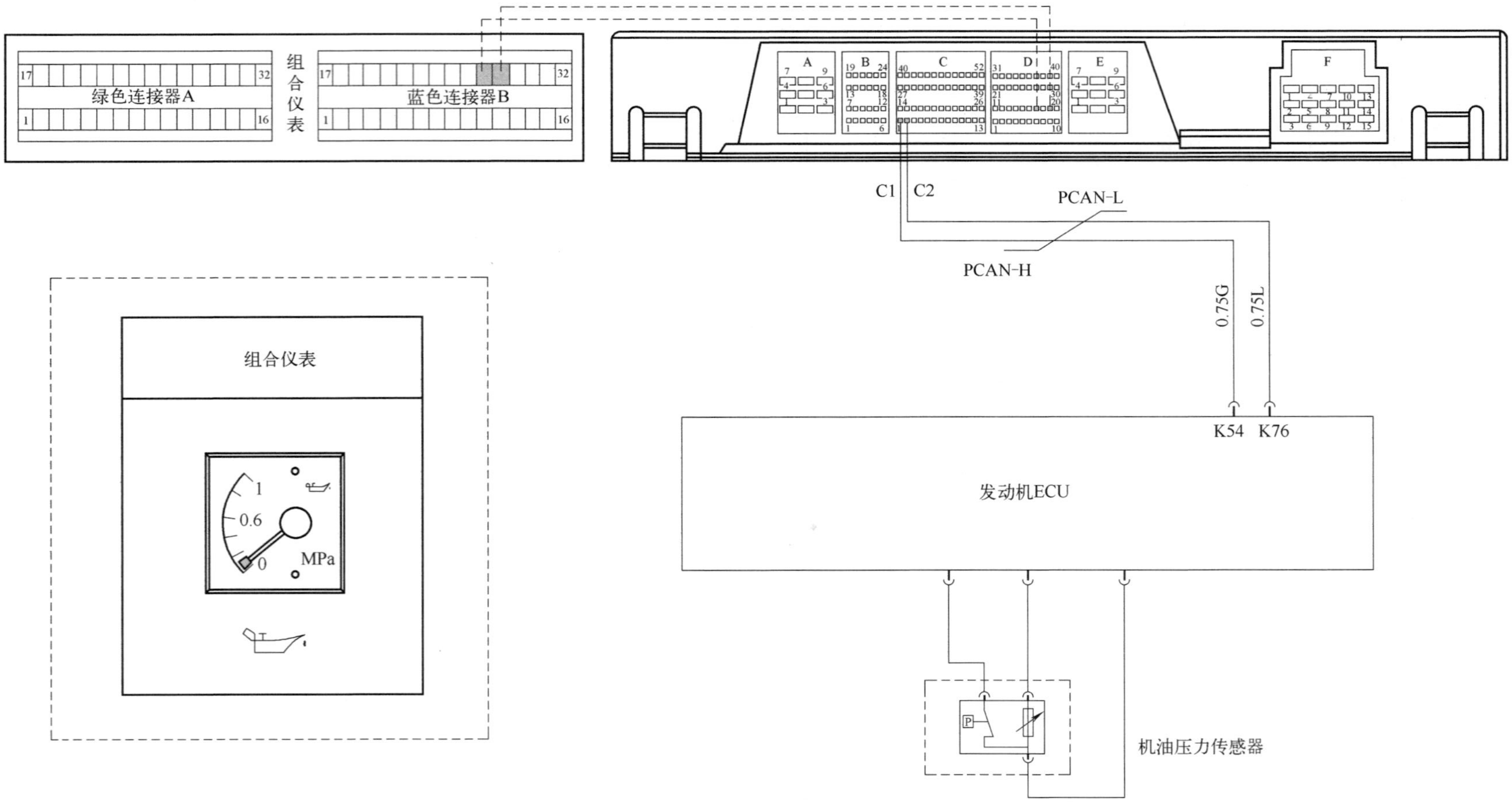

图 4-2-18　机油压力传感器电路

（19）车速传感器电路（图 4-2-19）

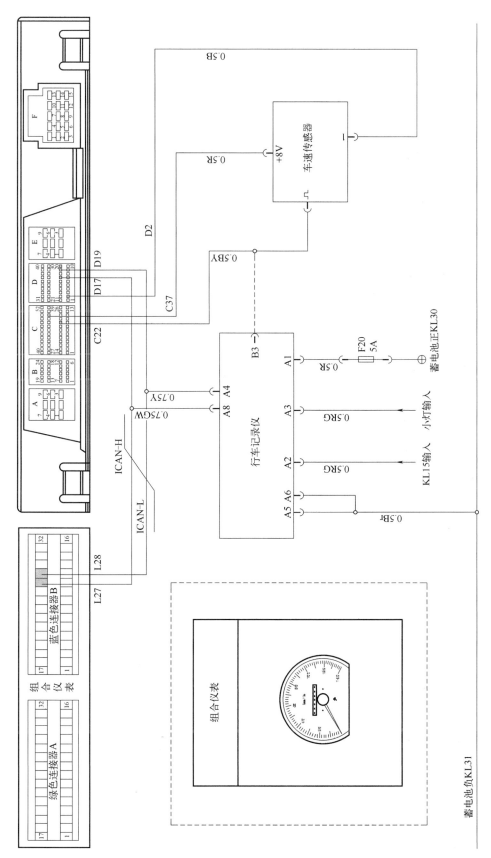

图 4-2-19　车速传感器电路

(20) 气压传感器电路（图 4-2-20）

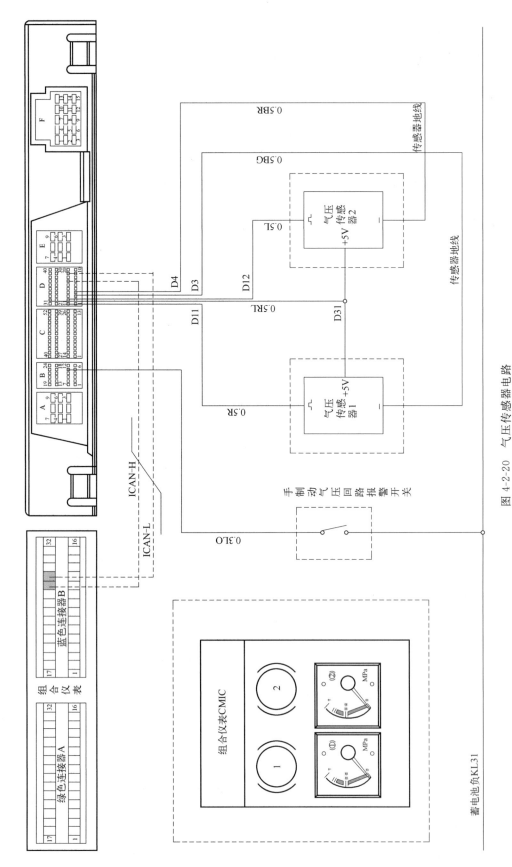

图 4-2-20　气压传感器电路

（21）水温传感器电路（图 4-2-21）

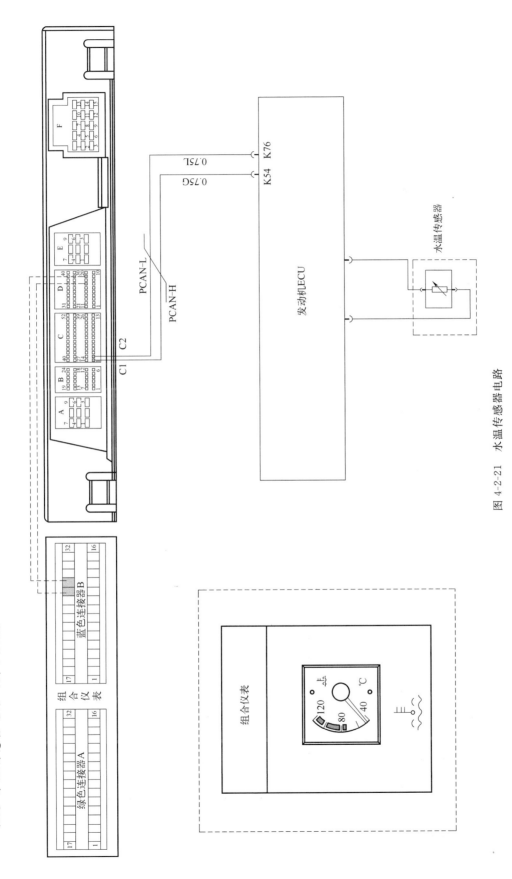

图 4-2-21　水温传感器电路

（22）转速传感器电路（图4-2-22）

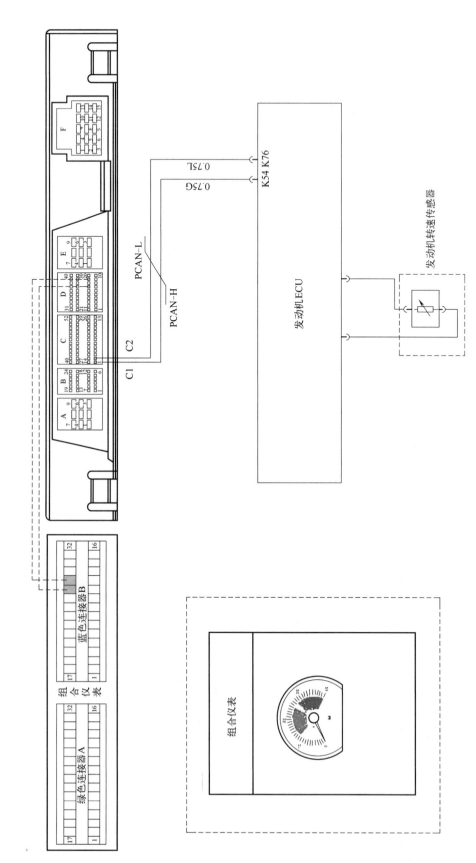

图4-2-22 转速传感器电路

(23) 雨刮电路（图 4-2-23）

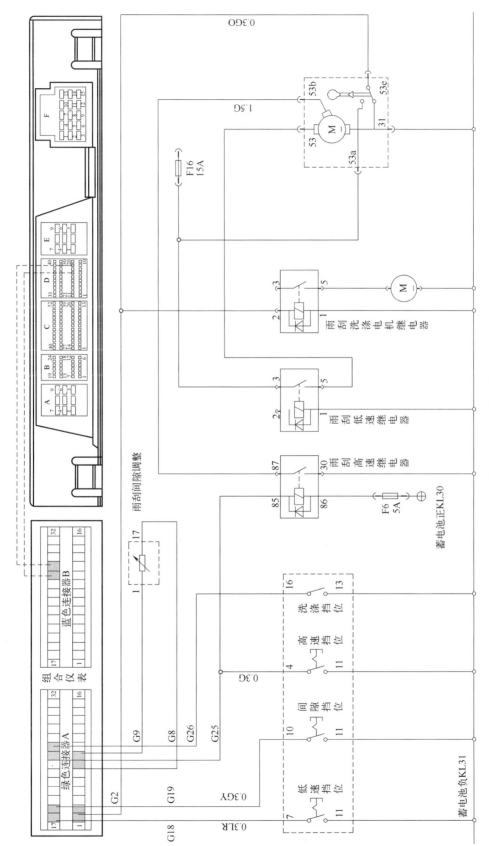

图 4-2-23 雨刮电路

（24）喇叭电路（图 4-2-24）

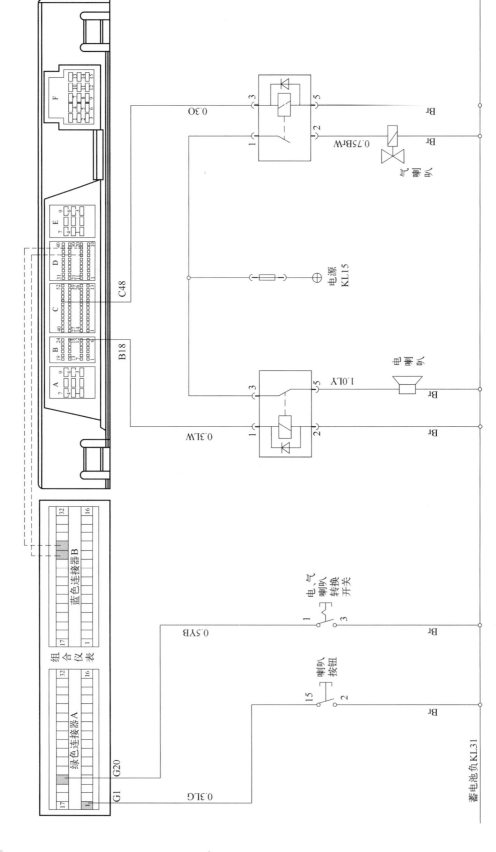

图 4-2-24　喇叭电路

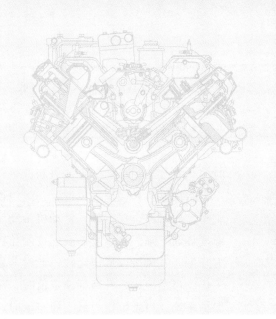

第**5**章
货车空调系统

（1）空调制冷系统

空调制冷系统主要由压缩机、冷凝器、膨胀阀、蒸发器及连接管路等组成（图5-1-1）。空调制冷系统有以下四个工作过程。

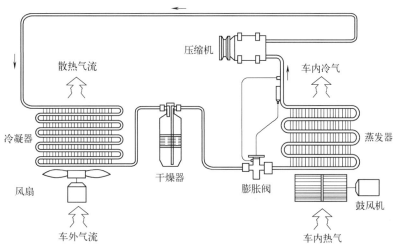

图5-1-1　空调制冷系统

① 压缩过程：启动汽车空调系统后，压缩机在发动机的带动下开始工作，驱使制冷剂在密封的空调系统中循环流动。压缩机将从蒸发器流回的低温低压的气态制冷剂，压缩成高温、高压气体排出压缩机。

② 冷凝过程：高温、高压的制冷剂气体经管路进入冷凝器内，在冷凝器内散热，温度降低，

冷凝成液态制冷剂流出冷凝器，进入干燥器内，经过干燥过滤后，呈液态沿管路流进膨胀阀。

③ 节流过程：在进入膨胀阀前的高压液态制冷剂温度仍较高，这种状态的制冷剂在膨胀阀内发生节流膨胀，压力和温度下降，然后进入蒸发器。

④ 蒸发过程：制冷剂在蒸发器内蒸发成气态，大量吸收车内流经蒸发器表面空气的热量，从而降低了气温，达到了制冷目的。液态制冷剂完全蒸发，温度升高，流回压缩机，同时湿热空气遇到冷的蒸发器表面散热片时，其中的水分形成凝结水，排到车外。

将操纵拨杆调至冷风位置、风门调至内循环，打开风速开关，按下空调开关，空调开始工作。此时离合器工作，发动机带动压缩机运转，系统压力逐渐上升，风扇运转，车内风口温度逐渐下降。当蒸发器温度控制器感应的温度达到其保护值时，压缩机停止工作，系统压力降低，鼓风机以低速运转，此时蒸发器温度上升，当温度达到其吸合点时，压缩机又开始工作。当系统压力升高到规定值时，高压保护开关动作，压缩机停止工作，系统压力降低，保护系统。当系统压力低于规定值时，低压保护开关动作，压缩机停止工作。

（2）空调暖风系统

采用水冷式发动机的冷却水作为热源，从发动机水套上，将热的冷却水引入车内的暖风装置中，由鼓风机送风吹过暖风散热器表面，将流经的空气加热，使气温升高，冷却水再返回发动机，此即空调暖风系统（图5-1-2）。

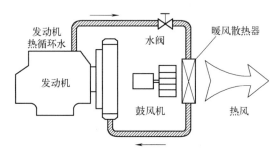

图 5-1-2　空调暖风系统

（3）空调通风系统

空调通风系统是指能够使空气在车内循环流动的装置，它的作用是将车外新鲜的空气引入车内，同时将车内污浊的空气排出车外（图5-1-3）。汽车通风时既可对车内外的空气进行过滤净化，也可对风窗玻璃进行除雾。

图 5-1-3　空调通风系统

5.2

空调系统构造

（1）空调压缩机

常见的空调压缩机一般由离合器和机体组成。压缩机是靠发动机皮带传动的，压缩机离合器就是用来断开或接通传动的装置。电磁离合器主要有三部分，即压板、带轮及定子线圈（图5-2-1）。当电流通过定子线圈时，产生较强的磁场，使压板和带轮紧密贴合，依靠摩擦力矩驱动压缩机主轴旋转。切断电流，磁场消失，压板靠簧片的弹力与带轮脱开，压缩机停止工作。

常见的斜盘式压缩机机体主要由前端盖、缸体、后端盖、主轴、斜盘、活塞及阀片等组成，发动机驱动压缩机主轴，斜盘带动活塞作双向往复运动，每个活塞实现吸气及排气（图5-2-2）。

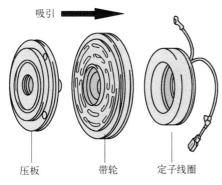

图 5-2-1　电磁离合器

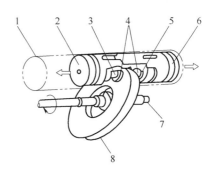

图 5-2-2　活塞与斜盘的配合

1—缸体；2—活塞；3，5—钢球；4—滑履；

6—活塞环；7—主轴；8—斜盘

压缩机是高速运动件，最高转速可达7000r/min，排气温度在90℃左右，必须保证良好的润滑及散热。空调系统中润滑油与制冷剂是混合流动的，压缩机吸气时，将制冷剂蒸气（含润滑油）吸入压缩机腔体中，通过斜盘搅动，采用飞溅式润滑，使润滑油充分润滑运动部件，同时从蒸发器流入的蒸气温度较低（一般在10℃左右），可以冷却压缩机。

（2）冷凝器

冷凝器的作用是把压缩机排出的高温、高压气体冷凝成中温、高压的液体。散热芯体一般有管片式、管带式、平行流式几种，换热效率逐渐增强。采用何种结构主要考虑安装位置、换热效率及经济性，目前常采用管带式。管带式芯体主要由蛇形管及散热片组成，采用焊接方式固定。为提高换热效率，蛇形管制成多孔结构，散热片增加了开窗（图5-2-3）。

（3）干燥器

干燥器具有干燥过滤及储液功能，也称储液干燥器，保证将干燥、洁净的液态制冷剂输送到膨胀阀（图5-2-4）。

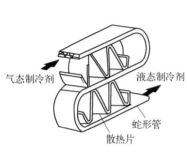

图 5-2-3　管带式散热芯体

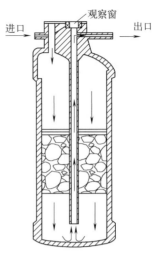

图 5-2-4　干燥器

（4）蒸发器

蒸发器的作用与冷凝器的作用相反，它是使液态制冷剂在低压下蒸发，并利用其蒸发吸热冷却空气，达到制冷的目的。蒸发器主要有管片式、管带式、板翅式几种（图 5-2-5～图 5-2-7），其中管片式换热效率最低，板翅式最高。不同的车型根据其换热性及经济性需要可能采用不同的芯体结构。

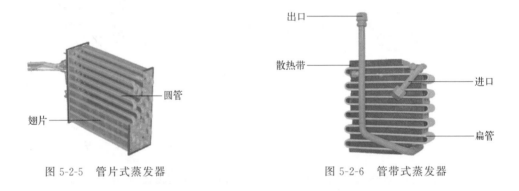

图 5-2-5　管片式蒸发器

图 5-2-6　管带式蒸发器

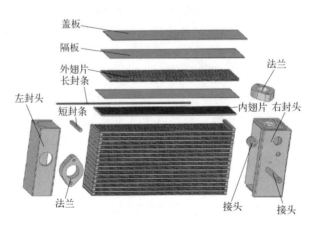

图 5-2-7　板翅式蒸发器

（5）膨胀阀

膨胀阀是空调系统中重要的控制元件，可将来自冷凝器的中温、高压的液态制冷剂降压节流成为容易蒸发的低温、低压的雾状制冷剂，以便其进入蒸发器的芯体中实现换热，并通过感温元件自动调节制冷剂流量，满足蒸发器制冷循环要求（图5-2-8～图5-2-11）。膨胀阀工作特性的好坏直接影响整个制冷系统能否正常工作。

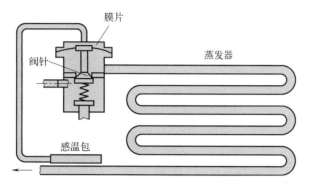

图 5-2-8　内平衡式膨胀阀工作原理

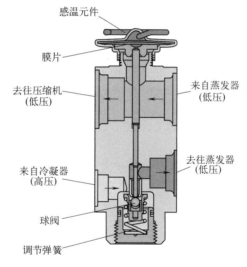

图 5-2-9　H 型膨胀阀结构

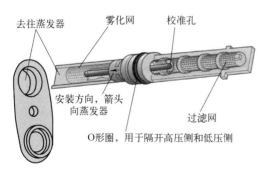

图 5-2-10　膨胀节流管结构

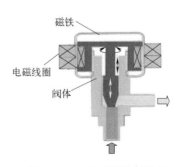

图 5-2-11　电子膨胀阀结构

内平衡式膨胀阀感温包内充注制冷剂，放置在蒸发器出口管道上，感温包和膜片上部通过毛细管相连，感受蒸发器出口制冷剂温度，膜片下面感受到的是蒸发器入口压力。如果空调负荷增加，液态制冷剂在蒸发器中提前蒸发完毕，则蒸发器出口制冷剂温度将升高，膜片上压力增大，推动推杆使膨胀阀开度增大，进入蒸发器中的制冷剂流量增加，制冷量增大；如果空调负荷减小，则蒸发器出口制冷剂温度降低，以同样的作用原理使阀开度减小，从而控制制冷剂的流量。

H 型膨胀阀通过感温元件直接检测蒸发器出口的制冷剂温度，温度变化引起的压力变化和蒸发器出口压力与弹簧弹力之间的平衡，使阀的开度变化来调节制冷剂的流量。

膨胀节流管直接与蒸发器的进口连通。节流管是固定孔径的节流装置，不能改变制冷剂流量。

电子膨胀阀根据车内盘管温度传感器的温差，由电脑进行演算，根据确定的脉冲电流，驱动步进电机，阀体开度在全闭时脉冲数为 0，全开时则为 480 个脉冲。电磁线圈（定子）有电流流动时就会产生磁极，膨胀阀内部有与带内螺纹的针阀形成一体的永久磁铁（转子），它通过电磁线圈的励磁进行旋转，通过与阀体的外螺纹啮合，做上下直线运动，从而改变阀的开度，控制制冷剂流量。

（6）暖风散热器（暖风水箱）

暖风散热器是一种热交换器，用于热量的交换与传递，在寒冷天气时可对进入车内的空气进行加热，可分为水暖式和空气式两种，它们的工作原理相同，工作介质不同。暖风散热器主要由铝制的管子和散热片等组成，具体结构如图 5-2-12 所示。当发动机冷却水流经暖风散热器管子时，热量通过散热片散发到空气中，再由鼓风机将升温的空气送回车内，达到供暖的目的（图 5-2-12）。

（7）鼓风机

鼓风机（图 5-2-13）的作用是把空调蒸发器上面的冷空气或者暖风散热器上面的热空气吹到车内。空调系统工作时，鼓风机可通过不同转速控制风量的输出，实现车内的强制通风。

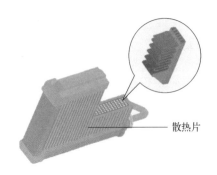
散热片

图 5-2-12　暖风散热器

图 5-2-13　鼓风机

（8）空调管路

车体上空调部件的布置比较分散，且各部件振动情况不同，不能采用刚性连接，大多采用软管连接，以便具有良好的吸振能力。对于 R134a 制冷剂，要求软管既能保证系统的密封性，又能承受一定的系统压力。因此，空调系统的管路有其特殊的结构，其从内向外依次为尼龙防渗层、中间橡胶层、编织加强层、合成橡胶层（图 5-2-14）。R134a 制冷剂渗透性很强，尼龙防渗层能有效防止制冷剂分子渗透；中间橡胶层与编织加强层必须保证管路能承受 2.94MPa 的压力；合成橡胶层具有耐磨、耐油、耐老化的特性。管接头主要靠挤压密封圈以实现密封，R134a 系统大多采用径向密封的连接方式。

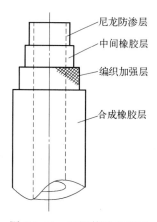

图 5-2-14　空调管路的结构

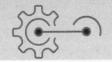

下篇

货车故障诊断与维修

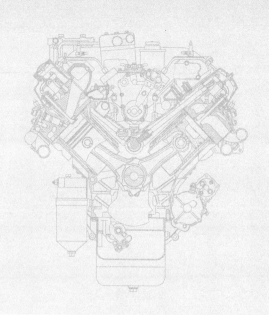

第6章
货车故障诊断与维修基础

6.1
常用工具、量具与仪器

常用工具、量具与仪器见表 6-1-1。

表 6-1-1　常用工具、量具与仪器

序号	名称	图示
1	常用维修工具套装（包含套筒、梅花扳手、开口扳手、活动扳手、钳子等）	
2	内窥镜	
3	发动机气缸压力表	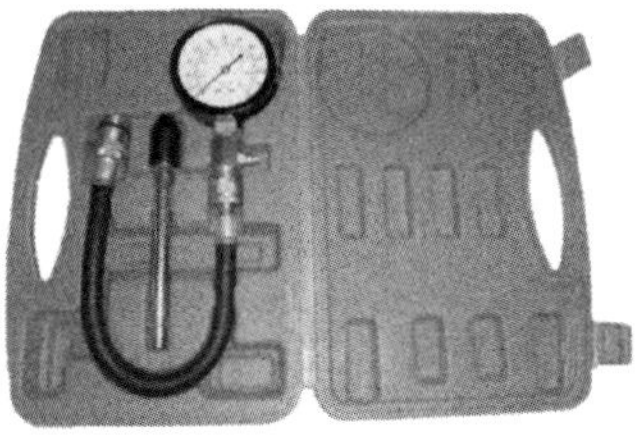

续表

序号	名称	图示
4	手持真空检测表	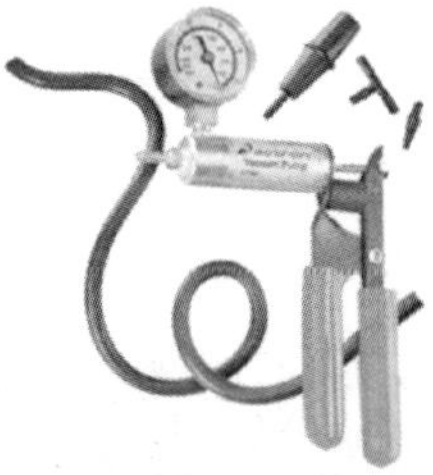
5	发动机机油压力表	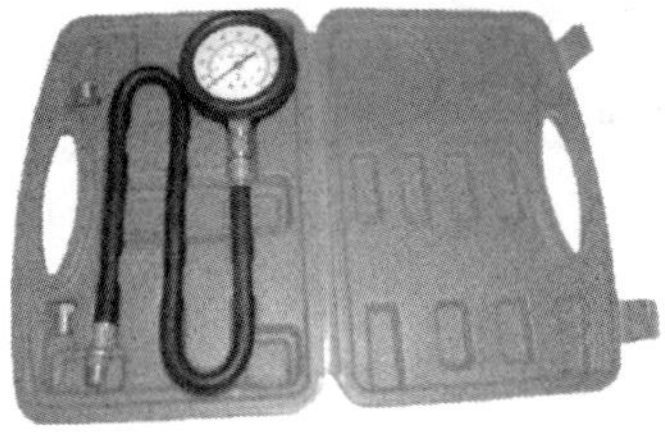
6	发动机燃油压力表	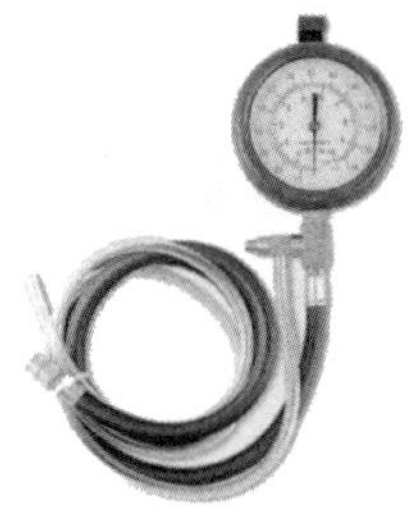
7	发动机异响测听器	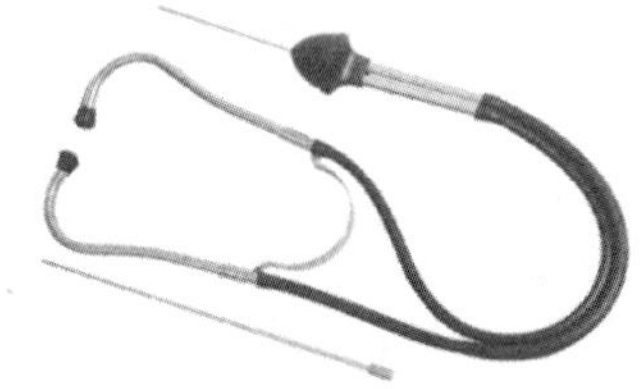
8	万用表	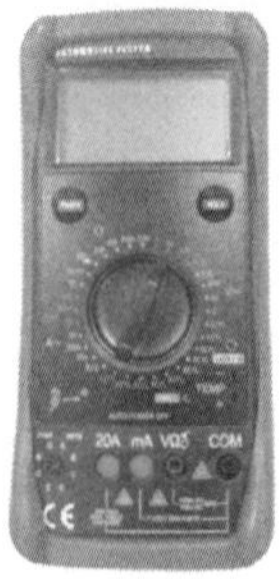
9	测试灯	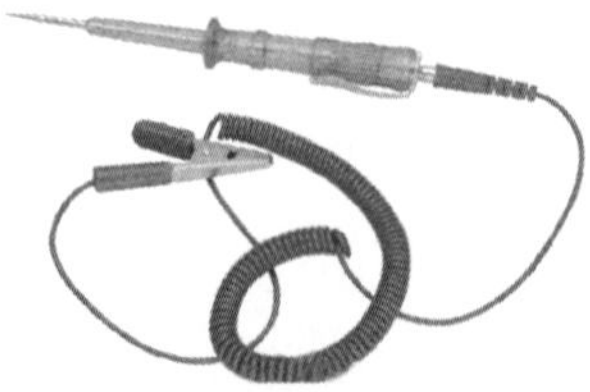

续表

序号	名称	图示
10	跨接线	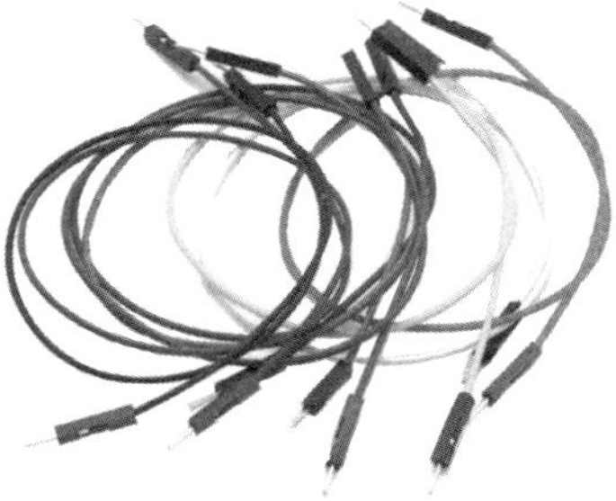
11	蓄电池检测仪	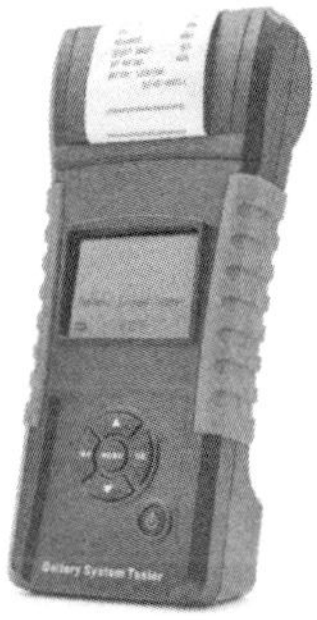
12	歧管压力表	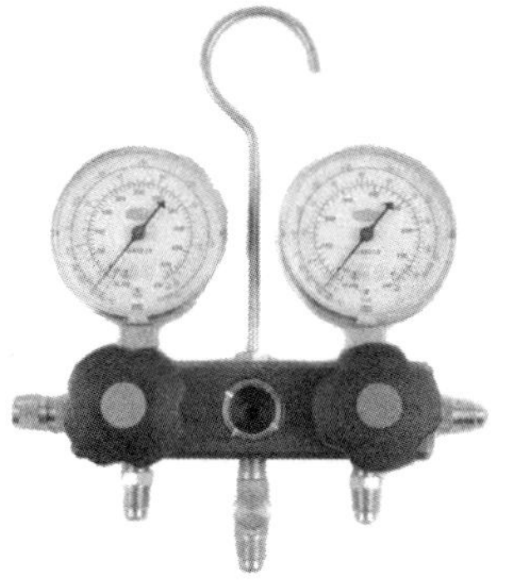
13	汽车故障诊断仪	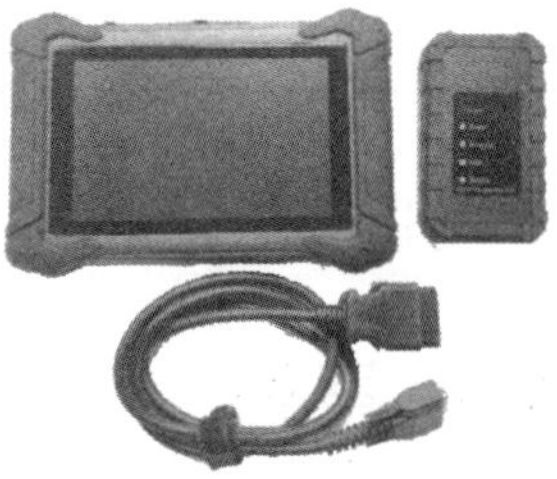
14	示波器	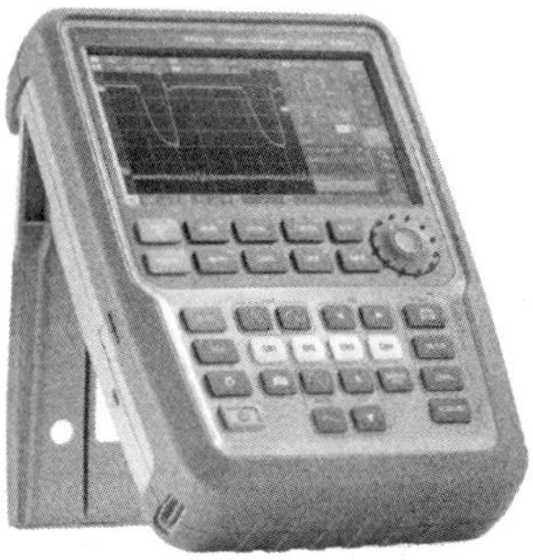

序号	名称	图示
15	钢直尺	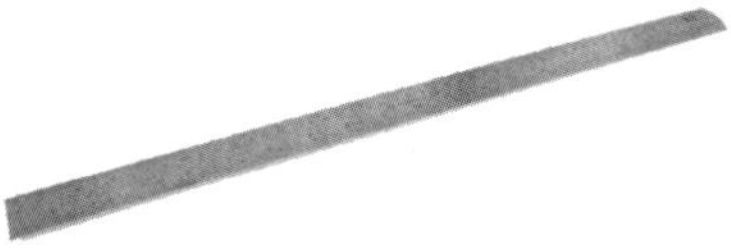
16	游标卡尺	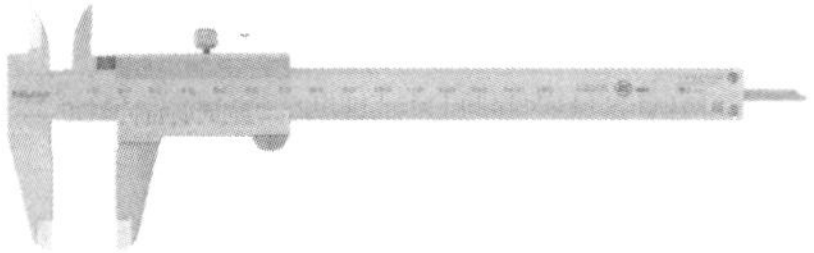
17	外径千分尺	
18	磁性表座（支架）	
19	百分表	

6.2
故障诊断的原则

汽车故障诊断就是指在汽车或总成不解体的条件下，确定汽车的技术状况，查明故障部位及故障原因的汽车维修技术。在不解体的条件下，需采用一些能够反映汽车状况的间接指标，如气缸压力、发动机功率等。

检修时应遵循先外后内、先机后电、先查后测的总原则。电控系统最常见的故障就是因汽车行驶时的振动，以及潮湿、腐蚀引起的接口、连线的松脱、接触不良，因此先从简单的外部接口部位检查是最有效的。机械部分的核心零件在高温、高压、高速状况下工作，受力复杂，磨损严重，在正常使用条件下的故障远比电控系统要多，另外机械部分的检查与分析相对简单，维修人员较易掌握，因此维修时应优先排除机械故障后，再检测电控系统的故障。电控发动机的自诊断系统，只能在电控系统出现故障时，将故障以代码形式存储，以便排除故障时读取，在排除故障时，必须先依据有关资料去查故障代码所表示的故障部位与内容，然后再进行检测，维修经验与维修资料相结合，以维修资料为主。

6.3
故障诊断的方法

故障诊断一般有三种方法：直观诊断、电控系统自诊断、综合诊断。

（1）直观诊断

通过原地检查或道路试验，靠直接观察、感觉或采用简单工具来确定故障部位与产生的原因。这种方法速度慢，正确性取决于诊断人员的技术水平，较适于诊断比较常见与明显的机械性故障，它在搞清故障症状的基础上，由简到繁、由表及里进行推理分析，概括起来为六个字，即"问""看""听""嗅""摸""试"。

① 问：询问驾驶员车辆行驶里程，经常行驶的条件，维护情况，车辆技术状况，故障产生的时间与具体症状，这对诊断分析故障有很重要的参考价值。

② 看：查看排气颜色、机油颜色及其液面、消耗量是否正常，查看各部件是否漏油，然后综合进行判断。

③ 听：仔细倾听各部件的工作响声，并与正常响声进行比较，分析判断出哪些部位响声异常，异响是发生故障的前兆，必须认真对待。

④ 嗅：汽车正常行驶时应无异味产生，若嗅到有浓汽油味、焦臭味等，表示有故障，必须仔细检查味源部位。

⑤ 摸：触摸有关部位的温度与振动，轻拉电控系统的接口连线，检查其是否有松动、锈蚀等，从而判断相应部件工作是否正常。

⑥ 试：通过试车，对车辆技术状况进行检测。

（2）电控系统自诊断

电控发动机的自诊断系统故障报警灯亮后，表明电控系统检测出故障，应及时予以排除。可直接利用故障报警灯的闪烁变化得到故障代码，再查找有关资料确定发生故障的部位与元器件，然后用相关的仪器仪表测量相应参数，并与标准值比较，酌情决定采用何种方法予以排除。

（3）综合诊断

① 环境模拟法　电控系统有一些故障是发生在特定环境中的，如电控发动机冷车无故障，热车时有故障；行驶时（负载较大）有故障，怠速时无故障；行驶在坏路面时有故障，在好路面上无故障；雨天、潮湿情况下有故障，晴天、干燥情况下无故障。这是由于电子元器件对振动、负荷、潮湿等因素敏感所致，通常可用以下方法予以诊断。

a. 振动法　对怀疑可能因振动产生故障的线束、插接器、传感器、执行器等，进行敲打、晃动（在水平、垂直方向上拉动摇摆，但注意一定不能用力过度而造成新的损伤）等，以检查其是否存在虚焊、松动、断裂等情况，并根据被检测装置的反应来分析诊断（图 6-3-1）。

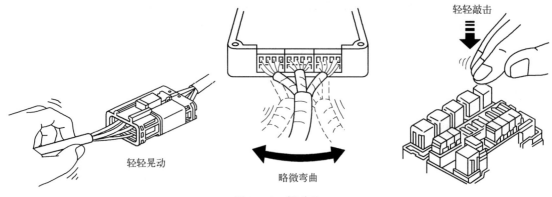

图 6-3-1　振动法

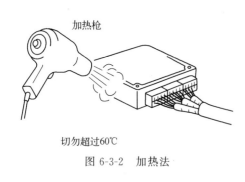

切勿超过60℃

图 6-3-2　加热法

b. 加热法　对怀疑因温度变化而产生故障的线束、插接器、传感器、执行器等进行局部加热，检查故障是否出现（图 6-3-2）。注意对加热温度必须予以控制，而且不能加热 ECU。当电控系统出现软故障时（冷机无故障，达到正常工作温度故障出现），表明与产生这一故障有关的电子元器件出现了软击穿（在一定温度以下正常，在该温度以上时出现故障），应对有关元器件逐个进行加热检测，一般为晶体管、集成电路板、阻容元件，当加热某个元器件时故障出现，则表明该元器件为故障件，应维修或更换。

c. 加湿法　对怀疑由于雨天或洗车之后潮湿而引起的故障，可采用加湿法进一步确认。加湿法一般是向所怀疑的故障元器件喷水，喷淋前一定要进行适当防护，以免产生锈蚀。

② 增减模拟法　这种方法很适宜诊断油路或电路的一些故障，特别是由于载荷或负荷大小变化而引发的故障。

a. 增加法　当怀疑故障可能是由于油路载荷过大而引起的，而故障症状又不明显时，可采用增加法来进一步诊断，即不断增加油路的载荷，使故障症状与部位充分显示出来。对于怀疑电路中存在由于负荷过大而引起的故障时，可接通全车所有用电设备（如音响、空调、前照灯等），检查故障是否重现，以便进行诊断。

b. 减少法　诊断熔丝熔断的故障时最适合采用减少法。电路出现短路时，通过的电流会大大增加，极易损坏电气元件。采用减少法逐个使一部分电路断开后，用万用表测量断开前后电流、电压、电阻的变化情况，既避免了损坏元器件，又可快速、准确地判断故障部位。如在断开被怀疑的某一电路后，电流从很大立即降为正常时，表明故障就在这段被断开的电路中。

③ 输入模拟法　在维修过程中，可采用不同的电路参数（电阻、电压、电流）代替怀疑有故障电气元件的电路参数进行优选模拟检测，常用以下方法。

a. 电阻法　又称串联法，就是以电阻元件代替某些怀疑存在故障的电阻式传感器，进行模拟验证，以便诊断该传感器是否损坏。

b. 电压法　又称并联法，就是以外接电压或采用合适的元器件，来代替某些怀疑损坏的传感器，进行模拟验证，以便诊断该传感器是否损坏。电压法还可以诊断其他元器件的好坏。

c. 电流法　利用万用表的电流挡，给怀疑有故障的电阻式元器件施加电流，进行模拟验证。

6.4
故障诊断的流程

如果维修人员检查车辆时不按照必要的程序进行操作，则故障很可能变得更复杂，最后很可能由于错误的推测而采取不相干的维修程序。为了避免发生这种情况，在故障诊断时应正确领会下面所说的几个步骤（图6-4-1）。

步骤1：重现症状（图6-4-1）。

排除故障时，第一步是重现用户指出的症状。

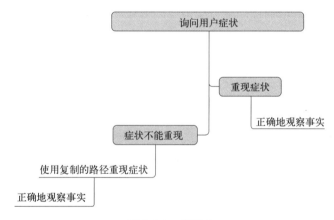

图 6-4-1　步骤 1

步骤2：判定这种症状是不是故障（图6-4-2）。

如果症状不是故障，就不必进行维修。

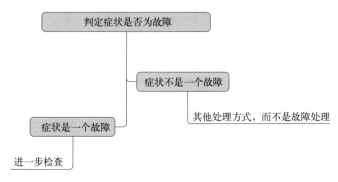

图 6-4-2　步骤 2

步骤 3：推测故障发生的原因（图 6-4-3）。

① 如果故障反复出现，在这些事件中是否有共同特性？

② 是否是用户的一些使用习惯影响了车辆的行驶？

③ 在此之前类似故障维修的原因是什么？

④ 在过去的维修历史中是否有故障的前兆？

推测故障的原因 —— 把故障原因的范围从整车缩小到具体的总成 —— 把故障原因的范围从各个总成缩小到具体的零部件

图 6-4-3　步骤 3

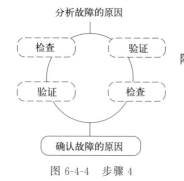

图 6-4-4　步骤 4

步骤 4：检查可疑部位并确认故障产生的原因（图 6-4-4）。

故障诊断是在通过验证所获取数据的基础上，逐渐寻找故障真正原因的一个反复过程。

① 基于车辆的功能、结构和运行系统进行相应检查。

② 从检查系统功能开始，逐渐缩小到检查单个零部件。

③ 充分利用手持式测试仪（所测数据有利于诊断分析）。

步骤 5：避免类似故障再次发生（图 6-4-5）。

预防故障的要点如下。

① 此故障是一个单独的故障还是一个由于其他部件引起的连锁故障？

② 此故障是由于零部件的使用寿命造成的吗？

③ 此故障是由于不适当的维修保养造成的吗？

④ 此故障是由于不恰当的处理和操作造成的吗？

⑤ 此故障是由于不恰当的使用造成的吗？

图 6-4-5　步骤 5

6.5
常规维修注意事项

（1）正确使用工具

拆装总成、零部件连接螺栓及各种轴、轴承、齿轮等时，需使用合适的工具。若必须用锤子击打时，应垫以软金属冲棒或衬板，以防损伤零件或基体。尽量使用拉压工具进行分解和装配，不得硬砸乱敲。

（2）标记零部件

解体各总成、零部件时，对偶件、不能互换的零件和旋转件，以及对安装方向有要求的零件，均应在拆卸之前检查有无记号，没有的应做标记，以防错装而破坏了原配合关系或平衡状态，或因方向装反而造成损坏。

（3）清洗零件

① 清洗滚动轴承时，清洗液的温度不应过高。

② 下列机件不能用碱性溶液清洗：橡胶件、油封、非金属摩擦片等；各种胶木齿轮和塑料零件及铝合金、锌合金零件等。

③ 机件经化学溶液清洗后，应用净水反复冲洗，并用干净拭布擦净或用压缩空气吹干。

④ 零件清洗后，应防止碰伤精加工表面，不急于装配的应采取适当措施，以防锈蚀。

⑤ 油管、气管的内部应彻底清洗干净，以保证管路畅通。安装管接头时，不允许缠绕棉纱等，以防造成污染。

（4）紧固螺纹件

① 有力矩要求的螺栓，应按规定的力矩及操作要求拧紧。

② 装复螺栓、螺母时，按需要加装与螺栓直径相吻合的垫圈。

③ 装复螺栓的长度应适当，不能露出过长或旋入部分过短，应将螺孔内的油、水、杂物清理干净后，再旋入螺栓。

④ 技术要求较高部位处的螺栓、螺母，应仔细检查其螺纹状况及自锁能力好坏，不能任意用其他螺栓、螺母代替。

⑤ 采用数个螺栓连接的接合面，在装配时应按规定的先后顺序，分次用不同的力矩拧紧，无特殊要求的，一般应交叉对称且均匀地拧紧，不要一次拧紧，以防零件变形或接合不紧密。

⑥ 锁止应可靠。采用开口销锁止螺栓时应注意销的直径与销孔应配合得当；采用止动垫圈时注意，弯耳应扣在螺母的方平面上，不能扣在螺栓头部；采用铁丝锁紧时，应按正确方向将铁丝拉紧。镀铜或自锁的螺栓、螺母，不能多次反复使用，以防锁止失效。

（5）拆卸连接件

拆卸螺纹连接件时，应注意螺纹的旋向，对于多螺栓连接件，还应注意其拆卸顺序，不能随便增加接力杆，以防螺栓被拧断。双头螺柱可在螺杆上旋紧两螺母，然后用扳手拆卸。生锈的螺栓可采用反复进退法、锤子敲击法、煤油浸泡法或喷灯加热法等进行拆卸。出现断头螺栓时，若其断头高出基体，可将高出部分锉成方形或焊上一个螺母将其拧出；若断头在机体内，可在螺栓端部钻一个小于螺栓直径的孔，然后敲入一方冲或攻反扣螺纹后用丝锥或反扣螺栓将断头螺栓拧出。

过盈配合件应尽量采用拉压器等专用工具拆卸。无专用工具时可垫软金属或木块进行敲击拆卸。不允许用锤子直接敲击零件表面，以防零件被敲坏。

铆接件一般不拆，若出现铆钉松动或需要更换铆接零件时，可将铆钉钻掉。

（6）安装油封、衬垫

安装油封时，注意转轴与油封孔的同轴度；衬垫的厚度和材料均应符合要求，以防松旷或密封不良。

6.6
供油系统维修注意事项

① 在发动机运转过程中，不要松开高压共轨喷油系统燃油高压侧的螺纹管接头，此时

高压管路中的燃油压力始终维持在180MPa甚至更高。在松开螺纹连接件之前，至少要等待1min，直到高压解除，必要时通过专用诊断工具对共轨组件中的压力解除情况进行检查。

② 在打开高压共轨喷油系统前，使用压缩空气清洁高压油管接头、喷油管路、共轨组件和气门室罩盖的周边区域。拆下气门室罩盖后应再次对高压油管接头、喷油管路、共轨组件的周边区域进行清洁。只有将喷油器和导管拆卸完毕后才可完全拆下高压油管接头，以免有脏物进入喷油器和导管中。清洁喷油器时，喷油器的高压连接孔要朝向下方，防止进入污染物。

③ 在维修高压共轨喷油系统时一定要保持极高的清洁度，这是因为燃油喷射系统部件由高度精密零件组成，这些零件承受着极高负荷。超过0.002mm的污染物颗粒，就可能导致部件失效。

开始工作之前应首先清洁工具，且只允许使用无损伤的工具。在拆卸过程中，应使用吸尘器等合适的抽吸装置清洁污染物，不得使用压缩空气进行清洁。对于拆下的零部件，应立即使用合适的清洁的密封帽封闭部件连接开口处，并保存在干净密封的容器内。新部件从原始包装中取出后应立即使用。对于已拆下零部件的维修工作，应在一个专用工位上进行。

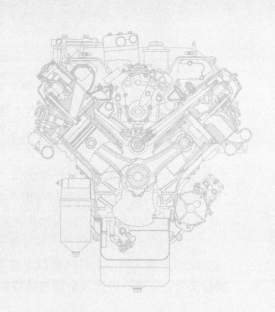

第7章

发动机故障诊断与维修

7.1

发动机的检修

7.1.1 冷却系统

（1）散热风扇的拆装

① 拆卸风扇。

a. 旋出固定螺栓1，将风扇3从风扇托架2上取下（图7-1-1）。

b. 旋出固定螺栓2，按照向前的方向将硅油风扇离合器1从风扇3中取出（图7-1-2）。

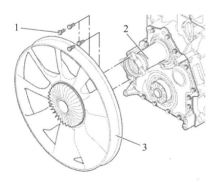

图 7-1-1　拆下风扇

1—固定螺栓；2—风扇托架；3—风扇

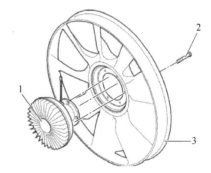

图 7-1-2　取出硅油风扇离合器

1—硅油风扇离合器；2—固定螺栓；3—风扇

② 安装风扇。

a. 将硅油风扇离合器从前端装入风扇，旋入固定螺栓并以规定力矩拧紧（图7-1-2）。

b. 将风扇装到风扇托架上，旋入新的固定螺栓并拧紧（图7-1-1）。

(2) 风扇托架间隙的检查

① 检查风扇托架轴向间隙（图 7-1-3）。

a. 安装千分表支架 2、千分表 1 和定位销。

b. 以一定的预紧力将定位销放置在驱动齿轮 3 上，朝向曲轴箱将驱动齿轮 3 压至端部。

c. 千分表 1 调零，将驱动齿轮 3 朝向千分表 1 拉至端部并读出差值。如果轴向间隙超出公差范围，必须更换风扇托架。

② 检查风扇托架径向间隙（图 7-1-4）。

a. 安装千分表支架 2、千分表 3 和定位销。

b. 以一定的预紧力将定位销放置在风扇毂 1 上，水平向左将风扇毂 1 压至端部。

c. 千分表 3 调零，将风扇毂 1 沿着千分表 3 的方向拉至端部并读出差值。如果径向间隙超出公差范围，检查风扇轴和风扇轴轴承。

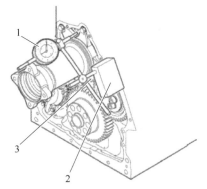

图 7-1-3　检查风扇托架轴向间隙

1—千分表；2—千分表支架；3—驱动齿轮

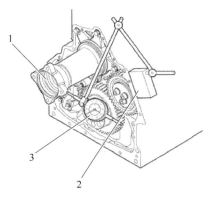

图 7-1-4　检查风扇托架径向间隙

1—风扇毂；2—千分表支架；3—千分表

(3) 风扇托架的拆检

① 安装发动机曲轴旋转装置。

a. 取下飞轮壳密封盖。

b. 将发动机曲轴旋转装置装到飞轮壳上并锁止。

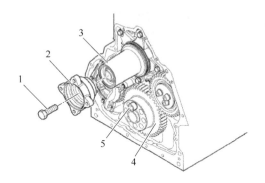

图 7-1-5　拆卸风扇毂

1、5—固定螺栓；2—风扇毂；

3—风扇托架；4—曲轴齿轮

② 拆卸风扇毂（图 7-1-5）。

a. 将曲轴齿轮 4 用固定螺栓 5 固定。

b. 旋出固定螺栓（左旋螺纹）1。

c. 将风扇毂 2 从风扇托架 3 上取下。

③ 拉出风扇托架径向轴封（图 7-1-6）。

a. 准备好冲击提取器 4 和拉拔钩 3。

b. 从风扇托架 1 中拉出径向轴封 2。

④ 拆卸风扇托架（图 7-1-7）。

a. 标记固定螺栓 1 和 2 安装位置。

b. 旋出固定螺栓 1 和 2。

c. 取下 O 形圈 4。

d. 取下风扇托架 3。

⑤ 检查风扇托架。

a. 将风扇轴 2 从壳体 1 中拉出（图 7-1-8）。

b. 检查风扇轴轴承内径（图 7-1-9）：用千分表 1 和内测头 4 检查前部轴承 2 的内径。

c. 对后部轴承重复此程序。如果内径超出公差范围，必须更换壳体 3。

d. 检查风扇轴外径（图 7-1-10）：用千分尺 1 在工作面 2 和 3 处检查风扇轴外径。如果外径超出公差范围，必须更换风扇轴。

⑥ 组装风扇托架（图 7-1-8）。

a. 在风扇轴的轴颈上涂一薄层干净的发动机机油。

b. 将风扇轴装入壳体。

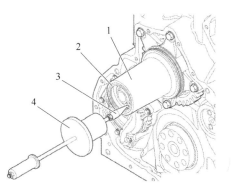

图 7-1-6　拉出风扇托架径向轴封

1—风扇托架；2—径向轴封；
3—拉拔钩；4—冲击提取器

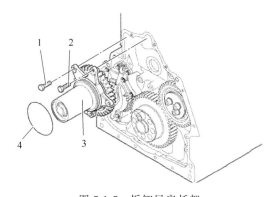

图 7-1-7　拆卸风扇托架

1，2—固定螺栓；3—风扇托架；4—O 形圈

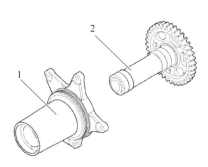

图 7-1-8　拆分风扇托架

1—壳体；2—风扇轴

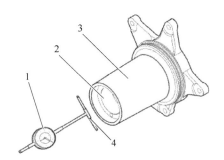

图 7-1-9　检查风扇轴轴承内径

1—千分表；2—轴承；3—壳体；4—内测头

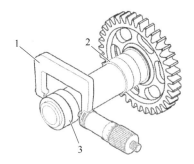

图 7-1-10　检查风扇轴外径

1—千分尺；2，3—检测处

⑦ 安装风扇托架（图 7-1-7）。

a. 在新 O 形圈上涂一薄层干净的发动机机油，装上 O 形圈。

b. 装上风扇托架。

c. 根据标记旋入固定螺栓 1 和 2 并拧紧。

⑧ 压入径向轴封（图 7-1-11）。

a. 准备好套装把手 4、垫片和压入冲头 3。

b. 将径向轴封 2 压入风扇托架 1，直至挡块位置。

⑨ 安装风扇毂（图 7-1-12）。

a. 将新风扇毂 2 装入风扇托架 3。

b. 在轮毂接合面上涂一薄层乐泰胶。

c. 旋入固定螺栓（左旋螺纹）1 并以初始力矩进行首次拧紧。

d. 以 90°转角对固定螺栓（左旋螺纹）1 进行转动。

e. 旋出固定螺栓 4。

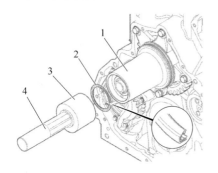

图 7-1-11　压入径向轴封

1—风扇托架；2—径向轴封；3—压入冲头；4—套装把手

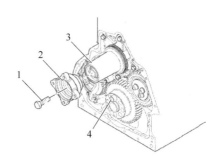

图 7-1-12　安装风扇毂

1，4—固定螺栓；2—风扇毂；3—风扇托架

⑩ 拆下发动机曲轴旋转装置。

a. 将发动机曲轴旋转装置从飞轮壳上取下。

b. 盖好飞轮壳密封盖。

（4）节温器的拆装

① 拆卸节温器弯管（图 7-1-13）。

a. 标记固定螺栓 4 和 5 的安装位置。

b. 旋出固定螺栓 4 和 5。

c. 取下节温器弯管 2 和支架 3。

d. 将 O 形圈 1 从节温器上取下。

e. 清洁密封面。

② 拆卸节温器（图 7-1-14）。

a. 将带有密封圈 2 的节温器 1 从节温器壳体 3 中取出。

b. 清洁密封面。

③ 安装节温器（图 7-1-14）。

a. 将新密封圈装入节温器壳体。

b. 将节温器装入，球阀或 TOP 标记朝上。

④ 安装节温器弯管（图 7-1-13）。

a. 将新 O 形圈装到节温器上。

b. 将节温器弯管装到节温器壳体上。

c. 根据标记将新固定螺栓旋入并拧紧。

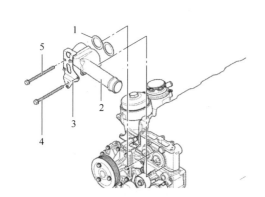

图 7-1-13　拆卸节温器弯管

1—O 形圈；2—节温器弯管；3—支架；4，5—固定螺栓

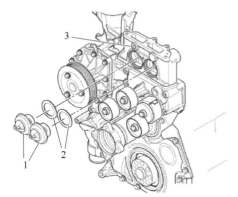

图 7-1-14　拆卸节温器

1—节温器；2—密封圈；3—节温器壳体

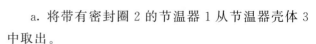

（5）水泵的拆装

① 拆卸水泵。

注意：多楔带张紧轮处于弹簧张紧力作用下。

a. 松开固定螺栓 2（图 7-1-15）。

b. 沿着顺时针方向旋转多楔带张紧轮 1 至挡块位置，并对其进行固定。

c. 取下多楔带 3。

d. 小心地松开多楔带张紧轮 1。

e. 旋出固定螺栓 1（图 7-1-16）。

f. 将多楔带带轮 2 从轮毂 3 上拔下。

g. 标记固定螺栓 1 和 4 安装位置（图 7-1-17）。

h. 旋出固定螺栓 1 和 4。

i. 取下水泵 2 和垫片 3。

j. 清洁密封面。

② 安装水泵。

a. 装上带垫片的水泵（图 7-1-17）。

b. 根据标记旋入并拧紧新固定螺栓。

c. 将多楔带带轮装到轮毂上（图 7-1-16）。

d. 用手拧紧固定螺栓。

e. 沿着顺时针方向旋转多楔带张紧轮至挡块位置，并对其进行固定。

f. 装上多楔带（图 7-1-15）。

g. 小心放开多楔带张紧轮。

h. 拧紧固定螺栓。

7.1.2　进、排气系统

（1）排气歧管的拆装

① 拆卸排气歧管。

a. 旋出安装螺栓 2（图 7-1-18）。

b. 拆除隔热罩 1 和 3。

c. 标记安装螺栓 2 和 3 的安装位置（图 7-1-19）。

d. 旋出安装螺栓 2 和 3。

e. 和垫片 1 一起，取下排气歧管 4。

f. 清洁接触面。

g. 将排气歧管 1 和 3 从排气歧管 2 上拉出（图 7-1-20）。

h. 从排气歧管 1 和 3 上拆除密封环。

i. 清洁接触面。

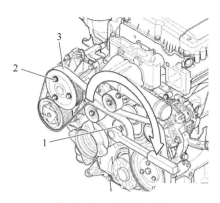

图 7-1-15　取下多楔带

1—多楔带张紧轮；2—固定螺栓；3—多楔带

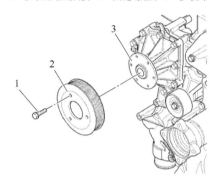

图 7-1-16　拆卸多楔带带轮

1—固定螺栓；2—多楔带带轮；3—轮毂

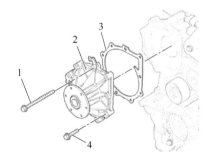

图 7-1-17　取下水泵

1，4—固定螺栓；2—水泵；3—垫片

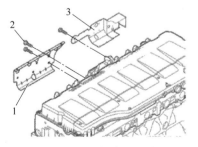

图 7-1-18　拆除隔热罩

1，3—隔热罩；2—安装螺栓

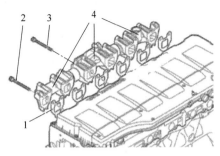

图 7-1-19　取下排气歧管

1—垫片；2，3—安装螺栓；4—排气歧管

② 安装排气歧管。

a. 在排气歧管上插入新的密封环，各密封环缺口依次错开 90°。

b. 将排气歧管连接在一起（图 7-1-20）。

c. 从 A 开始，按 A～F 的顺序拧紧排气歧管（图 7-1-21）。

d. 定位垫片，使其凸出的部分面对排气歧管（图 7-1-19）。

e. 定位排气歧管。

f. 旋入新的安装螺栓。

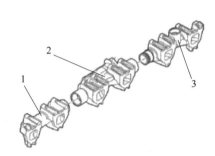

图 7-1-20　分解排气歧管

1～3—排气歧管

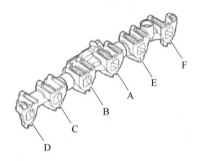

图 7-1-21　拧紧排气歧管

g. 按顺序拧紧安装螺栓至初始力矩。

h. 按顺序拧紧安装螺栓至 90°转角。

i. 安装隔热罩（图 7-1-18）。

（2）进气管的拆装

① 拆卸进气管（图 7-1-22）。

a. 旋出安装螺栓 1、2、7。

b. 拆卸进气管 6。

c. 松开卡箍 5。

d. 和 O 形圈 3 一起，拆除进气歧管 4。

② 安装进气管（图 7-1-22）。

a. 和卡箍一起，在涡轮增压器上定位进气歧管，并使其对齐进气管。

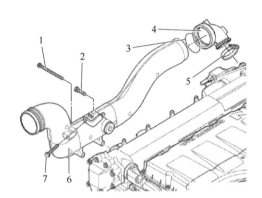

图 7-1-22　拆卸进气管

1，2，7—安装螺栓；3—O 形圈；4—进气歧管；

5—卡箍；6—进气管

b. 在新的 O 形圈上涂一薄层专用凡士林，并将其推入进气歧管。

c. 插入进气管。

d. 旋入并拧紧新的安装螺栓 1。

e. 旋入并拧紧新的安装螺栓 2。

f. 插入新的安装螺栓 7，然后旋上并拧紧新的安装螺母。

g. 按规定力矩拧紧卡箍。

（3）进气歧管的拆装

① 拆卸进气歧管。

a. 旋出安装螺栓 1 和 2 并拆卸支架 3（图 7-1-23）。

b. 断开电气连接插头 3（图 7-1-24）。

c. 旋出安装螺栓 5 并拆除增压传感器 4。

d. 旋出安装螺栓 1。

e. 拆除进气歧管 2。

f. 清洁接触面。

② 安装进气歧管。

a. 在接触面涂一薄层乐泰胶（图 7-1-24）。

b. 定位进气歧管。

c. 旋入新的安装螺栓。

d. 和新的 O 形圈一起，插入增压传感器。

e. 旋入并拧紧安装螺栓。

f. 连接电气连接插头。

g. 安装支架（图 7-1-23）。

（4）涡轮增压器的拆装

① 拆卸涡轮增压器。

a. 拆除压缩空气管 1（图 7-1-25）。

b. 从蝶阀气缸 3 上拆除压缩空气管 2。

c. 旋出卡箍 3 上的螺栓（图 7-1-26）。

d. 从涡轮增压器 1 上拆除垫片和排气弯管 2。

e. 清洁接触面。

f. 拆除进油管 1（图 7-1-27）。

g. 旋出安装螺栓 3（图 7-1-28）。

h. 在螺纹管处拆下回油管 2。

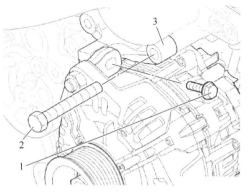

图 7-1-23　拆卸支架

1，2—安装螺栓；3—支架

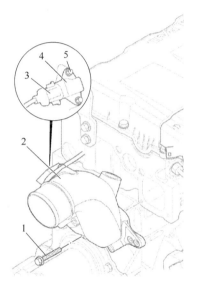

图 7-1-24　拆除进气歧管

1，5—安装螺栓；2—进气歧管；

3—电气连接插头；4—增压传感器

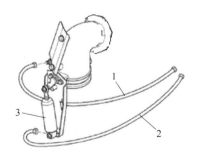

图 7-1-25　拆除压缩空气管

1，2—压缩空气管；3—蝶阀气缸

图 7-1-26　拆除排气弯管

1—涡轮增压器；2—排气弯管；3—卡箍

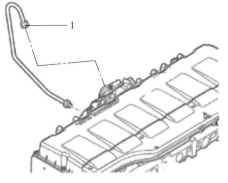

图 7-1-27　拆除进油管

1—进油管

图 7-1-28　拆除回油管

1—密封圈；2—回油管；3—安装螺栓；4—垫片

i. 拆除垫片 4 和密封圈 1。

j. 清洁接触面。

k. 使用梅花扳手旋下安装螺母 1 （图 7-1-29）。

l. 一起拆除涡轮增压器 2 和垫片 3。

m. 清洁接触面。

② 安装涡轮增压器。

a. 更换新的垫片，和涡轮增压器一起固定到发动机上 （图 7-1-29）。

b. 旋上新的安装螺母 1，并用梅花扳手拧紧至初始力矩，继续拧紧安装螺母 1 至 90°转角。

c. 使用梅花扳手 1 和扭力扳手 2，将安装螺母 （右下） 拧紧至初始力矩，继续拧紧安装螺母 （右下） 至 90°转角 （图 7-1-30）。

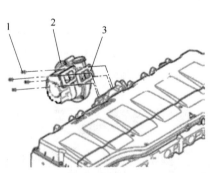

图 7-1-29　拆除涡轮增压器

1—安装螺母；2—涡轮增压器；3—垫片

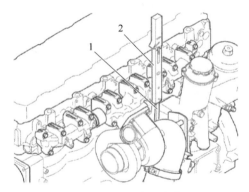

图 7-1-30　安装右下方螺母

1—梅花扳手；2—扭力扳手

d. 使用梅花扳手 1 和扭力扳手 2，将安装螺母 （左下） 拧紧至初始力矩，继续拧紧安装螺母 （左下） 至 90°转角 （图 7-1-31）。

e. 更换回油管密封圈和垫片，安装螺栓并紧固 （图 7-1-28）。

f. 在连接进油管之前向涡轮增压器中注入清洁的发动机机油，使用漏斗 1 向涡轮增压器 2 的注油口倒入清洁的发动机机油直至涡轮增压器上的导油管注满 （图 7-1-32）。

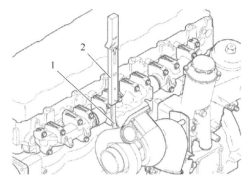

图 7-1-31 安装左下方螺母
1—梅花扳手；2—扭力扳手

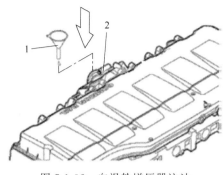

图 7-1-32 向涡轮增压器注油
1—漏斗；2—涡轮增压器

g. 安装进油管（图 7-1-27）。

h. 安装排气弯管（图 7-1-26）。

i. 连接压缩空气管（图 7-1-25）。

7.1.3 缸盖

（1）缸盖的拆装

辅助工作：

拆除和安装发动机控制单元；

拆除和安装冷却水弯管；

拆除和安装节温器；

拆除和安装节温器壳；

拆除和安装排气歧管；

拆除和安装进气管；

拆除和安装涡轮增压器；

检查和设定气门间隙；

拆除和安装高压油泵及共轨组件；

拆除和安装燃油供给中心；

拆除和安装机油模块。

① 拆卸缸盖。

a. 断开转速传感器的电气连接插头 1（图 7-1-33）。

b. 旋转 90°，打开锁止销 2，拆除线束总成盖板 1（图 7-1-34）。

c. 旋出安装螺栓 1，将线束支架 2 和线束一起放到一边并固定（图 7-1-35）。

d. 旋出安装螺栓 3，将气缸盖罩 2 从气缸盖 1 上拆除（图 7-1-36）。

注意：安装螺栓必须和气缸盖罩垫以及隔套一起从气缸盖罩上拆除。

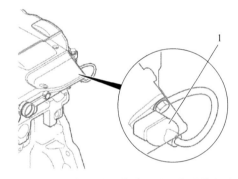

图 7-1-33 断开转速传感器的电气连接插头
1—电气连接插头

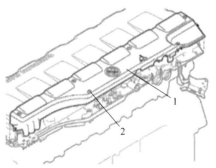

图 7-1-34 拆除线束总成盖板
1—线束总成盖板；2—锁止销

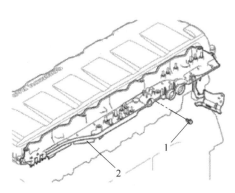

图 7-1-35　拆除线束支架

1—安装螺栓；2—线束支架

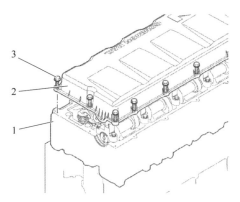

图 7-1-36　拆除气缸盖罩

1—气缸盖；2—气缸盖罩；3—安装螺栓

e. 将发动机曲轴旋转装置 1 安装到飞轮壳上，按发动机运转方向，使用发动机曲轴旋转装置 1 和棘轮扳手调节发动机直至 1 缸处于 TDC（上止点）标记 2（图 7-1-37）。

f. 旋出安装螺栓 5，拆除 EVB（排气门制动）压块 6，旋出安装螺栓 3 和 4，一起拆除气门摇臂桥 2 和摇臂座支架 1（图 7-1-38）。

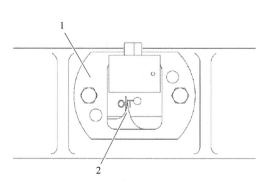

图 7-1-37　将发动机调至 TDC（上止点）标记

1—发动机曲轴旋转装置；2—TDC 标记

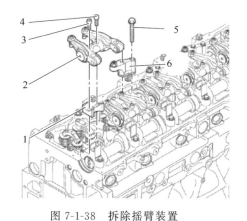

图 7-1-38　拆除摇臂装置

1—摇臂座支架；2—气门摇臂桥；3~5—安装螺栓；6—EVB 压块

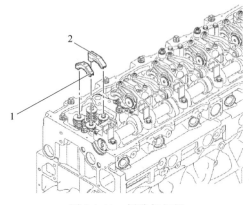

图 7-1-39　拆除气门桥

1，2—气门桥

g. 标记气门桥 1 和 2 的安装位置，拆除气门桥 1 和 2（图 7-1-39）。

h. 将专用工具 1 安装到需要松开的缸盖螺栓上，使用专用工具 1 和扳手 2 松开所有的缸盖螺栓（图 7-1-40）。

i. 旋出缸盖螺栓 1（图 7-1-41）。

j. 将所有的起重吊钩 6 安装到缸盖 4 和凸轮轴上，将吊钩链 3 装在起重吊钩 6 和横梁 5 上，使用举升装置将缸盖 4 从曲轴箱上抬起，拆除缸盖垫片 2，清洁接触面，清洁缸盖螺栓的螺孔，移除专用工具（图 7-1-42）。

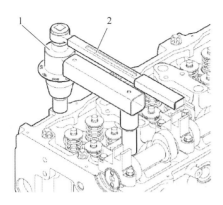

图 7-1-40　松开缸盖螺栓

1—专用工具；2—扳手

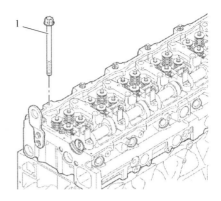

图 7-1-41　旋出缸盖螺栓

1—缸盖螺栓

② 安装缸盖。

a. 旋转凸轮轴 3 使 TDC 标记 1 和缸盖面 2 对齐（图 7-1-43）。

b. 将测量盘 2 放在气缸套上，和垫圈 5 一起，旋入六角头螺栓 4 并拧紧，将千分表支架 6 和千分表 3 一起放在测量盘 2 上，千分表 3 调零，小心地将千分表测头 1 放在气缸套上并注意千分表上的变化（图 7-1-44）。若凸出量超出公差范围，则应安装一个新的气缸套或曲轴箱。

c. 利用曲轴箱中的定位销安装新的缸盖垫片，使用起重吊钩及专用工具将缸盖放在曲轴箱上，按图 7-1-45 所示顺序（①～㉖）顺时针拧紧缸盖螺栓。

注意：不要使用旧的气缸盖螺栓，即使仅使用过一次也应更换。

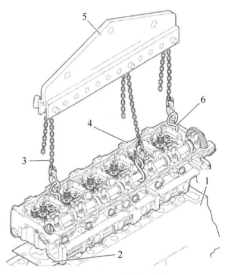

图 7-1-42　拆除缸盖

1—缸体；2—缸盖垫片；3—吊钩链；
4—缸盖；5—横梁；6—起重吊钩

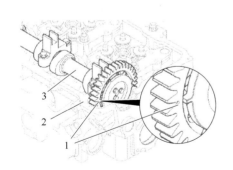

图 7-1-43　调整凸轮轴 TDC 标记

1—TDC 标记；2—缸盖面；3—凸轮轴

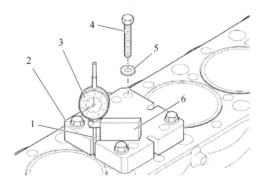

图 7-1-44　检查气缸套凸出量

1—千分表测头；2—测量盘；3—千分表；
4—六角头螺栓；5—垫圈；6—千分表支架

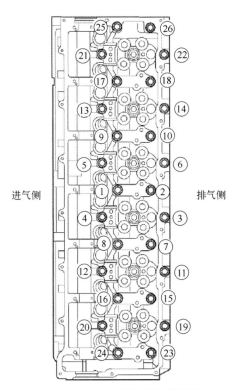

图 7-1-45　缸盖螺栓的拧紧顺序

在拧紧前，在新的缸盖螺栓的接触面上涂一薄层润滑脂，然后按照下面的方法进行拧紧操作。

- 旋入缸盖螺栓并手动拧紧。
- 按图 7-1-45 所示顺序拧紧缸盖螺栓至初始力矩。
- 按图 7-1-45 所示顺序拧紧缸盖螺栓至第二力矩。
- 按图 7-1-45 所示顺序拧紧缸盖螺栓至第三力矩。
- 将专用工具 1 安装到要拧紧的缸盖螺栓上（图 7-1-46）。
- 按图 7-1-45 所示顺序，使用专用工具 1 和扳手 2 拧紧缸盖螺栓至 90°转角。
- 按图 7-1-45 所示顺序，使用专用工具 1 和扳手 2 拧紧缸盖螺栓至 90°转角。
- 按图 7-1-45 所示顺序，使用专用工具 1 和扳手 2 拧紧缸盖螺栓至 90°转角。

d. 检查凸轮轴，TDC 标记必须与缸盖面对齐（图 7-1-43）。若标记未对齐，则拆除凸轮轴并重新安装。

e. 安装气门桥，气门桥的凹口必须朝向凸轮轴（图 7-1-39）。

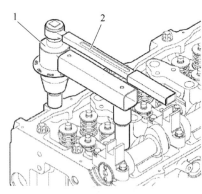

图 7-1-46　缸盖螺栓的最终拧紧
1—专用工具；2—扳手

f. 将摇臂座支架装在缸盖上（图 7-1-38）。

g. 将气门摇臂桥装在摇臂座支架上。

h. 旋入安装螺栓，按规定力矩拧紧安装螺栓 4，按规定力矩拧紧安装螺栓 3。

i. 安装 EVB 压块。

j. 旋入并拧紧安装螺栓 5。

k. 安装气缸盖罩并紧固螺栓至规定力矩（图 7-1-36）。

l. 安装线束支架（图 7-1-35）。

m. 安装线束总成盖板（图 7-1-34）。

n. 连接转速传感器电气连接插头（图 7-1-33）。

o. 拆除发动机曲轴旋转装置。

（2）气门油封的拆装

辅助工作：

检查和调整气门间隙；

拆除和安装喷油器和共轨组件。

① 拆卸气门油封。

a. 拆卸线束总成盖板（图 7-1-34）。

b. 拆卸气缸盖罩（图 7-1-36）。

c. 连接发动机曲轴旋转装置。

d. 拆卸摇臂装置（图 7-1-38）。

e. 拆卸气门桥（图 7-1-39）。

f. 将管接头 2 旋入轴承支架 1 中，将装配工具 3 旋入管接头 2 中（图 7-1-47）。

g. 通过旋转螺纹主轴 5 在弹簧座上定位支架 4，将气门弹簧压缩工具 2 钩在装配工具 3 上，将加长杆 1 装在气门弹簧压缩工具 2 上（图 7-1-48）。

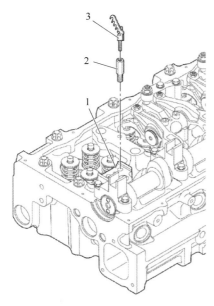
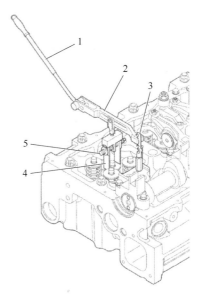

图 7-1-47　固定装配工具

1—轴承支架；2—管接头；3—装配工具

图 7-1-48　安装气门弹簧压缩工具

1—加长杆；2—气门弹簧压缩工具；

3—装配工具；4—支架；5—螺纹主轴

注意：确保支架正确地安装到弹簧座上，不要用手将气门锁夹从气门弹簧上拆除。

h. 用加长杆 1 下压气门弹簧压缩工具，将气门锁夹 2 从气门杆 3 上拆除（图 7-1-49）。

i. 释放气门弹簧压缩工具，一起拆除气门弹簧和垫圈及弹簧座。

j. 对其余气门重复此程序。

k. 移除专用工具。

l. 将装配工具 2 压在气门油封 1 上，夹住装配工具 2，用冲击锤 3 将气门油封 1 从气门导管中取出（图 7-1-50）。

② 安装气门油封。

注意：进气门和排气门油封颜色不同，红色的安装在进气门上，棕色的安装在排气门上。

a. 在安装套筒 2 和气门油封 3 上涂一薄层清洁的发动机机油，将安装套筒 2 压在气门杆 1 上，将气门油封 3 插入装配工具 4 中并夹紧，将装配工具 4 压在安装套筒 2 上，用冲击锤 5 将气门油封 3 敲到气门杆 1 上，移除装配工具 4 和安装套筒 2（图 7-1-51）。

b. 将管接头旋入轴承支架中，将装配工具旋入管接头中（图 7-1-47）。

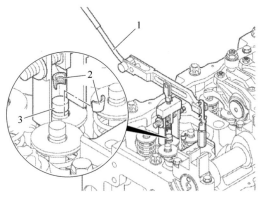

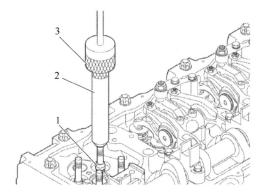

图 7-1-49　拆除气门锁夹

1—加长杆；2—气门锁夹；3—气门杆

图 7-1-50　拆除气门油封

1—气门油封；2—装配工具；3—冲击锤

c. 安装气门弹簧压缩工具（图 7-1-48）。

d. 在气门杆上套入垫圈 3、气门弹簧 2 和弹簧座 1（图 7-1-52）。

注意：确保支架正确地安装到弹簧座上，不要用手将气门锁夹插入气门弹簧。

e. 用加长杆下压气门弹簧压缩工具，使用合适的工具插入气门锁夹，使其位于气门杆的凹槽中（图 7-1-49）。

f. 释放气门弹簧压缩工具。

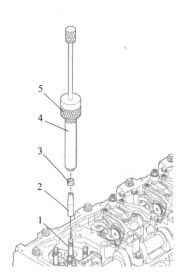

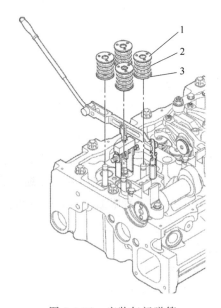

图 7-1-51　安装气门油封

1—气门杆；2—安装套筒；3—气门油封；

4—装配工具；5—冲击锤

图 7-1-52　安装气门弹簧

1—弹簧座；2—气门弹簧；3—垫圈

g. 对其余气门重复此程序。

h. 移除专用工具。

i. 安装气门桥（图 7-1-39）。

j. 安装摇臂装置（图 7-1-38）。

k. 拆除发动机曲轴旋转装置。

l. 安装气缸盖罩（图 7-1-36）。

m. 安装线束总成盖板（图 7-1-34）。

7.1.4 缸套

（1）缸套的拆卸

① 检查缸套直径（图 7-1-53）。

a. 使用千分表 2 和内径卡规 1 测量缸套 3。

b. 每次偏移 120° 重复测量数次。

c. 在四个不同的高度重复测量。

d. 若缸套 3 是椭圆的，则安装新的缸套。

② 安装提取工具（图 7-1-54）。

注意：插入提取盘时不要损坏机油喷嘴。

a. 标记缸套 1 的安装位置和排列顺序。

b. 将提取工具 3 和折叠的提取盘 2 一起推入缸套 1。

③ 提取缸套（图 7-1-55）。

a. 用螺母 2 固定提取工具 3。

b. 使用提取工具 3 取出缸套 1。

c. 清洁缸套 1。

④ 拆除 O 形圈（图 7-1-56）。

a. 从曲轴箱上拆除 O 形圈 2。

b. 清洁缸套座 1 和 O 形圈座。

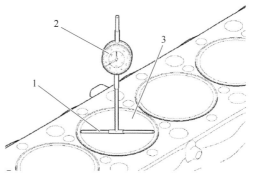

图 7-1-53　检查缸套直径
1—内径卡规；2—千分表；3—缸套

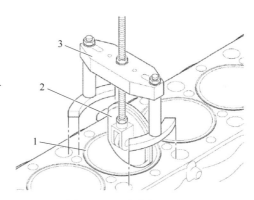

图 7-1-54　安装提取工具
1—缸套；2—提取盘；3—提取工具

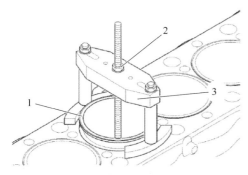

图 7-1-55　提取缸套
1—缸套；2—螺母；3—提取工具

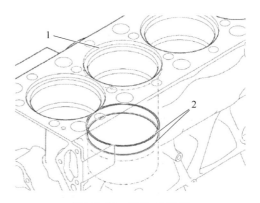

图 7-1-56　拆除 O 形圈
1—缸套座；2—O 形圈

（2）缸套的安装

① 检查缸套座（图 7-1-57）。

a. 用电子深度规 1 检查缸套座深度。

b. 在四个相对的点上测量缸套座深度。若深度超出公差范围，应安装新的曲轴箱。

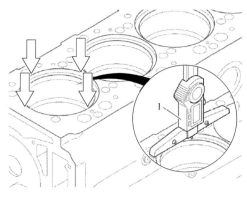

图 7-1-57 检查缸套座深度

1—电子深度规

② 检查缸套凸出量（图 7-1-58）。

a. 将测量盘 2 放到缸套上。

b. 和垫圈 5 一起，旋入并拧紧六角头螺栓 4。

c. 将带千分表 3 的千分表支架 6 放在测量盘 2 上。

d. 将千分表的测头 1 放在曲轴箱上。

e. 千分表 3 调零。

f. 小心地将千分表测头 1 放在缸套上并注意千分表上的变化。若凸出量超出公差范围，应安装新的缸套或曲轴箱。

③ 安装缸套（图 7-1-59）。

a. 在新的 O 形圈 2 上涂清洁的发动机机油，并将其嵌入曲轴箱中的 O 形圈座。

b. 在缸套 1 下部区域的外部涂清洁的发动机机油。

c. 插入缸套 1 并尽量将其推至底部。

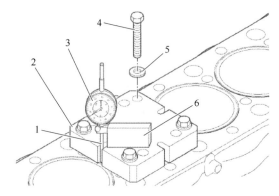

图 7-1-58 检查缸套凸出量

1—千分表测头；2—测量盘；3—千分表；
4—六角头螺栓；5—垫圈；6—千分表支架

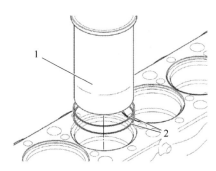

图 7-1-59 安装缸套

1—缸套

7.1.5 凸轮轴

（1）摇臂的检查

① 检查摇臂径向间隙。

a. 安装千分表支架 2 和千分表 3 以及定位销，用一定的预紧力将定位销定位在摇臂 1 的对面（图 7-1-60）。

b. 垂直向下挤压摇臂 1 直至底部。

c. 千分表 3 调零，将摇臂 1 向上拉至顶部并读取差值。

d. 对其余摇臂重复此程序。若径向间隙超出公差范围，则应检查摇臂座内径和摇臂轴外径。

② 检查摇臂座内径。

a. 拆除摇臂装置（图 7-1-38）。

b. 拆除气门桥（图 7-1-39）。

c. 拆除弹簧卡圈 4，拆除垫圈 3，标记摇臂 1 的安装位置，将摇臂 1 从摇臂轴 2 上拉出（图 7-1-61）。

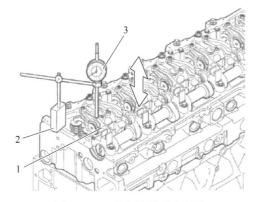

图 7-1-60　检查摇臂径向间隙

1—摇臂；2—千分表支架；3—千分表

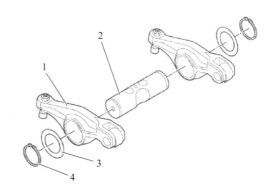

图 7-1-61　拆下摇臂

1—摇臂；2—摇臂轴；3—垫圈；4—弹簧卡圈

d. 将摇臂 1 的轴承取下，使用千分表 3 和内径卡规 2 检查摇臂座内径（图 7-1-62）。

e. 对其余摇臂重复此程序。若内径超出公差范围，则应安装新的摇臂。

③ 检查摇臂轴外径。

a. 清洁摇臂轴 2，使用千分尺 1 检查摇臂轴 2 的外径（图 7-1-63）。

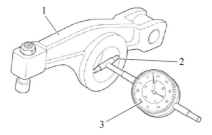

图 7-1-62　检查摇臂座内径

1—摇臂；2—内径卡规；3—千分表

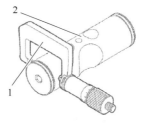

图 7-1-63　检查摇臂轴外径

1—千分尺；2—摇臂轴

b. 对其余摇臂轴重复此程序。若外径超出公差范围，则应安装新的摇臂轴。

（2）凸轮轴的检查

① 检查凸轮轴轴向间隙。

a. 安装千分表支架 2 和千分表 1 以及定位销，用一定的预紧力将定位销定位在凸轮轴 3 的对面（图 7-1-64）。

b. 朝向飞轮壳水平推动凸轮轴 3 至端部。

c. 千分表 1 调零，将凸轮轴 3 朝向千分表 1 拉至端部并读取差值。若轴向间隙超出公差范围，则应检查凸轮轴轴瓦深度、凸轮轴齿轮安

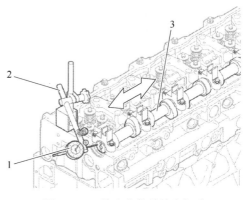

图 7-1-64　检查凸轮轴轴向间隙

1—千分表；2—千分表支架；3—凸轮轴

装深度和凸轮轴瓦座宽度。

② 检查凸轮轴径向间隙。

a. 安装千分表支架 1 和千分表 2 以及定位销，用一定的预紧力将定位销定位在凸轮轴 3 的对面（图 7-1-65）。

b. 垂直向下压入凸轮轴 3 至底部。

c. 千分表 2 调零，将凸轮轴 3 朝向千分表 2 向上拉至顶部，并读取差值。若径向间隙超出公差范围，则应检查凸轮轴轴瓦内径、凸轮轴轴颈外径。

③ 拆卸凸轮轴。

a. 按发动机运转方向，使用发动机曲轴旋转装置 1 和棘轮扳手调节发动机直至 1 缸处于 TDC（上止点）标记 2（图 7-1-66）。

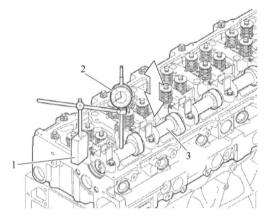
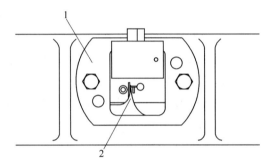

图 7-1-65　检查凸轮轴径向间隙
1—千分表支架；2—千分表；3—凸轮轴

图 7-1-66　将发动机曲轴调到上止点标记
1—发动机曲轴旋转装置；2—TDC 标记

b. 检查凸轮轴 3 的 TDC 标记 1，凸轮轴 3 的 TDC 标记 1 必须与缸盖面 2 对齐（图 7-1-67）。

c. 固定发动机曲轴旋转装置。

d. 标记轴承盖 1 的安装位置，旋出安装螺栓 2，标记凸轮轴轴瓦的安装位置，一起拆除轴承盖 1 和凸轮轴轴瓦，一起拆除凸轮轴 3 和凸轮轴轴瓦（图 7-1-68）。

e. 旋出安装螺栓 4（图 7-1-69），从凸轮轴 1 上拉出压紧板 3 和凸轮轴齿轮 2。

④ 检查凸轮轴轴瓦圆度。

a. 清洁凸轮轴轴瓦 2，将其放在一个平整的表面上（图 7-1-70）。

b. 使用千分尺 1 测量尺寸 A 和 B，A 和 B 的差值就是凸轮轴轴瓦的圆度误差。若圆度误差超出公差范围，则应安装新的凸轮轴轴瓦。

⑤ 检查凸轮轴轴瓦内径。

a. 清洁轴承盖 1 和凸轮轴轴瓦（图 7-1-71）。

b. 将轴承盖 1 和凸轮轴轴瓦安装到缸盖 4 上。

c. 使用千分表 3 和内径卡规 2 测量凸轮轴轴瓦的内径。若内径超出公差范围，则应安装新的凸轮轴轴瓦。

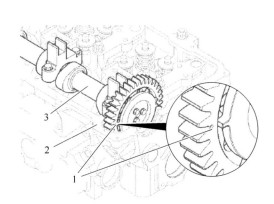

图 7-1-67 检查凸轮轴的 TDC 标记

1—TDC 标记；2—缸盖面；3—凸轮轴

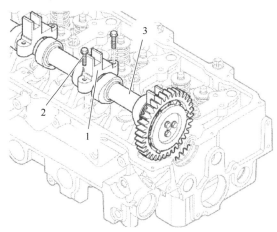

图 7-1-68 拆除凸轮轴

1—轴承盖；2—安装螺栓；3—凸轮轴

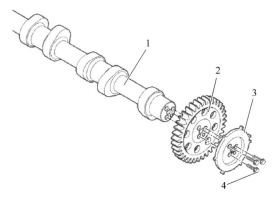

图 7-1-69 拆除凸轮轴齿轮

1—凸轮轴；2—凸轮轴齿轮；3—压紧板；4—安装螺栓

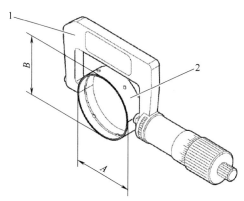

图 7-1-70 检查凸轮轴轴瓦圆度

1—千分尺；2—凸轮轴轴瓦

⑥ 检查凸轮轴轴颈外径。

a. 清洁凸轮轴。

b. 使用千分尺 2 测量凸轮轴轴颈 1 的外径（图 7-1-72）。

c. 对其余凸轮轴轴颈重复此程序。若外径超出公差范围，则应安装新的凸轮轴。

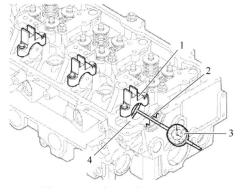

图 7-1-71 检查凸轮轴轴瓦内径

1—轴承盖；2—内径卡规；3—千分表；4—缸盖

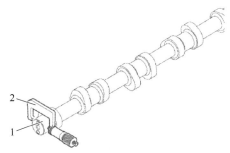

图 7-1-72 检查凸轮轴轴颈外径

1—凸轮轴轴颈；2—千分尺

⑦ 检查第七道凸轮轴轴瓦深度。

a. 准备电子深度规。

b. 使用电子深度规 1 测量第七道凸轮轴轴瓦 2 的深度（图 7-1-73）。若深度超出公差范围，则应安装新的凸轮轴。

⑧ 检查凸轮轴齿轮安装深度。

a. 清洁凸轮轴齿轮 2（图 7-1-74）。

b. 使用电子深度规 1 测量凸轮轴齿轮的安装深度。若安装深度超出公差范围，则应安装新的凸轮轴齿轮。

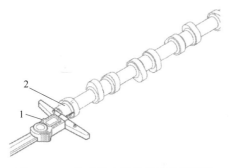

图 7-1-73 检查第七道凸轮轴轴瓦深度

1—电子深度规；2—凸轮轴轴瓦

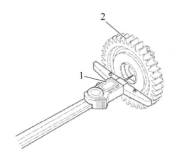

图 7-1-74 检查凸轮轴齿轮安装深度

1—电子深度规；2—凸轮轴齿轮

⑨ 检查第七道凸轮轴瓦座宽度。

a. 清洁第七道凸轮轴瓦座 2（图 7-1-75）。

b. 使用千分尺 1 测量第七道凸轮轴瓦座 2 的宽度。若宽度超出公差范围，则应安装新的缸盖。

⑩ 安装凸轮轴。

a. 将凸轮轴齿轮及压紧板和定位销对齐，安装到凸轮轴上（图 7-1-69）。

b. 旋入安装螺栓并拧紧至初始力矩。

c. 拧紧安装螺栓至 90°转角。

d. 在下凸轮轴轴瓦上涂清洁的发动机机油，插入下凸轮轴轴瓦。

e. 插入凸轮轴 5 使 TDC 标记 1 与缸盖面 2 对齐（图 7-1-76）。

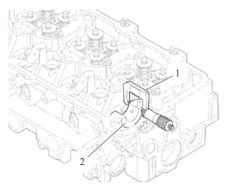

图 7-1-75 检查第七道凸轮轴瓦座的宽度

1—千分尺；2—凸轮轴瓦座

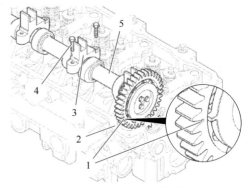

图 7-1-76 安装凸轮轴

1—TDC 标记；2—缸盖面；3—轴承盖；
4—安装螺栓；5—凸轮轴

f. 在上凸轮轴轴瓦上涂清洁的发动机油，将上凸轮轴轴瓦插入轴承盖 3 中。

g. 安装轴承盖 3。

h. 旋入新的安装螺栓 4 并手动均匀拧紧，切勿扭转凸轮轴 5。

i. 紧固凸轮轴轴瓦安装螺栓 1（图 7-1-77）。

j. 释放发动机曲轴旋转装置。

k. 检查发动机正时。

• 按发动机运转方向，使用发动机曲轴旋转装置和棘轮扳手调节飞轮，直至飞轮上的 TDC 标记与发动机机体上的 TDC 标记对齐。第 6 缸的摇臂必须接触。若第 6 缸的摇臂不接触，则应继续旋转飞轮 360°直至达到 TDC 标记。

注意：只能按发动机运转方向旋转飞轮，若反方向旋转，会导致错误地读取数据。

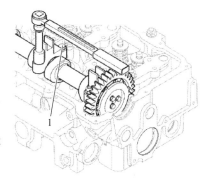

图 7-1-77　紧固凸轮轴轴瓦安装螺栓
1—安装螺栓

• 将带千分表支架 2 的千分表 1 装在第 3 缸的进气门阀板上，千分表 1 调零（图 7-1-78）。

• 继续按发动机运转方向转动曲轴直至千分表指针静止。在此位置上气门升程应符合规定值。

l. 检查凸轮轴 TDC 标记。

m. 安装气门桥（图 7-1-39）。

n. 安装摇臂装置（图 7-1-38）。

o. 安装气缸盖罩（图 7-1-36）。

p. 安装线束总成盖板（图 7-1-34）。

q. 拆除发动机曲轴旋转装置。

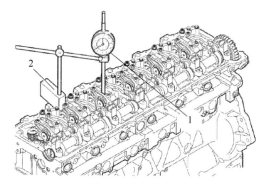

图 7-1-78　检查气门升程
1—千分表；2—千分表支架

7.1.6　后正时齿轮

后正时齿轮如图 7-1-79 所示。

辅助工作：

拆除和安装发动机控制单元；

拆除和安装冷却水弯管；

拆除和安装节温器；

拆除和安装节温器壳；

拆除和安装起动机；

拆除和安装排气歧管；

拆除和安装进气管；

拆除和安装涡轮增压器；

拆除和安装气缸盖；

检查和设定气门间隙；

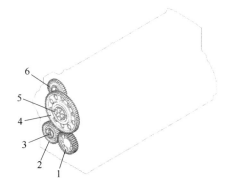

图 7-1-79　后正时齿轮
1—曲轴后齿轮；2—空压机中间齿轮；
3，5—安装螺栓；4—后端中间齿轮；
6—曲轴箱中间齿轮

检查气门正时；

拆除和安装喷油器和共轨组件；

拆除和安装机油模块；

拆除和安装曲轴后油封；

拆除和安装飞轮。

（1）后正时齿轮齿隙的检查

① 检查曲轴后齿轮与后端中间齿轮的齿隙（图7-1-80）。

a. 安装带千分表2的千分表支架3和定位销。

b. 用一定的预紧力将定位销安装到后端中间齿轮1上。

c. 测量曲轴后齿轮4和后端中间齿轮1的齿隙。若齿隙超出公差范围，应安装新的曲轴后齿轮和后端中间齿轮。

② 检查曲轴箱中间齿轮与后端中间齿轮的齿隙（图7-1-81）。

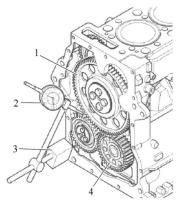

图7-1-80　检查曲轴后齿轮与后端中间齿轮的齿隙

1—后端中间齿轮；2—千分表；3—千分表支架；4—曲轴后齿轮

a. 安装带千分表1的千分表支架2和定位销。

b. 用一定的预紧力将定位销安装到曲轴箱中间齿轮3上。

c. 测量曲轴箱中间齿轮3与后端中间齿轮的齿隙。若齿隙超出公差范围，应安装新的曲轴箱中间齿轮和后端中间齿轮。

（2）曲轴后齿轮位置的设定

① 安装曲轴后齿轮（图7-1-82）。

通过旋入安装螺栓2和3安装曲轴后齿轮1。

② 设定曲轴后齿轮至标记位置（图7-1-83）。

转动曲轴直至标记1和标记2对齐。

③ 拆卸曲轴后齿轮（图7-1-82）。

通过旋出安装螺栓2和3拆卸曲轴后齿轮1。

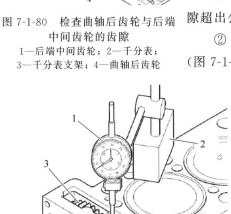

图7-1-81　检查曲轴箱中间齿轮与后端中间齿轮的齿隙

1—千分表；2—千分表支架；3—曲轴箱中间齿轮

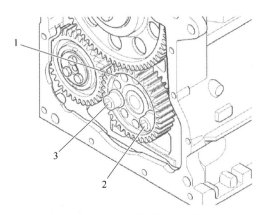

图7-1-82　安装曲轴后齿轮

1—曲轴后齿轮；2，3—安装螺栓

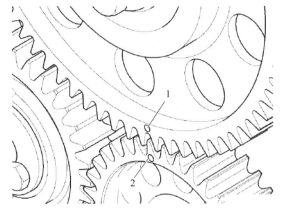

图7-1-83　设定曲轴后齿轮至标记位置

1，2—标记

（3）后端中间齿轮的检查

① 检查后端中间齿轮的轴向间隙（图7-1-84）。

a. 安装带千分表2的千分表支架3和定位销。

b. 用一定的预紧力将定位销安装到后端中间齿轮1上。

c. 朝向飞轮壳将后端中间齿轮1推至端部。

d. 千分表2调零，将后端中间齿轮1朝向千分表2拉至端部并读取差值。若轴向间隙超出公差范围，应检查后端中间齿轮和后端中间齿轮轴的高度。

② 拆除后端中间齿轮（图7-1-85）。

a. 旋出安装螺栓1。

b. 一起拆除后端中间齿轮3和后端中间齿轮轴2。

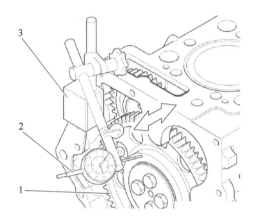

图7-1-84　检查后端中间齿轮的轴向间隙

1—后端中间齿轮；2—千分表；3—千分表支架

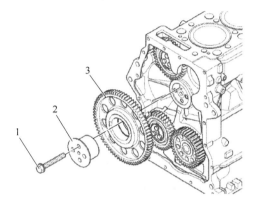

图7-1-85　拆除后端中间齿轮

1—安装螺栓；2—后端中间齿轮轴；3—后端中间齿轮

③ 检查后端中间齿轮的高度（图7-1-86）。

a. 清洁后端中间齿轮。

b. 测量后端中间齿轮的高度A。若高度超出公差范围，应安装新的后端中间齿轮。

④ 检查后端中间齿轮的内径（图7-1-87）

使用千分表2和内径卡规1测量后端中间齿轮3的内径。若内径超出公差范围，应安装新的后端中间齿轮。

图7-1-86　检查后端中间齿轮的高度

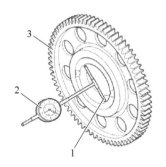

图7-1-87　检查后端中间齿轮的内径

1—内径卡规；2—千分表；3—后端中间齿轮

⑤ 检查后端中间齿轮轴的高度（图7-1-88）。

a. 清洁后端中间齿轮轴1。

b. 使用电子深度规2测量后端中间齿轮轴1的高度。若高度超出公差范围，应安装新的后端中间齿轮轴。

⑥ 检查后端中间齿轮轴的外径（图7-1-89）。使用千分尺2测量后端中间齿轮轴1的外径。若外径超出公差范围，应安装新的后端中间齿轮轴。

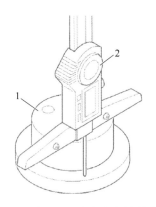

图7-1-88　检查后端中间齿轮轴的高度

1—后端中间齿轮轴；2—电子深度规

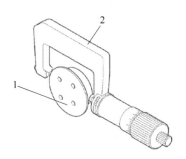

图7-1-89　检查后端中间齿轮轴的外径

1—后端中间齿轮轴；2—千分尺

（4）曲轴箱中间齿轮的检查

① 检查曲轴箱中间齿轮的轴向间隙（图7-1-90）。

a. 安装带千分表1的千分表支架2和定位销。

b. 用一定的预紧力将定位销安装到曲轴箱中间齿轮3上。

c. 朝向飞轮壳将曲轴箱中间齿轮3推至端部。

d. 千分表1调零，将曲轴箱中间齿轮3朝向千分表1拉至端部并读取差值。若轴向间隙超出公差范围，应检查曲轴箱中间齿轮和曲轴箱中间齿轮轴的高度。

② 拆除曲轴箱中间齿轮（图7-1-91）。

a. 旋出安装螺栓1。

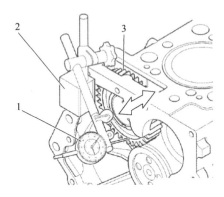

图7-1-90　检查曲轴箱中间齿轮的轴向间隙

1—千分表；2—千分表支架；3—曲轴箱中间齿轮

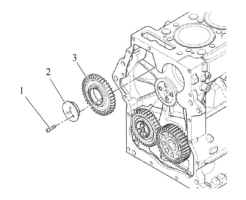

图7-1-91　拆除曲轴箱中间齿轮

1—安装螺栓；2—曲轴箱中间齿轮轴；3—曲轴箱中间齿轮

b. 一起拆除曲轴箱中间齿轮 3 和曲轴箱中间齿轮轴 2。

③ 检查曲轴箱中间齿轮的高度（图 7-1-92）。

a. 清洁曲轴箱中间齿轮。

b. 测量曲轴箱中间齿轮的高度 A。若高度超出公差范围，应安装新的曲轴箱中间齿轮。

④ 检查曲轴箱中间齿轮的内径（图 7-1-93）。

使用千分表 2 和内径卡规 1 测量曲轴箱中间齿轮 3 的内径。若内径超出公差范围，应安装新的曲轴箱中间齿轮。

图 7-1-92　检查曲轴箱中间齿轮的高度

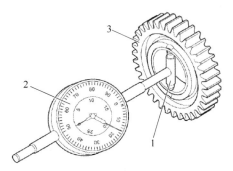

图 7-1-93　检查曲轴箱中间齿轮的内径
1—内径卡规；2—千分表；3—曲轴箱中间齿轮

⑤ 检查曲轴箱中间齿轮轴的高度（图 7-1-94）。

a. 清洁曲轴箱中间齿轮轴 1。

b. 使用电子深度规 2 测量曲轴箱中间齿轮轴 1 的高度。若高度超出公差范围，应安装新的曲轴箱中间齿轮轴。

⑥ 检查曲轴箱中间齿轮轴的外径（图 7-1-95）。

使用千分尺 2 测量曲轴箱中间齿轮轴 1 的外径。若外径超出公差范围，应安装新的曲轴箱中间齿轮轴。

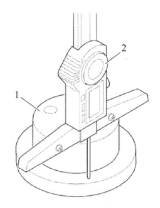

图 7-1-94　检查曲轴箱中间齿轮轴的高度
1—曲轴箱中间齿轮轴；2—电子深度规

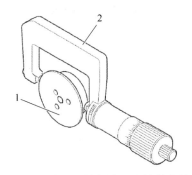

图 7-1-95　检查曲轴箱中间齿轮轴的外径
1—曲轴箱中间齿轮轴；2—千分尺

（5）曲轴后齿轮的拆除

用撬杠 3 将曲轴后齿轮 2 从曲轴 1 上拆除（图 7-1-96）。

（6）空压机中间齿轮的检查

① 检查空压机中间齿轮的轴向间隙（图7-1-97）。

a. 安装带千分表3的千分表支架1和定位销。

b. 用一定的预紧力将定位销安装到空压机中间齿轮2上。

c. 朝向飞轮壳将空压机中间齿轮2推至端部。

d. 千分表3调零，将空压机中间齿轮2朝向千分表3拉至端部并读取差值。若轴向间隙超出公差范围，应检查空压机中间齿轮和中间齿轮轴的高度。

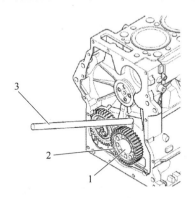

图7-1-96　拆除曲轴后齿轮

1—曲轴；2—曲轴后齿轮；3—撬杠

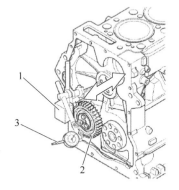

图7-1-97　检查空压机中间齿轮的轴向间隙

1—千分表支架；2—空压机中间齿轮；3—千分表

② 旋入对中工具（图7-1-98）。

a. 旋出一个安装螺栓1。

b. 旋入对中工具2。

c. 从空压机中间齿轮轴3上旋出其余安装螺栓1。

③ 拆除空压机中间齿轮（图7-1-99）。

a. 在拆除中间齿轮前，应保证止推垫片不会掉落。

b. 在空压机中间齿轮1后面夹住止推垫片2。

c. 旋出对中工具。

d. 一起拆除空压机中间齿轮1和止推垫片2及空压机中间齿轮轴3。

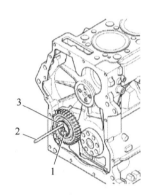

图7-1-98　旋入对中工具

1—安装螺栓；2—对中工具；3—空压机中间齿轮轴

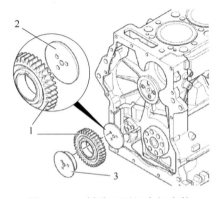

图7-1-99　拆除空压机中间齿轮

1—空压机中间齿轮；2—止推垫片；3—空压机中间齿轮轴

④ 检查空压机中间齿轮的高度和止推垫片厚度（图 7-1-100）。

a. 清洁空压机中间齿轮 1 和止推垫片 2。

b. 测量空压机中间齿轮 1 的高度 A 和止推垫片 2 的厚度。若齿轮高度超出公差范围，应安装新的空压机中间齿轮。若垫片厚度超出公差范围，应安装新的止推垫片。

⑤ 检查空压机中间齿轮的内径（图 7-1-101）。

a. 清洁空压机中间齿轮 3。

b. 使用千分表 2 和内径卡规 1 测量空压机中间齿轮 3 的内径。若内径超出公差范围，应安装新的空压机中间齿轮。

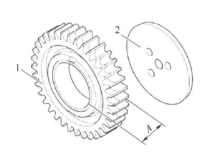

图 7-1-100　检查空压机中间齿轮
的高度和止推垫片的厚度
1—空压机中间齿轮；2—止推垫片

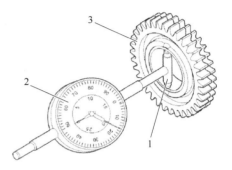

图 7-1-101　检查空压机中间齿轮的内径
1—内径卡规；2—千分表；3—空压机中间齿轮

⑥ 检查空压机中间齿轮轴的高度（图 7-1-102）。

a. 清洁空压机中间齿轮轴 1。

b. 使用电子深度规 2 测量空压机中间齿轮轴 1 的高度。若高度超出公差范围，应安装新的空压机中间齿轮轴。

⑦ 检查空压机中间齿轮轴的外径（图 7-1-103）。

a. 清洁空压机中间齿轮轴 1。

b. 使用千分尺 2 测量空压机中间齿轮轴 1 的外径。若外径超出公差范围，应安装新的空压机中间齿轮轴。

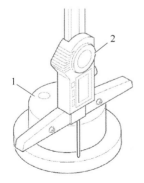

图 7-1-102　检查空压机中间齿轮轴的高度
1—空压机中间齿轮轴；2—电子深度规

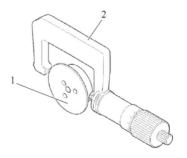

图 7-1-103　检查空压机中间齿轮轴的外径
1—空压机中间齿轮轴；2—千分尺

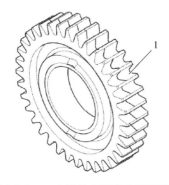

图 7-1-104　空压机中间齿轮安装说明

1—空压机中间齿轮较宽面

（7）后正时齿轮的安装

① 空压机中间齿轮安装说明（图 7-1-104）。

a. 安装可分成两部分的空压机中间齿轮，使其较宽面 1 朝向曲轴箱。

b. 空压机中间齿轮橡胶元件朝向曲轴箱。

② 定位空压机中间齿轮（图 7-1-99）。

a. 在空压机中间齿轮轴上涂清洁的发动机机油。

b. 将空压机中间齿轮轴插入空压机中间齿轮中。

c. 将止推垫片装在空压机中间齿轮轴上，使其倒角较大的一侧面向曲轴箱。

③ 安装空压机中间齿轮。

a. 将空压机中间齿轮、空压机中间齿轮轴以及止推垫片一起插入曲轴箱（图 7-1-99），并用对中工具 2 固定（图 7-1-98）。

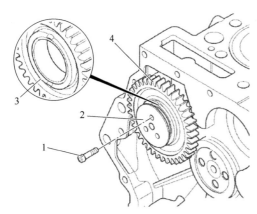

图 7-1-105　安装曲轴箱中间齿轮

1—安装螺栓；2—曲轴箱中间齿轮轴；3—平整的接触面；4—曲轴箱中间齿轮

b. 旋入新的安装螺栓 1。

c. 旋出对中工具。

d. 旋入其余新的安装螺栓 1。

e. 拧紧安装螺栓至规定力矩。

④ 安装曲轴箱中间齿轮（图 7-1-105）。

a. 在曲轴箱中间齿轮轴 2 上涂清洁的发动机机油。

b. 安装曲轴箱中间齿轮 4，使其平整的接触面 3 朝向曲轴箱中间齿轮轴 2。

c. 将曲轴箱中间齿轮 4 和曲轴箱中间齿轮轴 2 一起插入曲轴箱。

d. 旋入新的安装螺栓 1 并拧紧至规定力矩。

⑤ 安装曲轴后齿轮（图 7-1-106）。

a. 旋转曲轴直至定位销 4 与油底壳垂直。

b. 旋入对中冲杆 3 和 5。

c. 将曲轴后齿轮 2 和定位销 4 对齐。

d. 将曲轴后齿轮 2 推到曲轴 1 上。

e. 旋出对中冲杆 3 和 5。

⑥ 安装后端中间齿轮（图 7-1-85）

a. 在后端中间齿轮轴上涂清洁的发动机机油。

b. 将后端中间齿轮轴插入后端中间齿轮 3。

c. 安装后端中间齿轮，使其上的标记与曲轴后齿轮上的标记对齐。

d. 旋入新的安装螺栓并拧紧至初始力矩。

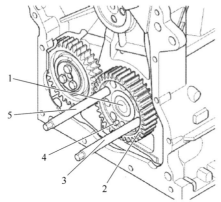

图 7-1-106　安装曲轴后齿轮

1—曲轴；2—曲轴后齿轮；

3，5—对中冲杆；4—定位销

e. 继续拧紧安装螺栓至 90°转角。

⑦ 检查曲轴后齿轮标记（图 7-1-83）。

检查后端中间齿轮标记 1 和曲轴后齿轮的标记 2 是否对齐。若标记 1 和 2 没有对齐，则应拆除后端中间齿轮并重新插入使其处于标记位置。

7.1.7 燃油供给系统

7.1.7.1 喷油器和共轨组件的拆装

（1）喷油器和共轨组件的拆卸

① 断开共轨压力传感器的电气连接插头 1（图 7-1-107）。

② 拆卸量油尺支架（图 7-1-108）。

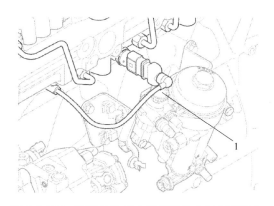

图 7-1-107 断开共轨压力传感器的电气连接插头
1—共轨压力传感器电气连接插头

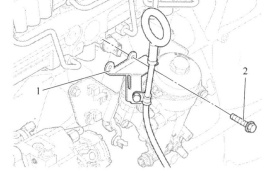

图 7-1-108 拆卸量油尺支架
1—量油尺支架；2—安装螺栓

a. 旋出安装螺栓 2。

b. 拆下一侧有量油尺的支架 1。

③ 拆卸回油管（图 7-1-109）。

注意：取出喷油器前应放出回油管中的油。

a. 旋出空心螺栓 1，放出回油管中的油。

b. 将回油管 2 从三通接头 3 上旋出。

c. 将回油管 4 从三通接头 3 上旋出。

d. 将三通接头 3 从环形连接器 6 上旋出。

e. 旋出空心螺栓 5。

f. 拆除带密封圈的环形连接器 6。

④ 拆除高压油管（图 7-110）。

a. 旋出安装螺栓 2。

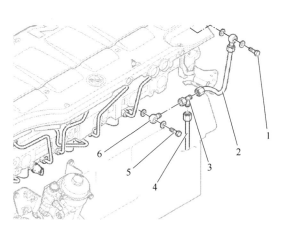

图 7-1-109 拆卸回油管
1，5—空心螺栓；2，4—回油管；
3—三通接头；6—环形连接器

b. 使用套筒扳手和加长杆,将高压油管 3 从高压油泵 4 和共轨组件 1 上拆除。

⑤ 拆卸高压油管 (图 7-1-111)。

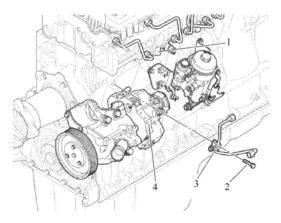

图 7-1-110 拆除高压油管

1—共轨组件；2—安装螺栓；

3—高压油管；4—高压油泵

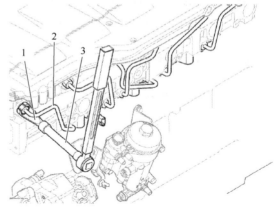

图 7-1-111 拆卸高压油管

1—套筒扳手；2—高压油管；3—加长杆

注意:每次拆除油管后,必须用干净的防护套堵塞相关的接口。

a. 标记高压油管 2 安装位置。

b. 使用套筒扳手 1 和加长杆 3 拆卸高压油管 2。

⑥ 拆卸共轨组件 (图 7-1-112)。

a. 旋出安装螺栓 2。

b. 拆卸共轨组件 1。

⑦ 拆除限压阀和共轨压力传感器 (图 7-1-113)。

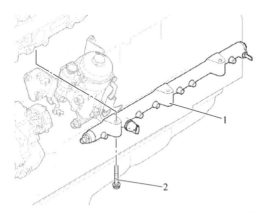

图 7-1-112 拆卸共轨组件

1—共轨组件；2—安装螺栓

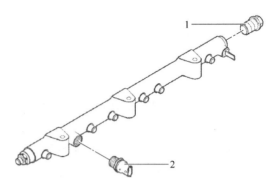

图 7-1-113 拆除限压阀和共轨压力传感器

1—限压阀；2—共轨压力传感器

a. 旋出限压阀 1。

b. 旋出共轨压力传感器 2。

注意:不要冲洗限压阀和共轨压力传感器,因其螺纹和唇状边缘涂覆了润滑油。

⑧ 拆除线束总成盖板 (图 7-1-34)。

⑨ 拆除气缸盖罩（图 7-1-36）。

⑩ 拆除共轨连接管（图 7-1-114）。

a. 拆下压紧螺母 3。

b. 使用管接头和提取器从气缸盖 1 上取出共轨连接管 2。

⑪ 拆除喷油器线缆（图 7-1-115）。

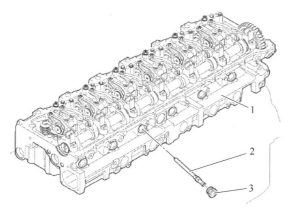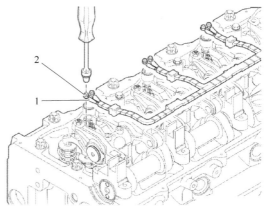

图 7-1-114 拆除共轨连接管

1—气缸盖；2—共轨连接管；3—压紧螺母

图 7-1-115 拆除喷油器线缆

1—喷油器线缆；2—安装螺母

a. 拆下安装螺母 2。

b. 拆下喷油器线缆 1。

⑫ 拆除喷油器线束（图 7-1-116）。

a. 将喷油器线束 4 小心地从凸轮轴瓦盖 1 上移除。

b. 旋出安装螺栓 3。

c. 将法兰 2 小心地从气缸盖上取出。

d. 将喷油器线束 4 小心地通过气缸孔取出。

⑬ 拆卸压板螺栓（图 7-1-117）。

旋出压板螺栓 2 并和球面垫圈 1 一起拆下。

⑭ 取出喷油器（图 7-1-118）。

a. 取出专用工具 1。

b. 将抽取器插入压紧法兰的凹槽中。

c. 用滚花螺母 2 夹住夹紧套筒 5。

d. 通过旋转滚花螺母 3 将喷油器 4 从气缸盖上取出。

（2）喷油器和共轨组件的安装

① 安装喷油器（图 7-1-119）。

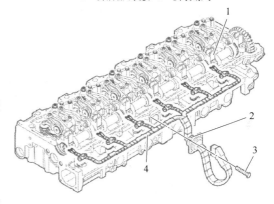

图 7-1-116 拆除喷油器线束

1—凸轮轴瓦盖；2—法兰；3—安装螺栓；4—喷油器线束

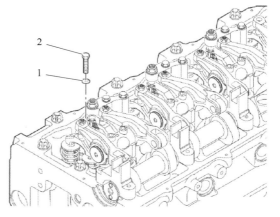

图 7-1-117 拆卸压板螺栓

1—球面垫圈；2—压板螺栓

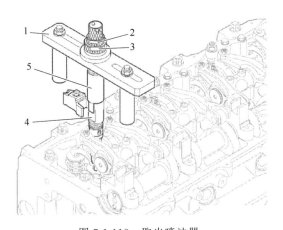

图 7-1-118　取出喷油器

1—专用工具；2,3—滚花螺母；4—喷油器；5—夹紧套筒

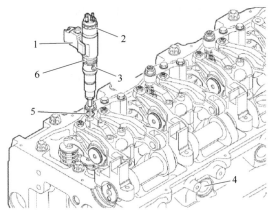

图 7-1-119　安装喷油器

1—压紧法兰；2—喷油器；3—燃油进口；4—喷油器
进油接管连接口；5—密封垫圈；6—O 形圈

注意：要先将喷油器安装到压紧法兰上，然后整体装入，不能先安装喷油器再安装压板螺栓；只有在需要安装时才能将喷油器 2 从喷油器存储衬套中取出。

a. 拆除旧的密封垫圈 5。

b. 检查以确保气缸盖中的气缸孔是清洁的。

c. 拆除喷油器保护衬套。

d. 将压紧法兰 1 在喷油器 2 上转动，确保燃油进口 3 朝向喷油器进油接管连接口 4。

e. 将喷油器 2 和新的 O 形圈 6 以及新的密封垫圈 5 嵌入气缸盖。

f. 使用压力元件将喷油器 2 完全压入气缸盖中。

② 初步紧固喷油器（图 7-1-117）。

a. 和球面垫圈一起，将新的压板螺栓旋入压紧法兰。

b. 紧固压板螺栓至初始力矩。

③ 安装共轨连接管（图 7-1-114）。

注意：共轨连接管锥度环不能重复使用。

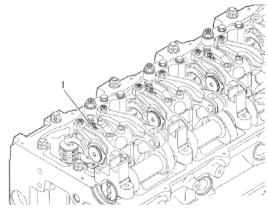

图 7-1-120　最终紧固喷油器

1—安装螺栓

a. 将新的共轨连接管放入气缸盖，使共轨连接管的锥度环嵌入气缸盖的锥度槽中。

b. 旋上压紧螺母并紧固至初始力矩。

④ 最终紧固喷油器（图 7-1-120）。

紧固喷油器压紧法兰安装螺栓 1 至最终力矩。

⑤ 最终紧固共轨连接管（图 7-1-121）。

紧固压紧螺母 1 至最终力矩。

⑥ 安装喷油器线束（图 7-1-116）。

a. 在喷油器线束的新 O 形圈上涂一薄层专用凡士林。

b. 小心地通过缸孔插入喷油器线束。

c. 小心地将法兰插入气缸盖。

d. 旋入安装螺栓并紧固至规定力矩。

e. 小心地将喷油器线束插入凸轮轴瓦盖中。

⑦ 安装喷油器线缆（图 7-1-115）。

注意：紧固安装螺母时，确保线缆塞之间是有间隔的。

a. 组装专用工具。

b. 使用专用工具紧固喷油器线缆安装螺母至规定力矩。

⑧ 安装气缸盖罩（图 7-1-36）。

⑨ 安装线束总成盖板（图 7-1-34）。

⑩ 旋入共轨压力传感器和限压阀（图 7-1-113）。

注意：缺少润滑会导致部件损坏。

a. 旋入新的共轨压力传感器并紧固至规定力矩。

b. 旋入新的限压阀并紧固至规定力矩。

⑪ 连接共轨组件（图 7-1-112）

a. 在缸盖上确定共轨组件的位置。

b. 旋入新的安装螺栓并用手拧紧。

⑫ 连接高压油管（图 7-1-122）。

a. 初始紧固后，检查高压油管的排列，如有必要，应重新排列。

b. 根据标记，将高压油管 2 和共轨组件 3 以及共轨连接管 1 相连。

c. 使用套筒扳手和加长杆紧固高压油管至初始力矩（图 7-1-104）。

⑬ 最终紧固共轨组件（图 7-1-123）。

紧固安装螺栓 1 至最终力矩。

⑭ 最终紧固高压油管（图 7-1-111）。

如果是重复使用，使用套筒扳手和加长杆紧固高压油管至最终力矩后再进行 30°转角。

如果是新件，使用套筒扳手和加长杆紧固高压油管至最终力矩后再进行 60°

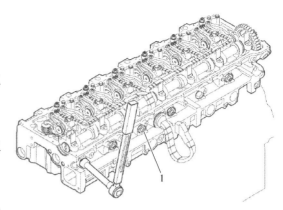

图 7-1-121　共轨连接最终力矩
1—压紧螺母

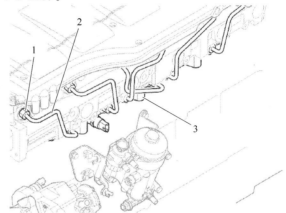

图 7-1-122　连接高压油管
1—共轨连接管；2—高压油管；3—共轨组件

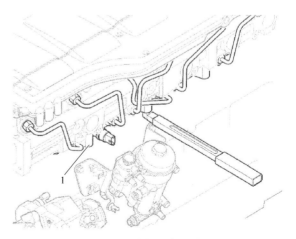

图 7-1-123　共轨组件最终力矩
1—安装螺栓

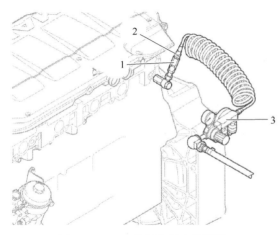

图 7-1-124　安装压力损失检测器

1—管接头；2—压缩空气管接头；3—压力损失检测器

转角。

⑮ 安装高压油管至高压油泵和共轨组件（图 7-1-110）。

⑯ 检查压力损失。

a. 使用空心螺栓和带弹性体密封唇的密封圈将环形连接器旋入气缸盖（图 7-1-109）。

b. 将管接头 1 和压缩空气管接头 2 以及压力损失检测器 3 安装到环形连接器上（图 7-124）。

c. 使用规定压力的压缩空气对压力损失检测器加压。

d. 断开压缩空气管接头 2。

e. 检查压力表上的最大允许压力损失。最大允许压力损失是 10min 内 0.1bar（0.01MPa）。

⑰ 安装回油管（图 7-1-109）。

⑱ 安装量油尺支架（图 7-1-108）。

⑲ 连接共轨压力传感器的电气连接插头（图 7-1-107）。

7.1.7.2　高压油泵及高压油泵驱动装置的拆装

（1）高压油泵及高压油泵驱动装置的拆卸

① 拆卸加油口（图 7-1-125）。

② 拆卸高压油管（图 7-1-126）。

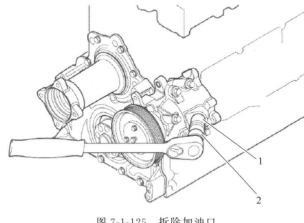

图 7-1-125　拆除加油口

1—套筒；2—转接头

a. 断开计量单元的电气连接插头 2。

b. 旋出安装螺栓 3。

c. 使用套筒扳手和加长杆将高压油管 4 从高压油泵 5 和共轨组件 1 上拆除。

③ 拆卸高压油泵（图 7-1-127）。

a. 旋出安装螺栓 1。

b. 从高压油泵驱动装置 4 上拆除高压油泵 2。

c. 将中间驱动轴 3 从驱动轴上拉出。

④ 拆卸高压油泵驱动装置。

a. 旋出安装螺栓 1 和 2，拆除垫片 3，将多楔带带轮 4 从花键轴 5 上拉出（图 7-1-128）。

b. 使用冲击提取器 1 和拉拔钩 3 取出径向轴封 2（图 7-1-129）。

c. 旋出安装螺栓 1 并拆除高压油泵驱动装置 2（图 7-1-130）。

d. 清洁接触面。

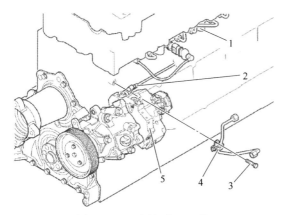

图 7-1-126 拆卸高压油管

1—共轨组件；2—电气连接插头；2—安装螺栓；
4—高压油管；5—高压油泵

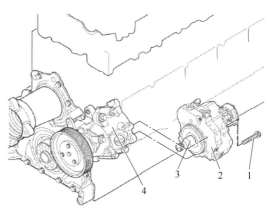

图 7-1-127 拆除高压油泵

1—安装螺栓；2—高压油泵；3—中间
驱动轴；4—高压油泵驱动装置

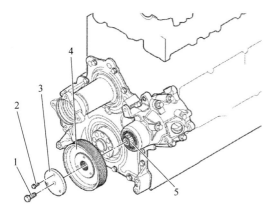

图 7-1-128 拆卸多楔带带轮

1，2—安装螺栓；3—垫片；
4—多楔带带轮；5—花键轴

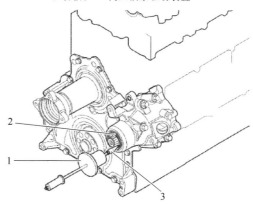

图 7-1-129 取出径向轴封

1—冲击提取器；2—径向轴封；3—拉拔钩

（2）高压油泵及高压油泵驱动装置的安装

① 在高压油泵驱动装置的接触面上涂一薄层密封胶 1（图 7-1-131）。

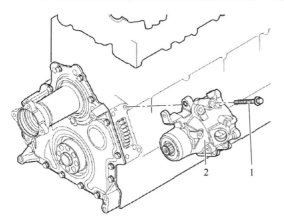

图 7-1-130 拆下高压油泵驱动装置

1—安装螺栓；2—高压油泵驱动装置

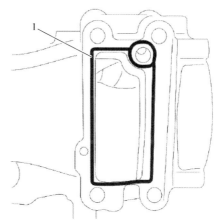

图 7-1-131 涂一薄层密封胶

1—密封胶

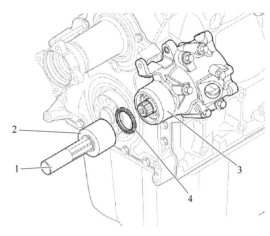

图 7-1-132 压入径向轴封

1—套装把手；2—压入冲头；3—高压油泵
驱动装置；4—径向轴封

② 安装高压油泵驱动装置（图 7-1-130）。

a. 定位高压油泵驱动装置。

b. 旋入新的安装螺栓并拧紧至规定力矩。

③ 压入径向轴封（图 7-1-132）。

使用套装把手 1 和垫圈以及压入冲头 2 将新的径向轴封 4 压入高压油泵驱动装置 3。

④ 安装多楔带带轮（图 7-1-128）。

a. 在新的多楔带带轮的齿上涂一薄层密封胶。

b. 定位安装垫片并旋入新的安装螺栓。

c. 将多楔带带轮推到花键轴直至受到阻碍。

d. 拧紧新的安装螺栓。

⑤ 安装高压油泵（图 7-1-127）。

a. 将中间驱动轴放到高压油泵的驱动装置上并安装 O 形圈。

b. 旋入新的安装螺栓并拧紧至规定力矩。

⑥ 连接高压油管（图 7-1-126）。

a. 拧紧高压油管至初始力矩。

b. 拧紧高压油管至初始力矩+30°。

c. 拧紧高压油管至初始力矩+90°。

⑦ 安装加油口（图 7-1-125）。

按规定力矩拧紧加油口。

7.1.7.3 燃油服务中心的拆装

（1）燃油服务中心的拆卸

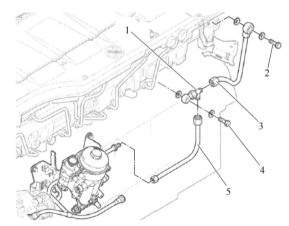

图 7-1-133 拆卸共轨组件回油管

1—三通接头；2，4—空心螺栓；3，5—回油管

① 拆卸共轨组件回油管（图 7-1-133）。

a. 拆除回油管 5。

b. 旋出空心螺栓 2。

c. 拆除回油管 3。

d. 旋出空心螺栓 4 并拆除三通接头 1。

② 拆除燃油服务中心-输油泵油管（图 7-1-134）。

a. 旋出安装螺栓 1。

b. 使用释放工具和释放手柄拉出油管 2 和 3。

③ 拆除燃油服务中心-高压油泵油管（图 7-1-135）。

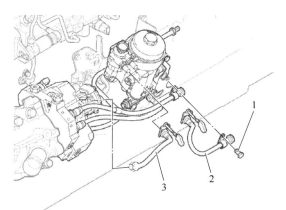

图 7-1-134　拆除燃油服务中心-输油泵油管
1—安装螺栓；2，3—油管

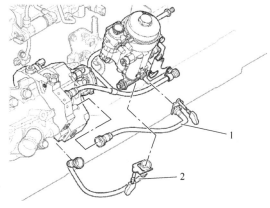

图 7-1-135　拆除燃油服务中心-高压油泵油管
1，2—油管

使用释放工具和释放手柄拉出油管
1 和 2。

④ 拆除燃油服务中心回油管
（图 7-1-136）。

a. 旋出支撑夹 1 的安装螺栓。

b. 使用释放工具和释放手柄拉出
回油管 2。

⑤ 拆除电磁阀-燃油服务中心油管
（图 7-1-137）。

a. 旋出空心螺栓 1 和 3，并和垫圈
一起取下。

b. 拆除油管 2。

⑥ 拆卸燃油服务中心（图 7-1-138）。

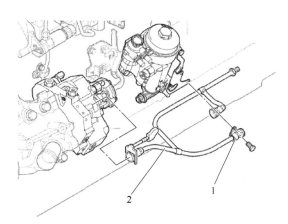

图 7-1-136　拆除燃油服务中心回油管
1—支撑夹；2—回油管

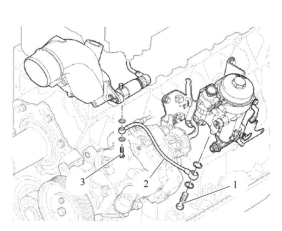

图 7-1-137　拆除电磁阀-燃油服务中心油管
1，3—空心螺栓；2—油管

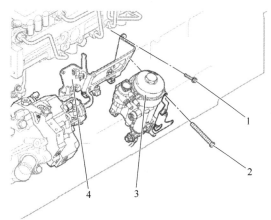

图 7-1-138　拆卸燃油服务中心
1，2—安装螺栓；3—燃油服务中心；4—支架

a. 旋出安装螺栓 2。

b. 拆除燃油服务中心 3。

c. 旋出安装螺栓 1。

d. 拆除支架 4。

（2）燃油服务中心的安装

① 安装燃油服务中心（图 7-1-138）。

a. 定位支架

b. 旋入并拧紧新的安装螺栓。

c. 定位燃油服务中心。

d. 旋入并拧紧新的安装螺栓。

② 安装电磁阀-燃油服务中心油管（图 7-1-137）。

a. 定位油管。

b. 和新的垫圈一起，旋入空心螺栓并适当拧紧。

c. 拧紧空心螺栓至规定力矩。

③ 安装燃油服务中心回油管（图 7-1-136）。

a. 连接油管。

b. 检查油管是否安装牢固。

c. 旋入并拧紧支撑夹的新的安装螺栓。

④ 安装燃油服务中心-高压油泵油管（图 7-1-135）。

a. 连接油管。

b. 检查油管是否安装牢固。

⑤ 安装燃油服务中心-输油泵油管（图 7-1-134）。

a. 连接油管。

b. 检查油管是否安装牢固。

⑥ 安装共轨组件回油管（图 7-1-133）。

a. 定位三通接头，和新的密封圈一起，旋入空心螺栓。

b. 连接回油管。

c. 拧紧回油管的螺母。

d. 拧紧空心螺栓。

e. 将油回管连接至螺母并拧紧。

7.1.8 润滑系统

7.1.8.1 机油模块的拆装

（1）机油模块的拆卸

① 拆除隔热罩 1（图 7-1-139）。

② 拆除回油管（图 7-1-140）。

a. 旋出安装螺栓 1。

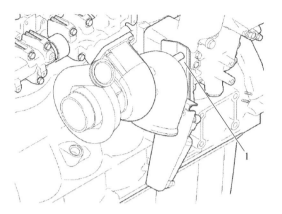

图 7-1-139 拆除隔热罩

1—隔热罩

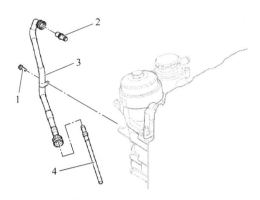

图 7-1-140 拆除回油管

1—安装螺栓；2，4—旋入装置；3—回油管

b. 将回油管 3 从旋入装置 2 和 4 中拉出。

c. 旋出旋入装置 2 和 4。

③ 旋出水泵安装螺栓（图 7-1-141）。

从机油模块上旋出水泵安装螺栓 1 和 2。

④ 拆卸通气管（图 7-1-142）。

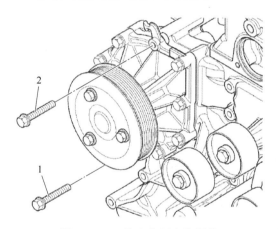

图 7-1-141 旋出水泵安装螺栓

1，2—水泵安装螺栓

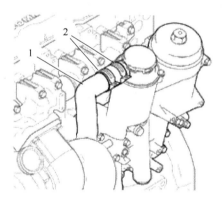

图 7-1-142 拆卸通气管

1—通气管；2—小型管夹

a. 使用小型管夹用软管夹安装钳，拆除小型管夹 2。

b. 拉出通气管 1。

⑤ 排干冷却液（图 7-1-143）。

注意：在拆除机油模块前应排干所有的冷却液，否则从曲轴箱上拆除机油模块时，冷却液会进入油底壳。

a. 和密封圈 2 一起，从机油模块 1 上旋出螺塞 3。

b. 排干冷却液。

⑥ 拆除机油模块（图 7-1-144）。

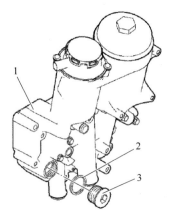

图 7-1-143 排干冷却液

1—机油模块；2—密封圈；3—螺塞

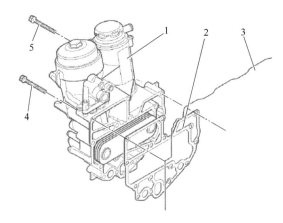

图 7-1-144 拆除机油模块

1—机油模块；2—衬垫；3—曲轴箱；4，5—安装螺栓

a. 标记安装螺栓 4 和 5 的安装位置。

b. 旋出安装螺栓 4 和 5。

c. 和衬垫 2 一起，从曲轴箱 3 上拆除机油模块 1。

d. 清洁接触面。

⑦ 分解机油模块（图 7-1-145）。

a. 标记安装螺栓 4 的安装位置。

b. 旋出安装螺栓 4。

c. 和衬垫 2 一起，从机油模块 1 上拆除机油冷却器 3。

d. 清洁接触面。

⑧ 拆除泄压阀（图 7-1-146）。

从机油模块 1 上旋出机油泄压阀 2。

⑨ 拆除连接歧管（图 7-1-147）。

a. 从连接歧管 3 上拆除插塞管 5。

b. 旋出安装螺栓 4。

c. 和衬垫 1 一起，从机油模块 2 上拆除连接歧管 3。

d. 清洁接触面。

⑩ 拆除油气分离器（图 7-1-148）

a. 旋出安装螺栓 1。

b. 将油气分离器 2 从机油模块中拉出。

（2）机油模块的安装

① 安装油气分离器（图 7-1-148）。

a. 将油气分离器插入机油模块。

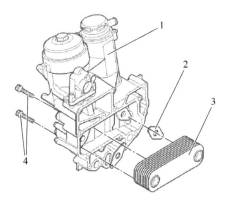

图 7-1-145 分解机油模块

1—机油模块；2—衬垫；3—机油冷却器；

4—安装螺栓

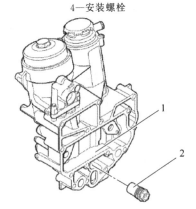

图 7-1-146 拆除泄压阀

1—机油模块；2—机油泄压阀

b. 旋入并拧紧安装螺栓。

② 安装连接歧管（图 7-1-147）。

a. 和新的衬垫一起，在机油模块上定位连接歧管。

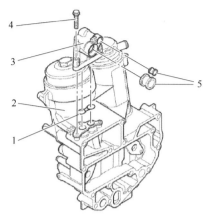

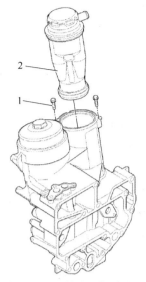

图 7-1-147 拆除连接歧管

1—衬垫；2—机油模块；3—连接歧管；

4—安装螺栓；5—插塞管

图 7-1-148 拆除油气分离器

1—安装螺栓；2—油气分离器

b. 旋入并拧紧新的安装螺栓。

c. 在新的插塞管上涂一薄层润滑剂并将其插入连接歧管。

③ 安装泄压阀（图 7-1-146）。

a. 将泄压阀旋入机油模块。

b. 拧紧泄压阀至规定力矩。

④ 组装机油模块（图 7-1-145）。

a. 将新的衬垫和机油冷却器插入机油模块。

b. 旋入新的安装螺栓并手动拧紧。

c. 将机油模块放置在一边，防止损坏机油冷却器。

d. 拧紧机油冷却器安装螺栓至规定力矩。

⑤ 安装机油模块。

a. 和新的衬垫一起，在曲轴箱上定位机油模块（图 7-1-144）。

b. 旋入新的安装螺栓并手动拧紧。

c. 旋入并拧紧新的水泵安装螺栓（图 7-1-141）。

d. 拧紧机油模块安装螺栓。

⑥ 安装螺塞（图 7-1-143）。

和新的密封圈一起，将螺塞旋入机油模块并拧紧至规定力矩。

⑦ 安装回油管（图 7-1-140）。

a. 在旋入装置的螺纹上涂上防松胶。

b. 将旋入装置旋入曲轴箱并拧紧至规定力矩。

c. 将旋入装置旋入机油模块并拧紧至规定力矩。

d. 安装回油管。

e. 旋入并拧紧安装螺栓。

⑧ 安装通气管（图 7-1-142）。

a. 将通气管推入油气分离器。

b. 用小型管夹用软管夹安装钳安装小型管夹。

⑨ 安装隔热罩（图 7-1-139）。

7.1.8.2　机油泵的拆装

辅助工作：

拆除和安装风扇；

拆除和安装风扇托架；

拆除和安装冷却水弯管；

拆除和安装节温器；

拆除和安装节温器壳；

拆除和安装带传动装置；

拆除和安装分配器壳；

拆除和安装高压油泵/高压油泵驱动装置；

拆除和安装曲轴前油封；

拆除和安装前盖板；

拆除和安装减振器。

（1）机油泵配合间隙的检查

① 检查曲轴齿轮和齿圈（外转子）齿隙（图 7-1-149）。

a. 安装带千分表 1 的千分表支架 2 及定位销。

b. 用一定的预紧力将定位销安装到齿圈（外转子）3 上。

c. 检查曲轴齿轮和齿圈（外转子）3 之间的齿隙。若齿隙超出公差范围，应安装新的曲轴齿轮和机油泵。

② 拆卸曲轴齿轮（图 7-1-150）。

a. 旋入对中冲杆 3 和 4。

b. 拉出曲轴齿轮 2。

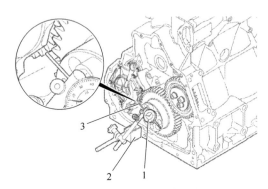

图 7-1-149　检查曲轴齿轮和齿圈（外转子）齿隙

1—千分表；2—千分表支架；3—齿圈（外转子）

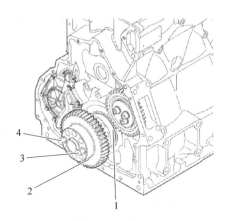

图 7-1-150　拆卸曲轴齿轮

1—曲轴；2—曲轴齿轮；3，4—对中冲杆

c. 旋出对中冲杆 3 和 4。

d. 清洁曲轴齿轮 2 和曲轴 1 的接触面。

③ 检查齿圈（外转子）轴向间隙（图 7-1-151）。

a. 安装带千分表 3 的千分表支架 1 及定位销。

b. 用一定的预紧力将定位销安装到齿圈（外转子）2 上。

c. 朝向曲轴箱压入齿圈（外转子）2。

d. 千分表 3 调零。

e. 朝向机油泵盖板拉出齿圈（外转子）2 并读取表上差值（轴向间隙）。若轴向间隙超出公差范围，应安装新的机油泵。

④ 检查齿圈（外转子）径向间隙（图 7-1-152）。

a. 安装带千分表 1 的千分表支架 3 及定位销。

b. 用一定的预紧力将定位销安装到齿圈（外转子）2 上。

c. 水平推动齿圈（外转子）2 至端部。

d. 千分表 1 调零。

e. 朝向千分表 1 将齿圈（外转子）2 拉至端部并读取表上差值（径向间隙）。若径向间隙超出公差范围，应安装新的机油泵。

（2）机油泵的拆卸

① 拆除机油泵盖板（图 7-1-153）。

a. 旋出安装螺栓 1。

b. 从曲轴箱 3 上拆除机油泵盖板 2。

② 拆卸机油泵（图 7-1-154）。

从曲轴箱 3 上拆除齿圈（外转子）1 和机油泵小齿轮（内转子）2。

③ 拆卸机油泵小齿轮（内转子）轴（图 7-1-155）。

a. 旋出安装螺栓 1。

b. 从曲轴箱 4 上一起拆除机油泵小齿轮（内转子）轴 3 和 O 形圈 2。

④ 取出轴瓦（图 7-1-156）。

a. 将取出装置 2 插入轴瓦 4 并扩口。

b. 在取出装置 2 上安装管夹 3 并拧紧。

c. 安装管接头 1。

d. 将冲击提取器旋入管接头 1。

e. 用冲击提取器取出轴瓦 4。

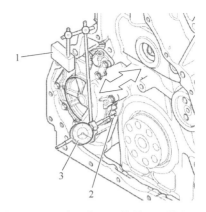

图 7-1-151　检查齿圈（外转子）轴向间隙
1—千分表支架；2—齿圈（外转子）；3—千分表

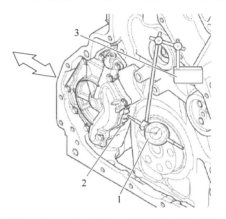

图 7-1-152　检查齿圈（外转子）径向间隙
1—千分表；2—齿圈（外转子）；3—千分表支架

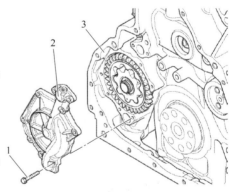

图 7-1-153　拆除机油泵盖板
1—安装螺栓；2—机油泵盖板；3—曲轴箱

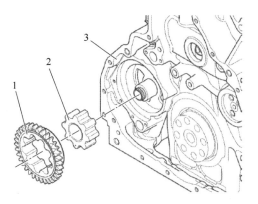

图 7-1-154　拆卸机油泵

1—齿圈（外转子）；2—机油泵小齿轮
（内转子）；3—曲轴箱

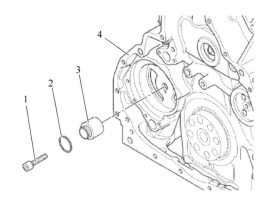

图 7-1-155　拆卸机油泵小齿轮（内转子）轴

1—安装螺栓；2—O 形圈；3—机油泵小齿轮
（内转子）轴；4—曲轴箱

（3）机油泵零件尺寸的检查

① 检查齿圈（外转子）轴承的外径（图 7-1-157）。

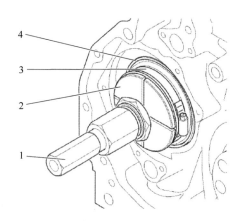

图 7-1-156　取出轴瓦

1—管接头；2—取出装置；3—管夹；4—轴瓦

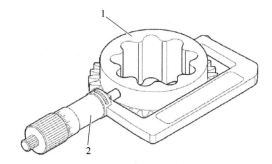

图 7-1-157　检查齿圈（外转子）轴承的外径

1—齿圈（外转子）；2—千分尺

a. 清洁齿圈（外转子）1。

b. 使用千分尺 2 检查齿圈（外转子）1 轴承的外径。若外径超出公差范围，应安装新的机油泵。

② 检查齿圈（外转子）的高度（图 7-1-158）。

a. 清洁齿圈（外转子）2。

b. 使用电子深度规 1 检查齿圈（外转子）2 的高度。若高度超出公差范围，应安装新的机油泵。

③ 检查机油泵小齿轮（内转子）的内径（图 7-1-159）。

a. 清洁机油泵小齿轮（内转子）2。

b. 使用千分表 1 和内径卡规检查机油泵小齿轮（内转子）2 的内径。若内径超出公差范围，应安装新的机油泵。

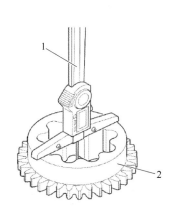

图 7-1-158　检查齿圈（外转子）的高度

1—电子深度规；2—齿圈（外转子）

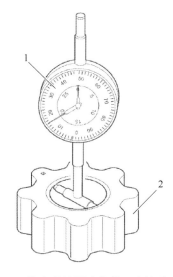

图 7-1-159　检查机油泵小齿轮（内转子）的内径

1—千分表；2—机油泵小齿轮（内转子）

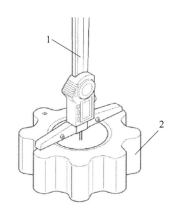

图 7-1-160　检查机油泵小齿轮（内转子）的高度

1—电子深度规；2—机油泵小齿轮（内转子）

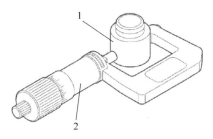

图 7-1-161　检查机油泵
小齿轮（内转子）轴的外径

1—机油泵小齿轮（内转子）轴；2—千分尺

② 安装机油泵小齿轮（内转子）轴（图 7-1-155）。

④ 检查机油泵小齿轮（内转子）的高度（图 7-1-160）

a. 清洁机油泵小齿轮（内转子）2。

b. 使用电子深度规 1 检查机油泵小齿轮（内转子）2 的高度。

若高度超出公差范围，应安装新的机油泵。

⑤ 检查机油泵小齿轮（内转子）轴的外径（图 7-1-161）。

a. 清洁机油泵小齿轮（内转子）轴 1。

b. 使用千分尺 2 检查机油泵小齿轮（内转子）轴 1 的外径。若外径超出公差范围，应安装新的机油泵。

（4）机油泵的安装

① 压入轴瓦。

a. 清洁螺纹主轴 1，清洁曲轴箱中螺纹主轴 1 的接触面，使用专用工具旋入螺纹主轴 1 并拧紧（图 7-1-162）。

b. 一起插入导板 2 和轴瓦 1，使副支架 3 滑入机油泵孔 4（图 7-1-163）。

c. 通过旋上六角螺母 1 压入轴瓦 3 直至受到阻碍，拆除专用工具 2（图 7-1-164）。

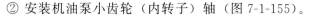

图 7-1-162　旋入螺纹主轴

1—螺纹主轴

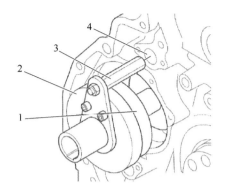

图 7-1-163　固定导板

1—轴瓦；2—导板；3—副支架；4—机油泵孔

a. 在新的 O 形圈上涂一薄层清洁的发动机机油，同机油泵小齿轮（内转子）轴一起插入曲轴箱。

b. 旋入并拧紧新的安装螺栓。

③ 安装机油泵（图 7-1-165）。

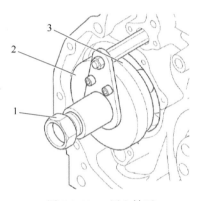

图 7-1-164　压入轴瓦

1—六角螺母；2—专用工具；3—轴瓦

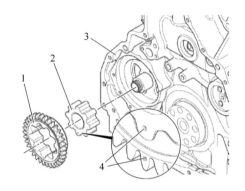

图 7-1-165　安装机油泵

1—齿圈（外转子）；2—机油泵小齿轮
（内转子）；3—曲轴箱；4—标记

a. 在齿圈（外转子）1 的承载面和机油泵小齿轮（内转子）2 上涂清洁的发动机机油。

b. 将齿圈（外转子）1 插入曲轴箱 3。

c. 在轴上滑动机油泵小齿轮（内转子）2 使标记 4 可见。

④ 安装机油泵盖板（图 7-1-153）。

旋入新的安装螺栓并拧紧至规定力矩。

7.1.8.3　曲轴前油封的更换

辅助工作：

拆除和安装风扇；

拆除和安装减振器。

（1）曲轴前油封的拆卸（图 7-1-166）

a. 将导板 3 和压力盘及平头螺栓 1 一起安装到曲轴上。

b. 和六角螺母一起，将螺纹心轴 6 旋入十字盘 5。

c. 将第二个六角螺母旋到螺纹心轴 6 上并用其固定。

d. 将钩 4 穿过十字盘 5 平板插入曲轴前油封 2 和曲轴之间。

e. 旋转钩 4 90°使其凹口向外。

f. 在十字盘 5 上平稳握住六角螺母。

g. 通过旋入螺纹心轴 6 取出曲轴前油封 2。

h. 拆除专用工具。

（2）曲轴前油封的安装

① 定位曲轴前油封。

a. 使用合适的工具小心地将盘从传输套筒 3 中分离出来（图 7-1-167）。

b. 用平头螺栓将导板 4 安装到曲轴 1 上。

c. 用传输套筒 3 定位曲轴前油封 2 并将其推到导板 4 上。

d. 拆除传输套筒 3。

② 安装曲轴前油封（图 7-1-168）。

a. 和垫圈一起，将压入衬套 2 推到导板上。

b. 将六角凸缘螺母 3 旋到螺纹心轴 4 上。

c. 将六角螺母旋到螺纹心轴 4 上。

d. 将第二个六角螺母旋到螺纹心轴 4 上并用其固定。

e. 和垫圈一起，将螺纹心轴 4 旋入导板。

f. 在螺纹心轴 4 上平稳握住六角螺母。

g. 通过旋入六角凸缘螺母 3 压入曲轴前油封 1 直至带垫圈的压入衬套 2 处于导板上。

h. 拆除专用工具。

7.1.8.4　曲轴后油封的更换

辅助工作：

拆除和安装飞轮。

（1）曲轴后油封的拆卸

使用冲击提取器 1 和拉拔钩 2 将曲轴后油封 3 从飞轮壳中取出（图 7-1-169）。

（2）曲轴后油封的安装

a. 将导向衬套 4 推入曲轴（图 7-1-170）。

b. 组装挤压盘 6，插入手柄 1 和垫圈 2。

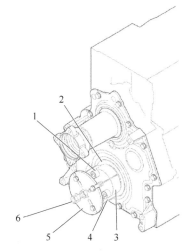

图 7-1-166　拆卸曲轴前油封

1—平头螺栓；2—曲轴前油封；3—导板；4—钩；
5—十字盘；6—螺纹心轴

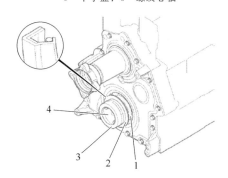

图 7-1-167　定位曲轴前油封

1—曲轴；2—曲轴前油封；3—传输套筒；4—导板

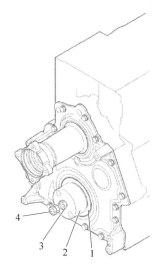

图 7-1-168　安装曲轴前油封

1—曲轴前油封；2—压入衬套；3—六角
凸缘螺母；4—螺纹心轴

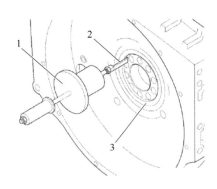

图 7-1-169　拆卸曲轴后油封

1—冲击提取器；2—拉拔钩；3—曲轴后油封

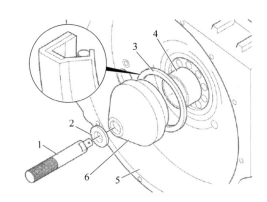

图 7-1-170　安装曲轴后油封

1—手柄；2—垫圈；3—曲轴后油封；

4—导向衬套；5—飞轮壳；6—挤压盘

c. 将曲轴后油封 3 的封闭面装在专用工具上。

d. 将专用工具推到导向衬套 4 上。

e. 将曲轴后油封 3 压入飞轮壳 5 直至挤压盘 6 处于导向衬套 4 上。

f. 拆除专用工具。

7.1.9　曲柄连杆机构

7.1.9.1　减振器的拆装

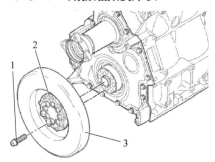

图 7-1-171　拆下减振器

1—安装螺栓；2—轮毂；3—减振器

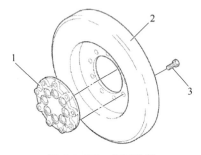

图 7-1-172　拆下轮毂

1—轮毂；2—减振器；3—安装螺栓

辅助工作：

拆除和安装风扇。

（1）减振器的拆卸

a. 安装发动机曲轴旋转装置。

b. 用套筒旋下安装螺栓 1（图 7-1-171）。

c. 从曲轴齿轮上将减振器 3 和轮毂 2 一起拆下。

d. 旋出安装螺栓 3（图 7-1-172）。

e. 从减振器 2 上拆下轮毂 1。

（2）减振器的安装

a. 将轮毂插入减振器（图 7-1-172）。

b. 旋入安装螺栓并拧紧至规定力矩。

c. 安装减振器并旋入安装螺栓，拧紧螺栓至规定力矩（图 7-1-171）。

d. 拆除发动机曲轴旋转装置。

7.1.9.2　飞轮的拆装

辅助工作：

拆除和安装曲轴后油封。

（1）飞轮的拆卸

① 旋出飞轮安装螺栓。

a. 将专用工具 1 装在需要拆下的安装螺栓上（图 7-1-173）。

b. 旋出安装螺栓。

c. 旋出对角的安装螺栓 1（图 7-1-174）。

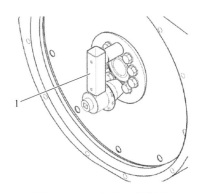

图 7-1-173　旋出安装螺栓

1—专用工具

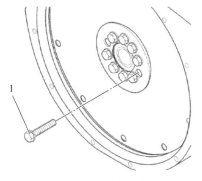

图 7-1-174　旋出对角的安装螺栓

1—安装螺栓

② 安装对中冲杆。

a. 旋入对中冲杆 1 和 2（图 7-1-175）。

b. 旋出其余安装螺栓。

③ 拉出飞轮。

从对中冲杆上拉出飞轮 1（图 7-1-176）。

（2）飞轮的检查

a. 清洁飞轮。

b. 检查飞轮是否有裂纹，如有必要更换新飞轮。

c. 检查摩擦面 1 是否有烧蚀和磨损迹象，如有必要更换新飞轮（图 7-1-177）。

d. 检查飞轮齿圈 2 的磨损情况，如有必要更换新飞轮。

e. 使用电子深度规 2 和测量附件 3 检查飞轮壁与摩擦面 1 之间的尺寸（图 7-1-178）。若尺寸超出公差范围，应安装新的飞轮。

（3）飞轮的安装

a. 将飞轮和曲轴齿轮定位销对齐。

b. 将飞轮安装到对中冲杆上（图 7-1-176）。

c. 旋入新的飞轮安装螺栓，旋出对中冲杆，再旋入其余安装螺栓（图 7-1-173）。

d. 使用专用工具拧紧安装螺栓至初始力矩。

e. 使用专用工具拧紧安装螺栓至转角 $180°+10°$。

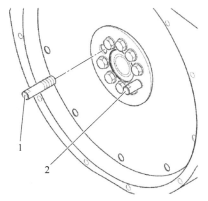

图 7-1-175　安装对中冲杆

1，2—对中冲杆

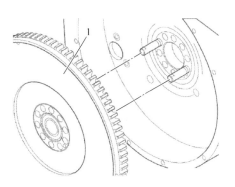

图 7-1-176　拉出飞轮

1—飞轮

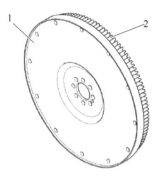

图 7-1-177 检查飞轮磨损情况

1—摩擦面；2—飞轮齿圈

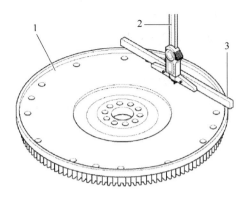

图 7-1-178 检查飞轮壁与摩擦面之间的尺寸

1—摩擦面；2—电子深度规；3—测量附件

7.1.9.3 活塞和连杆的拆装与检查

辅助工作：

拆除和安装发动机控制单元；

拆除和安装冷却水弯管；

拆除和安装排气歧管；

拆除和安装进气管；

拆除和安装涡轮增压器；

拆除和安装气缸盖；

检查和设定气门间隙；

拆除和安装喷油器和共轨组件；

拆除和安装燃油供给中心；

拆除和安装机油模块；

拆除和安装油底壳和吸油管。

（1）连杆的检查

① 检查连杆轴向间隙（图 7-1-179）。

a. 将带千分表 1 的千分表支架 2 和定位销安装到曲轴箱 3 上。

b. 用一定的预紧力将定位销安装到连杆 4 上。

c. 朝向飞轮壳将连杆 4 水平推至端部。

d. 千分表 1 调零。

e. 朝向千分表 1 将连杆 4 拉至端部，读取表上差值。

f. 对其余连杆重复此程序。若轴向间隙超出公差范围，应检查连杆的宽度。

② 检查连杆径向间隙（图 7-1-180）。

a. 将带千分表 2 的千分表支架 1 和定位销安装到曲轴箱 3 上。

b. 用一定的预紧力将定位销安装到连杆 4 上。

c. 将连杆 4 垂直向下压入底部。

d. 千分表 2 调零。

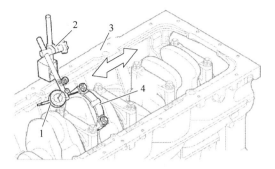

图 7-1-179　检查连杆轴向间隙

1—千分表；2—千分表支架；3—曲轴箱；4—连杆

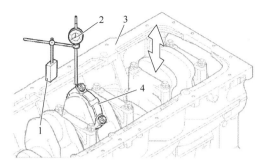

图 7-1-180　检查连杆径向间隙

1—千分表支架；2—千分表；3—曲轴箱；4—连杆

e. 朝向千分表 2 将连杆 4 向上拉至顶部，读取表上差值。

f. 对其余连杆重复此程序。若径向间隙超出公差范围，应检查连杆瓦和轴颈。

（2）活塞和连杆的拆卸

① 拆除连杆盖（图 7-1-181）。

a. 标记连杆盖 2 和连杆瓦 1 的安装位置和排列顺序。

b. 旋出连杆螺栓 3。

c. 一起拆除连杆盖 2 和连杆瓦 1。

② 拉出活塞（图 7-1-182）。

a. 从气缸套 4 中一起拉出活塞 1 和连杆 2。

b. 标记连杆 2 和连杆瓦 3 的安装位置和排列顺序。

c. 从连杆 2 中拆除连杆瓦 3。

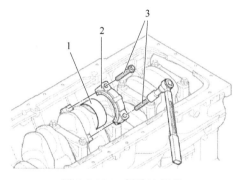

图 7-1-181　拆除连杆盖

1—连杆瓦；2—连杆盖；3—连杆螺栓

③ 拆卸活塞销（图 7-1-183）。

a. 标记活塞 1、活塞销 5 和连杆 3 的相对位置。

b. 拆除弹簧挡圈 2 和 4。

c. 将活塞销 5 压出活塞 1。

d. 从连杆 3 上取下活塞 1。

（3）活塞销直径的检查

使用千分尺 1 测量活塞销 2 的直径（图 7-1-184）。若直径超出公差范围，应安装新的带活塞销的活塞。

（4）活塞环轴向间隙的检查

使用塞尺 1 测量活塞环 2 和 3 与活塞 4 之

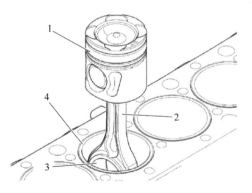

图 7-1-182　拉出活塞

1—活塞；2—连杆；3—连杆瓦；4—气缸套

间的轴向间隙（图 7-1-185）。若轴向间隙超出公差范围，应安装新的带活塞环的活塞 4。

（5）活塞环的拆卸

a. 设定活塞环安装钳 1（图 7-1-186）。

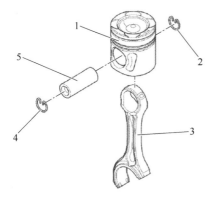

图 7-1-183　拆卸活塞销

1—活塞；2，4—弹簧挡圈；3—连杆；5—活塞销

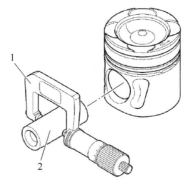

图 7-1-184　检查活塞销直径

1—千分尺；2—活塞销

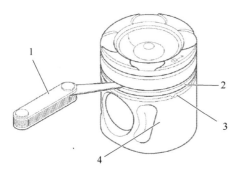

图 7-1-185　检查活塞环轴向间隙

1—塞尺；2，3—活塞环；4—活塞

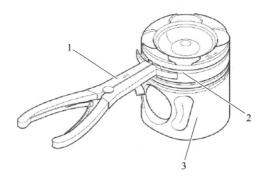

图 7-1-186　拆卸活塞环

1—活塞环安装钳；2—活塞环；3—活塞

b. 使用活塞环安装钳 1 将活塞环 2 从活塞 3 上拆除。

c. 小心地清洁活塞环凹槽。

（6）活塞环开口间隙的检查

注意：只有在气缸套内径正确时才允许检查活塞环开口间隙，否则会产生错误的活塞环开口间隙数据。

a. 均匀地将活塞环 3 插入气缸套 1（图 7-1-187）。

b. 使用电子深度规测量活塞环 3 的平均插入深度。

c. 对不同的插入深度重复测量其平

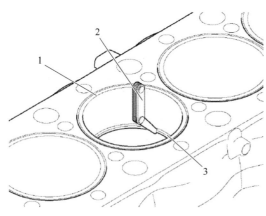

图 7-1-187　检查活塞环开口间隙

1—气缸套；2—塞尺；3—活塞环

均值。

d. 使用塞尺 2 测量活塞环开口间隙。若开口间隙超出公差范围，应安装新的活塞环。

（7）连杆和连杆瓦的检查

① 正确匹配连杆和连杆盖（图 7-1-188）。

注意：不正确地匹配连杆和连杆盖会导致部件损坏。

检查连杆 3 和连杆盖 4 上的配对编号 1 和 2，确保连杆和连杆盖正确匹配。

② 检查连杆瓦内径（图 7-1-189）。

a. 将连杆上瓦插入连杆 4。

b. 将连杆下瓦插入连杆盖 1。

c. 旋入连杆螺栓并拧紧至初始力矩 100N·m。

d. 使用千分表 2 和内径卡规 3 测量连杆瓦内径。若内径超出公差范围，应安装新的连杆瓦。

③ 检查活塞销衬套内径（图 7-1-190）。

使用内径卡规 3 和千分表 2 检查活塞销衬套内径。若内径超出公差范围，应安装新的连杆。

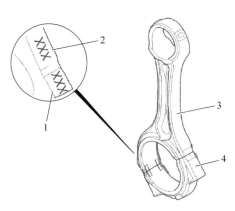

图 7-1-188　正确匹配连杆和连杆盖

1，2—配对编号；3—连杆；4—连杆盖

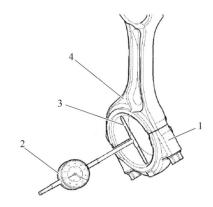

图 7-1-189　检查连杆瓦内径

1—连杆盖；2—千分表；3—内径卡规；4—连杆

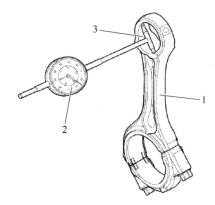

图 7-1-190　检查活塞销衬套内径

1—连杆；2—千分表；3—内径卡规

④ 检查连杆宽度（图 7-1-191）

检查连杆的宽度 A。若宽度超出公差范围，应安装新的连杆。

（8）活塞和连杆的安装

① 安装活塞环（图 7-1-186）。

使用活塞环安装钳将活塞环插入活塞相应的活塞环凹槽中，保证 TOP 标记朝向活塞顶部。

② 安装活塞销（图 7-1-183）。

在活塞的凹槽中安装新的弹簧挡圈。

③ 安装连杆瓦（图 7-1-192）。

a. 清洁连杆瓦和连杆盖的接触面。

b. 将连杆下瓦插入连杆盖使凸缘 1 嵌入凹口 4 中。

c. 将连杆上瓦插入连杆使凸缘 2 嵌入凹口 3 中。

d. 使用调整工具，对齐连杆瓦和连杆盖。

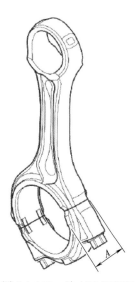

图 7-1-191　检查连杆宽度

④ 安装活塞（图 7-1-193）。

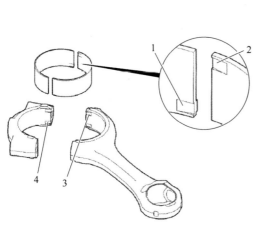

图 7-1-192　安装连杆瓦

1，2—凸缘；3，4—凹口

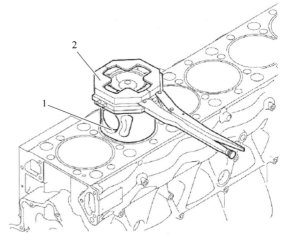

图 7-1-193　安装活塞

1—活塞；2—活塞环夹钳

注意：在活塞表面有一个安装箭头，安装时该箭头必须指向水泵。

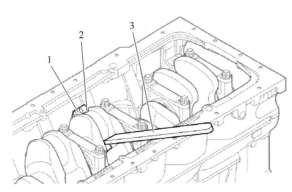

图 7-1-194　检查连杆布置

1—连杆；2—连杆瓦；3—调整工具

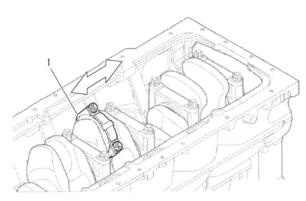

图 7-1-195　检查连杆间隙

1—连杆

a. 转动曲轴至 TDC（上止点）。

b. 使活塞环开口相互错开 120°。

c. 在活塞 1 和气缸套上涂清洁的发动机机油。

d. 将活塞环夹钳 2 装在活塞 1 上并夹住。

e. 和连杆一起，将活塞 1 推入气缸套，直至将活塞推出活塞环夹钳 2。

f. 推入活塞 1，直至带连杆瓦的连杆位于曲轴上。

⑤ 检查连杆布置（图 7-1-194）。

检查连杆 1 中连杆瓦 2 的布置，若有必要，使用调整工具 3 调整。

⑥ 安装连杆盖（图 7-1-181）。

a. 旋入新的连杆螺栓并拧紧至初始力矩。

b. 拧紧连杆螺栓至 90°+10°转角。

⑦ 检查连杆间隙（图 7-1-195）。

通过沿发动机纵向移动连杆 1 来检查连杆间隙。若连杆 1 不能自由移动，应检查连杆和连杆盖是否正确匹配。检查连杆瓦，若安装了错误的连杆瓦，应用新的替换。

⑧ 检查活塞凸出量（图7-1-196）。

a. 将活塞2移动至上止点。

b. 安装带千分表支架1的千分表4，并用一定的预紧力将定位销3安装到曲轴箱5上。

c. 千分表4调零。

d. 将带千分表支架1的千分表4以及定位销3固定在活塞2上并读取表上差值（凸出量）。若凸出量超出公差范围，应修理或更换活塞。

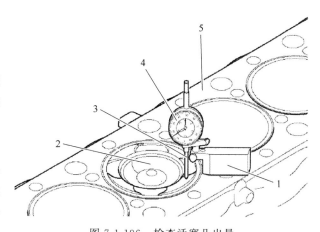

图7-1-196　检查活塞凸出量

1—千分表支架；2—活塞；3—定位销；4—千分表；5—曲轴箱

7.1.9.4　曲轴的拆装与检查

辅助工作：

拆除和安装发动机控制单元；

拆除和安装冷却水弯管；

拆除和安装节温器；

拆除和安装节温器壳；

拆除和安装分配器壳；

拆除和安装起动机；

拆除和安装带传动装置；

拆除和安装排气歧管；

拆除和安装涡轮增压器；

拆除和安装气缸盖；

检查和设定气门间隙；

拆除和安装喷油器和共轨组件；

拆除和安装燃油供给中心；

拆除和安装前驱动齿轮；

拆除和安装后正时齿轮；

拆除和安装机油模块；

拆除和安装油底壳和吸油管；

拆除和安装前盖板；

拆除和安装减振器；

拆除和安装活塞和连杆。

（1）曲轴轴向间隙的检查

a. 安装带千分表2的千分表支架3，并用一定的预紧力将定位销安装到曲轴1上（图7-1-197）。

b. 朝向飞轮壳将曲轴1水平推入端部。

c. 千分表2调零。

d. 朝向千分表 2 将曲轴 1 拉至端部，读取表上差值。若轴向间隙超出了公差范围，应安装合适的止推垫片。

（2）曲轴的拆卸

a. 标记曲轴瓦盖的安装位置和排列顺序。

b. 使用专用工具 1 旋出安装螺栓（图 7-1-198）。

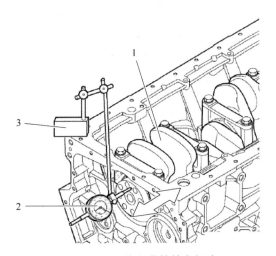

图 7-1-197　检查曲轴轴向间隙

1—曲轴；2—千分表；3—千分表支架

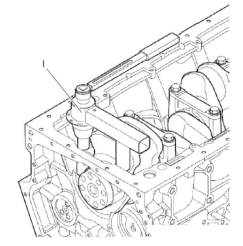

图 7-1-198　旋出曲轴瓦盖安装螺栓

1—专用工具

c. 一起拆除曲轴瓦盖 4 和上止推垫片 2、3（图 7-1-199）。

d. 标记上曲轴瓦 1 的安装位置和排列顺序，然后拆除（图 7-1-200）。

e. 重复此程序直至拆下所有上曲轴瓦。

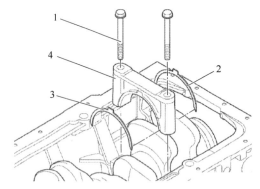

图 7-1-199　拆卸曲轴瓦盖和上止推垫片

1—安装螺栓；2，3—上止推垫片；4—曲轴瓦盖

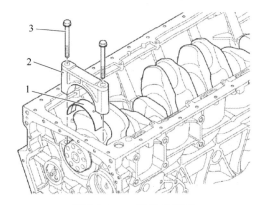

图 7-1-200　拆卸曲轴瓦

1—上曲轴瓦；2—曲轴瓦盖；3—安装螺栓

f. 使用支架拆除曲轴。

注意：不要使用钢缆或其他有锐利边缘的工具抬出曲轴。

g. 将曲轴 2 抬出曲轴箱 1（图 7-1-201）。

h. 标记下曲轴瓦的安装位置和排列顺序，然后将其从曲轴箱 1 中拆除。

i. 从瓦座 1 上拆除下止推垫片 2 和 3（图 7-1-202）。

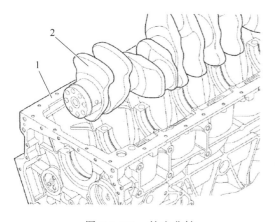

图 7-1-201　抬出曲轴

1—曲轴箱；2—曲轴

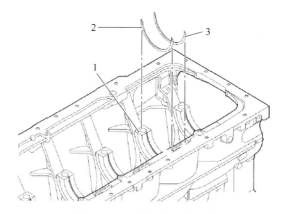

图 7-1-202　拆卸下止推垫片

1—瓦座；2—下止推垫片

（3）曲轴瓦内径和曲轴轴径外径的检查

① 检查曲轴瓦内径（图 7-1-203）。

a. 将上、下曲轴瓦插入瓦座。

b. 安装曲轴瓦盖 3。

c. 旋入安装螺栓并拧紧至初始力矩 50N・m。

d. 使用内径卡规 2 和千分表 1 测量曲轴瓦。

e. 每次偏移 120°重复测量数次。

f. 检查后再次拆除曲轴瓦盖 3。若内径超出公差范围，应安装新的曲轴瓦。

② 检查曲轴连杆轴颈外径（图 7-1-204）。

a. 清洁曲轴连杆轴颈。

b. 使用千分尺 1 测量曲轴连杆轴颈外径。

c. 每次偏移 120°重复测量数次。若外径超出公差范围，应安装新的曲轴。

③ 检查曲轴主轴颈外径（图 7-1-205）。

a. 清洁曲轴主轴颈。

b. 使用千分尺 1 测量曲轴主轴颈。

c. 每次偏移 120°重复测量数次。若外径超出公差范围，应安装新的曲轴。

（4）曲轴的安装

a. 在曲轴瓦上涂清洁的发动机机油。

b. 将曲轴下瓦插入瓦座并用调整工具对齐。

c. 确定将要使用的下止推垫片。

d. 在下止推垫片上涂清洁的发动机机油。

e. 将下止推垫片插入瓦座使油槽面向曲轴。

f. 将曲轴放入曲轴箱。

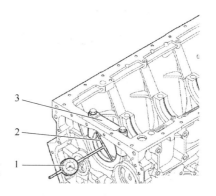

图 7-1-203　检查曲轴瓦内径

1—千分表；2—内径卡规；3—曲轴瓦盖

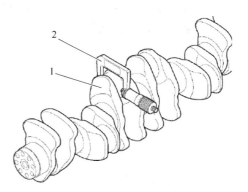

图 7-1-204　检查曲轴连杆轴颈外径

1—千分尺

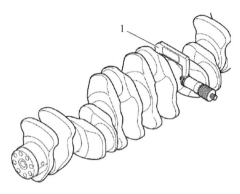

图 7-1-205　检查曲轴主轴颈外径

1—千分尺

g. 在上曲轴瓦和上止推垫片上涂清洁的发动机机油。

h. 将上曲轴瓦插入曲轴瓦盖并用调整工具对齐。

i. 将上止推垫片插入曲轴瓦盖使油槽面向曲轴。

j. 安装曲轴瓦盖。

k. 旋入新的安装螺栓并拧紧至初始力矩。

l. 拧紧安装螺栓至第二力矩。

m. 检查曲轴，确保其能自由移动。若曲轴不能旋转或旋转时受到阻碍，应和曲轴瓦一起拆除曲轴。重新检查曲轴和曲轴瓦，如有必要，安装新的曲轴或曲轴瓦。

n. 使用专用工具拧紧安装螺栓至第三力矩后再进行 90°转角。

7.1.9.5　前驱动齿轮的检查与拆装

辅助工作：

拆除和安装风扇；

拆除和安装风扇托架；

拆除和安装冷却水弯管；

拆除和安装节温器；

拆除和安装节温器壳；

拆除和安装分配器壳；

拆除和安装带传动装置；

拆除和安装高压油泵/高压油泵驱动装置；

拆除和安装曲轴前油封；

拆除和安装前盖板；

拆除和安装减振器。

（1）前驱动齿轮间隙的检查

① 固定曲轴齿轮（图 7-1-206）。

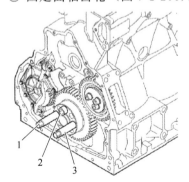

图 7-1-206　固定曲轴齿轮

1，3—对中冲杆；2—安装螺栓

a. 旋入对中冲杆 1 和 3。

b. 旋入并拧紧安装螺栓 2。

② 检查曲轴齿轮和高压油泵驱动中间齿轮齿隙（图 7-1-207）。

a. 安装带千分表 3 的千分表支架 4，以一定的预紧力将定位销安装到中间齿轮 1 上。

b. 检查曲轴齿轮 2 和中间齿轮 1 齿隙。若齿隙超出公差范围，应安装新的曲轴齿轮和中间齿轮。

③ 检查高压油泵驱动中间齿轮的轴向间隙（图 7-1-208）

a. 安装带千分表 3 的千分表支架 2，以一定的预紧力将定位销安装到中间齿轮 1 上。

b. 将中间齿轮 1 推至端部。

c. 千分表 3 调零。

d. 将中间齿轮 1 朝向千分表 3 拉至端部并读取表上差值。若轴向间隙超出公差范围，应检查中间齿轮和中间齿轮轴。

④ 检查高压油泵驱动中间齿轮的径向间隙（图 7-1-209）。

a. 安装带千分表 2 的千分表支架 1，以一定的预紧力将定位销安装到中间齿轮 3 上。

b. 将中间齿轮 3 推至端部。

c. 千分表 2 调零。

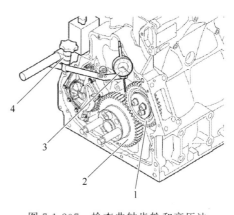

图 7-1-207　检查曲轴齿轮和高压油泵驱动中间齿轮齿隙
1—中间齿轮；2—曲轴齿轮；3—千分表；
4—千分表支架

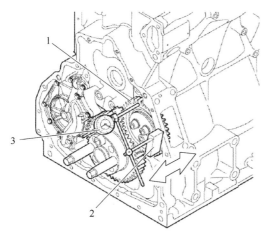

图 7-1-208　检查高压油泵驱动中间齿轮的轴向间隙
1—中间齿轮；2—千分表支架；3—千分表

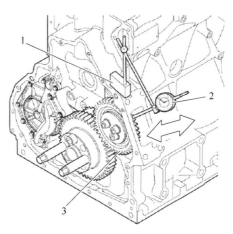

图 7-1-209　检查高压油泵驱动中间齿轮的径向间隙
1—千分表支架；2—千分表；3—中间齿轮

d. 将中间齿轮 3 朝向千分表 2 拉至端部并读取表上差值。若径向间隙超出公差范围，应检查中间齿轮和中间齿轮轴。

（2）前驱动齿轮的拆检

① 拆卸曲轴齿轮。

a. 旋出安装螺栓 1（图 7-1-210）。

b. 拉出曲轴齿轮 2（图 7-1-211）。

c. 旋出对中冲杆 3 和 4。

d. 清洁曲轴齿轮 2 和曲轴 1 的接触面。

② 拆卸高压油泵驱动中间齿轮（图 7-1-212）。

a. 旋出安装螺栓 2。

b. 一起拉出中间齿轮 1 和中间齿轮轴 3。

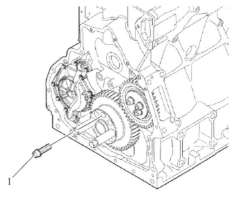

图 7-1-210　旋出安装螺栓
1—安装螺栓

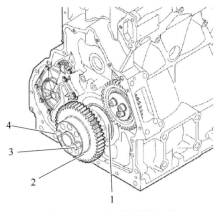

图 7-1-211　拆卸曲轴齿轮

1—曲轴；2—曲轴齿轮；3，4—对中冲杆

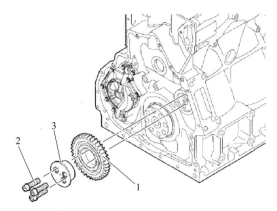

图 7-1-212　拆卸高压油泵驱动中间齿轮

1—中间齿轮；2—安装螺栓；3—中间齿轮轴

③ 检查高压油泵驱动中间齿轮的高度（图 7-1-213）。

a. 清洁中间齿轮。

b. 测量中间齿轮的高度 A。若高度超出公差范围，应安装新的中间齿轮。

④ 检查高压油泵驱动中间齿轮的内径（图 7-1-214）。

图 7-1-213　检查高压油泵驱动中间齿轮的高度

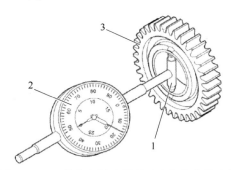

图 7-1-214　检查高压油泵驱动中间齿轮的内径

1—内径卡规；2—千分表；3—中间齿轮

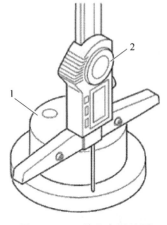

图 7-1-215　检查高压油泵
驱动中间齿轮轴的高度

1—中间齿轮轴；2—电子深度规

a. 清洁中间齿轮 3。

b. 使用千分表 2 和内径卡规 1 测量中间齿轮 3 的内径。若内径超出公差范围，应安装新的中间齿轮。

⑤ 检查高压油泵驱动中间齿轮轴的高度（图 7-1-215）。

a. 清洁中间齿轮轴 1。

b. 使用电子深度规 2 测量中间齿轮轴 1 的高度。若高度超出公差范围，应安装新的中间齿轮轴。

⑥ 检查高压油泵驱动中间齿轮轴的外径（图 7-1-216）。

使用千分尺 2 测量中间齿轮轴 1 的外径。若外径超出公差范围，应安装新的中间齿轮轴。

（3）前驱动齿轮的安装

a. 安装中间齿轮（图 7-1-212），拧紧安装螺栓 1 至规定力矩（图 7-1-217）。

b. 安装曲轴齿轮（图 7-1-211）。

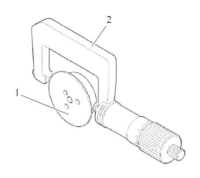

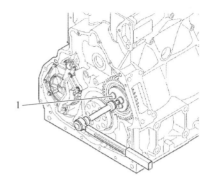

图 7-1-216　检查高压油泵驱动中间齿轮轴的外径
1—中间齿轮轴；2—千分尺

图 7-1-217　拧紧安装螺栓
1—安装螺栓

7.1.10　国六后处理系统

（1）箱式后处理器 DPF（颗粒捕集器）的拆装

① 拆卸 DPF。

a. 旋下上装饰罩固定螺栓，拆卸上装饰罩（图 7-1-218）。

图 7-1-218　拆卸上装饰罩

b. 旋下装饰罩支架固定螺栓，拆卸装饰罩支架（图 7-1-219）。

c. 拆卸压差传感器硬管接头（图 7-1-220）。

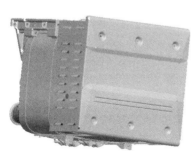

图 7-1-219　拆卸装饰罩支架

图 7-1-220　拆卸压差传感器硬管接头

d. 松开导流罩上下两个卡箍，取下导流罩（图 7-1-221）。

图 7-1-221　取下导流罩

e. 取出 DPF 总成。

② 安装 DPF。

a. 安装两个垫片到 DPF 总成法兰两侧。

b. 将 DPF 总成插入 DPF 套筒（图 7-1-222）。

c. 安装垫片到导流腔管接口处（图 7-1-223）。

d. 安装导流罩，预装卡箍。

e. 对齐卡箍并与法兰配合整齐。

图 7-1-222　将 DPF 总成插入 DPF 套筒

f. 拧紧小卡箍和大卡箍到初始力矩。

g. 用软头锤均匀敲击卡箍外围（图 7-1-224）。

图 7-1-223　安装垫片到导流腔管接口处

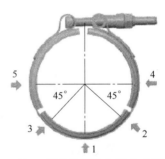

图 7-1-224　用软头锤均匀敲击卡箍外围

h. 拧紧小卡箍和大卡箍到最终力矩。

i. 装配压差传感器硬管接头。

j. 安装装饰罩支架和上装饰罩。

（2）U 型后处理器 DPF（颗粒捕集器）的拆装（垂直于车架）

① 拆卸 DPF。

a. 旋下上装饰罩固定螺栓，拆卸上装饰罩（图 7-1-225）。

b. 拆卸尿素喷嘴、SCR（选择性催化还原装置）前排气温度传感器和压差传感器引压管（图 7-1-226）。

c. 拆卸 DPF 总成固定拉带（图 7-1-227）。

d. 松开混合腔总成上下两个卡箍，取下混合腔总成（图 7-1-228）。

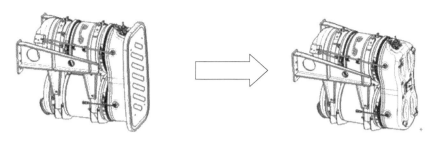

图 7-1-225　拆卸上装饰罩

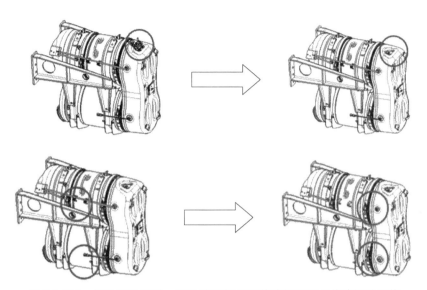

图 7-1-226　拆卸尿素喷嘴、SCR 前排气温度传感器和压差传感器引压管

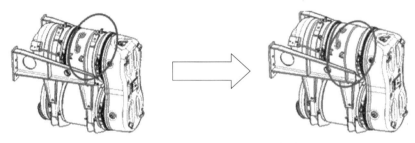

图 7-1-227　拆卸 DPF 总成固定拉带

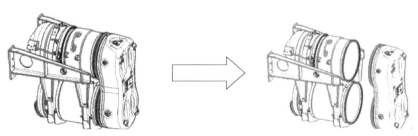

图 7-1-228　取下混合腔总成

e. 松开 DPF 固定卡箍，拆卸 DPF 总成（图 7-1-229）。

图 7-1-229　拆卸 DPF 总成

② 安装 DPF。

a. 安装密封垫到 DOC（氧化催化器）总成法兰处。

b. 安装 DPF 总成，预装卡箍。

c. 安装密封垫到混合腔总成法兰处（图 7-1-230）。

图 7-1-230　安装密封垫到混合腔总成法兰处

d. 安装混合腔总成到后处理器本体上，预装卡箍。

e. 对齐卡箍并与法兰配合整齐。

f. 拧紧三个卡箍和固定拉带到规定力矩。

g. 安装尿素喷嘴及 SCR 前排气温度传感器，安装压差传感器引压管。

h. 安装上装饰罩。

（3）U 型后处理器 DPF（颗粒捕集器）的拆装（平行于车架）

① 拆卸 DPF。

a. 旋下上装饰罩固定螺栓，拆除上装饰罩。

b. 松开 DPF 引压管接头、SCR 前排气温度传感器，并拆下混合腔的两个卡箍，拆除混合腔。

c. 拆下 DPF 与 DOC 的连接卡箍及固定 DPF 引压管的固定螺栓。

d. 取出 DPF 半封装总成。

② 安装 DPF。

a. 安装密封垫到 DPF 前端面与 DOC 连接处（图 7-1-231）。

图 7-1-231　安装密封垫

b. 将 DPF 半封装总成与 DOC 连接，并用卡箍紧固。

c. 安装密封垫至混合腔的两个卡箍连接处，并安装混合腔（图 7-1-232）。

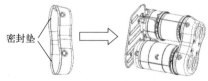

图 7-1-232　安装混合腔

d. 安装 DPF 引压管、引压管固定螺栓及 SCR 前排气温度传感器。

e. 对齐卡箍并与法兰配合整齐。

f. 拧紧三个卡箍到规定力矩。

7.2
发动机的故障诊断

7.2.1 发动机排烟异常故障诊断

柴油机正常负荷下烟色为淡灰色，短期大负荷也仅能为深灰色，当柴油机排烟为黑色、白色、蓝色时则认为烟色不正常。一般情况下，黑烟表示喷油过多，未能完全燃烧；白烟表示柴油未燃烧或柴油中有水；蓝烟表示烧机油。

（1）排气管冒黑烟

柴油机出厂时烟度经检测符合有关标准，正常使用条件下排气管不会冒黑烟，只有在超负荷工作时才会冒黑烟。如果柴油机在急速或小负荷状态运转时排气管就冒黑烟，或大负荷时冒黑烟过重，则属不正常现象。

冒黑烟的主要原因如下。

① 喷油器工作不良 喷油器雾化不良或滴油，在柴油机低速时尤为明显，转速越低冒烟越大，可用单缸断油法逐缸查找。

② 供油提前角调整不当 供油提前角过小，后燃增加，燃料不能完全燃烧，形成碳烟而排出。

③ 喷油泵供油量过大 供油量过大，所冒黑烟连续不断，而且油门越大，冒烟也越严重，可用断油法检查。

④ 空气滤清器堵塞 空气滤清器滤芯堵塞后，柴油机进气量减少，喷入气缸内同样多的柴油，没有足够的空气与之混合，柴油不能充分燃烧。

⑤ 柴油机负荷过大 汽车在加速、爬坡或柴油机超负荷时，喷入燃烧室中的柴油增加，但过多柴油和空气混合不均匀，不可避免地出现局部空气不足的燃烧，柴油在高温、高压、缺氧的情况下形成碳烟，随废气排出。

⑥ 柴油质量不好 劣质柴油，或柴油中含有其他杂质，致使燃烧不充分。

⑦ 其他 增压器工作不良，压缩比不够，气门间隙调整不当，气门黏滞或气门和气门座密封不严等。

（2）排气管冒白烟

柴油机在寒冷季节冷车启动时排气管冒白烟，若转速升高，速度上来后白烟消失，属于正常现象，但柴油机热车后，排气管仍冒白烟，则判定为柴油机工作不正常。

冒白烟的主要原因如下。

① 供油提前角过小 柴油机温度不高时，一部分燃油来不及燃烧就随废气排出，排出的柴油油雾形成白烟。

② 冷却水进入气缸　气缸盖漏水或气缸垫冲坏与水道连通，使冷却水渗入气缸，在排气时被排出形成白烟。

③ 气温低　冷车启动或喷油器有严重的滴油现象时冒白烟，此种现象在严寒地区常见。

④ 其他　柴油中有水，喷油压力过低，柴油雾化不良，进气管堵塞等。

（3）排气管冒蓝烟

柴油机排气管冒蓝烟，是机油进入燃烧室参与燃烧，而燃烧不完全呈蓝烟排出。冒蓝烟的主要原因如下。

① 油底壳油面过高　机油被曲轴和连杆大头激溅沿缸壁窜入燃烧室。

② 气门导管油封漏油　气门导管油封老化、磨损、失效，摇臂室内机油沿气门杆与导管之间进入燃烧室。

③ 增压器故障　增压器的涡轮端或压气机叶轮端密封环失效，导致烧机油。

④ 活塞环问题　活塞环装反、活塞环在气缸中对口或活塞环胶结在环槽中，机油窜入燃烧室。

⑤ 活塞与缸套间隙过大　活塞与缸套之间间隙过大造成窜机油。

⑥ 其他　怠速运转时间过长。

7.2.2　柴油机机油和冷却水异常故障诊断

（1）机油压力低

正常工作时机油压力为196～490kPa，怠速运转时机油压力不低于78kPa。机油压力低不仅使磨损急剧增加，而且还会造成烧瓦、抱轴等严重故障。

机油压力低的主要原因如下。

① 仪表问题　感应塞与机油压力表不匹配或失灵，无法正确反映油压。

② 稳压阀泄压　稳压阀开启压力为（441±49）kPa，若座面磨损或滑阀卡住，机油大量泄漏。

③ 轴瓦与轴颈配合间隙过大　曲轴瓦和凸轮轴瓦与其配合轴颈的间隙过大。

④ 机油泵泄压　机油泵限压阀弹簧弹力衰减或密封不良，过早开启泄压；机油泵齿轮、机油泵泵体和泵盖密封面磨损，使机油泵内泄漏增大，输油量减少；机油泵与进、出油管垫圈漏装、破损或连接螺栓未拧紧而漏油。

⑤ 吸油量减少　油底壳内的机油量不足或吸油盘吸入空气。

⑥ 机油问题　机油牌号选择不正确，机油变质或机油因温度升高而变稀。

⑦ 活塞冷却喷嘴故障　增压机的活塞冷却喷嘴密封垫未装或密封不严或喷嘴弹簧折断等使机油泄漏。

⑧ 其他　更换柴油机机体时，各相关配合面间隙不当，机油泄漏过多；机油滤清器内部气阻；摇臂轴两端堵头脱落；机油泵传动轴花键套磨损或打滑使机油泵转速降低。

（2）油底壳内进柴油

油底壳内进柴油的主要原因如下。

① 喷油器故障　喷油器喷嘴偶件磨损，密封锥面烧蚀，针阀卡死在开启位置，出现漏油现象。大量油滴在燃烧室内燃烧不完全或不燃烧，将会沿气缸壁渗入油底壳。

② 进气问题　进气门不能打开，或进气口堵塞，气缸内没有新鲜空气，柴油机在工作时，不断喷入气缸内的柴油不能形成可燃混合气燃烧而流入油底壳。

（3）油底壳内进水

油底壳内进水的主要原因如下。

① 气缸盖上工艺堵（碗形塞）不严密　由于工作中的振动使碗形塞松脱，或水质不好使碗形塞腐蚀，冷却水经推杆孔流入油底壳。

② 气缸孔壁穴蚀　水质不好，长时间使用后气缸孔壁腐蚀成孔，冷却水沿缸筒外壁流入油底壳。

（4）水箱内进机油

机油油路在某处与水道相通，由于柴油机工作时，机油压力高于水压，使机油进入水道，继而进入水箱。

水箱内进机油的主要原因如下。

① 机油冷却器故障　机油冷却器芯子有砂眼或焊接处开焊渗漏；装配时芯子与壳体进油口密封不严，连接螺栓松动，使机油渗漏。

② 机体或缸盖油道渗油　机体或缸盖油道内有气孔、组织疏松、砂眼等铸造缺陷，或局部产生裂纹，柴油机运转时机油进入水道。

（5）水温过高

柴油机工作时，要求冷却水温度保持在 $75\sim95\,℃$ 之间。温度过低会加速机件磨损，温度过高会引起其他故障。

水温过高的主要原因如下。

① 节温器故障　由于节温器损坏或阀芯卡滞而使主阀无法打开或开度很小，使柴油机高温水循环散热效果变差。

② 水管中有空气　柴油机启动后水管不出水或水量很少，水温不断上升。

③ 风扇皮带过松　风扇皮带与水泵泵轮之间打滑，使水泵供水量不足。

④ 缸盖螺栓拧紧力矩不够或不均　高温高压气体进入水道，水箱中冷却水喷出，柴油机加速时，更为明显。

⑤ 水箱散热面积不够　冷却水中大部分热量都要靠水箱散热片散发出去，若散热面积过小，则冷却水因散热不足而温度升高。

⑥ 供油提前角过小　若供油提前角过小，大量燃油喷入缸内较晚，速燃阶段燃烧的油量较少，后燃增加，效率降低，导致柴油机温度过高，进而使水温升高。

⑦ 其他　柴油机长期大负荷或超负荷工作。

7.2.3　柴油发动机启动异常故障诊断

（1）发动机无法启动（起动机不工作或电机无力）（表 7-2-1）

表 7-2-1　发动机无法启动（起动机不工作或电机无力）

故障原因	排除方法
蓄电池电量不足	充电或更换蓄电池
蓄电池接线端接触不良	清理、旋紧

故障原因	排除方法
电刷接触不良	清理电刷表面或更换电刷
启动电机本身故障	检修电机或更换总成
钥匙开关接触不良	检查开关并修复
摩擦离合器打滑	调整离合器工作转矩或更换总成
发动机机油黏度过高	更换推荐的机油
电气系统故障	咨询授权维修服务站

（2）发动机无法启动（起动机工作正常）（表7-2-2）

表 7-2-2　发动机无法启动（起动机工作正常）

故障原因	排除方法
电控单元连接器（插接器）未插上	插上电控单元连接器（插接器）
电控单元上没有电	用测试灯检查
显示故障代码	查阅故障代码表,寻找解决方法
输油泵进油滤网或软管等油路堵塞	清除污物,检查燃油的清洁度
油箱无油	加油
燃油滤清器堵塞	拆卸滤清器体,清除内部污物及水分,必要时更换滤芯
燃油系统内进入空气	排除空气,检查接头密封性,酌情修复
配气正时不正确	检查并调整
油箱中有水	排水
进气不畅	检查空气滤清器、进气管,酌情清理或更换
供油泵故障	更换供油泵
喷油器故障	检查喷油器雾化情况,酌情修复
高压油管漏油或损坏	修复或更换
气缸压缩压力不足	检查气门密封性、缸垫密封性、活塞环的磨损情况,酌情修理或更换
气温过低	采取启动辅助措施

（3）启动后立即熄火（表7-2-3）

表 7-2-3　启动后立即熄火

故障原因	排除方法
燃油滤清器堵塞	拆卸滤清器体,清除内部污物及水分,必要时更换滤芯
燃油系统内进入空气	排除空气,检查接头密封性,检查放气螺钉是否拧紧
燃油质量差,含水过多	清洗燃油滤清器,更换燃油
怠速过低	重新标定控制系统的怠速设定值

（4）意外停机或减速时熄火（表7-2-4）

表7-2-4　意外停机或减速时熄火

故障原因	排除方法
存在故障代码	查阅故障代码表,寻找解决方法
电控单元的供电电压过低	检查蓄电池供电线路以及控制系统电路熔丝
点火开关或其他线路出现故障	检查点火开关电路是否存在连接松动或短路的情况

7.2.4　柴油发动机异响和振动故障诊断

（1）异响（表7-2-5）

表7-2-5　发动机有异响

故障原因	排除方法
皮带松动	将皮带调整至规定的张力
发动机机油不足	添加发动机机油
燃油质量差	更换燃油
冷却水温度过低	检查节温器,必要时更换
配气正时不正确	检查并调整
机油喷嘴雾化不良	检查并调整
减振器损坏	检查连接螺栓情况,更换损坏件
气门漏气或气门间隙调整不当	拆检气门,调整气门间隙
齿轮间隙过大或轮齿断裂	修复或更换
缸套或活塞磨损或拉缸	修复或更换
活塞环磨损或断裂	修复或更换
轴瓦磨损过大	更换轴瓦
曲轴轴向间隙过大	更换止推垫片
主轴瓦(曲轴瓦)不同轴	检查并调整
增压器喘振	清除压气机气道污物及积炭
增压器密封环烧结	更换总成
增压器轴承损坏,转动件与固定件碰擦	更换总成
增压器涡轮或压气叶轮进入异物	更换总成

（2）振动（表7-2-6）

表7-2-6　发动机振动过大

故障原因	排除方法
怠速过低	重新标定控制系统的怠速设定值
发动机支承座松动或损坏	检查发动机支承座,必要时更换
风扇或附件故障	修复或更换
风扇连接法兰故障	修复或更换
减振器损坏	更换减振器

7.2.5 柴油发动机动力异常故障诊断

（1）发动机怠速喘振（表7-2-7）

表7-2-7　发动机怠速喘振

故障原因	排除方法
显示故障代码	查阅故障代码表，寻找解决方法
发动机温度过低	将发动机升温到运行温度2~3min
怠速负荷过大	降低怠速负荷
加速踏板松动	检查加速踏板，修理或更换
中冷器、连接软管和接口有泄漏	检查中冷器、连接软管和接口
进气系统泄漏	检查进气系统接口、连接软管
配气正时不正确	调整气门间隙

（2）发动机怠速粗暴（表7-2-8）

表7-2-8　发动机怠速粗暴

故障原因	排除方法
显示故障代码	查阅故障代码表，寻找解决方法
发动机温度过低	将发动机升温到运行温度2~3min
怠速负荷过大	降低怠速负荷
加速踏板松动	检查加速踏板，修理或更换
配气正时不正确	调整气门间隙
机械故障	检查曲轴、活塞、凸轮轴及其他机械部件是否损坏

（3）发动机加速性能变差（表7-2-9）

表7-2-9　发动机加速性能变差

故障原因	排除方法
显示故障代码	查阅故障代码表，寻找解决方法
加速踏板运动受阻	检修加速踏板
进气系统漏气	检查中冷器、连接软管及其接口是否漏气，酌情紧固接头，更换软管
进气不畅	检查空气滤清器、进气管，清理或更换
排气背压过高	检查排气管道有否堵塞，疏通、调修
电控单元标定错误	重新标定
进气压力传感器故障	修复或更换
增压器废气旁通阀始终打开	检查并修复
配气正时不正确	调整气门间隙

（4）发动机工作粗暴或缺火（表7-2-10）

表7-2-10　发动机工作粗暴或缺火

故障原因	排除方法
显示故障代码	查阅故障代码表，寻找解决方法
发动机温度过低	将发动机升温到运行温度2~3min

故障原因	排除方法
配气正时不正确	调整气门间隙
凸轮轴正时错误	检查凸轮轴正时齿轮位置
凸轮轴或摇臂滚轮损坏	检查凸轮轴和摇臂滚轮,酌情更换

（5）发动机功率不足（表 7-2-11）

表 7-2-11　发动机功率不足

故障原因	排除方法
显示故障代码	查阅故障代码表,寻找解决方法
加速踏板不能踩到底	检查并修复
进气不畅	检查空气滤清器、进气管,酌情清理或更换
排气背压过高	检查排气管道有否堵塞,疏通、调修
增压压力不足	检查排除管道连接处泄漏点
压气机油污多	酌情清洗或更换
增压器废气旁通阀始终打开	检查并修复
中冷器漏气或损坏	修复或更换
燃油管路漏油	检查油管及接头的密封性,修复或更换
燃油系统内进入空气	排除空气,保证管路密封性
燃油质量差	清洗油箱、滤清器及油管,更换合格的燃油
燃油滤清器堵塞	拆卸滤清器体,清除内部污物及水分,必要时更换滤芯
配气正时不正确	调整气门间隙
油底壳机油液面过高	放出多余机油
气缸垫漏气	更换损坏的气缸垫
活塞环磨损、断裂,轴瓦间隙过大	更换磨损及损坏的零件
缸套或活塞磨损或拉缸	修复或更换
进气压力传感器故障	修复或更换

（6）发动机减速过慢（表 7-2-12）

表 7-2-12　发动机减速过慢

故障原因	排除方法
显示故障代码	查阅故障代码表,寻找解决方法
制动踏板运动受阻或线路故障	检查制动踏板及其线路
减速设定值不正确	重新标定控制系统减速设定值

（7）发动机转速不稳定（表 7-2-13）

表 7-2-13　发动机转速不稳定

故障原因	排除方法
燃油质量差	清洗燃油系统,更换燃油
燃油吸油管内进入空气	检查油管及接头密封性,排除空气
机油喷嘴雾化不稳定	检查并修复
增压器喘振	检查,清洗压气机流道,清除废气通道积炭
增压器轴承损坏	更换

（8）发动机限转矩（表 7-2-14）

表 7-2-14　发动机限转矩

故障原因	排除方法
低压油路压力较大	检查油路是否堵塞,酌情更换燃油滤芯
水温过高	检查冷却系统
进气压力较低或进气阻力大	检查进气管路
排气阻力大	检查排气系统
传感器短路	检查电气线路

7.2.6　柴油发动机燃油供给系统故障诊断

（1）油量计量单元失效

故障现象

油量计量单元插头损坏（图 7-2-1）以及锈蚀（图 7-2-2）等，造成发动机工作不稳定，突然熄火，启动困难甚至无法启动。

图 7-2-1　油量计量单元插头损坏

图 7-2-2　油量计量单元锈蚀

原因分析

① 操作不当。

② 柴油清洁度差，油中颗粒物较多，造成计量阀卡滞。

③ 柴油中含有大量的水分，导致油量计量单元锈蚀。

预防措施

① 避免外力冲击，正确插拔线束插头。

② 保持油箱和低压油路清洁度，及时更换柴油滤清器。

③ 添加合格的柴油，及时排除滤清器（油水分离器）中的水分。

解决方法

更换新的油量计量单元。

（2）油量计量单元关闭不严

故障现象

发动机启动和加速时冒黑烟或工作异常。

原因分析

柴油清洁度差，油中颗粒物较多，造成油量计量单元中带控制缝隙的柱塞磨损严重，关闭不严。

预防措施

① 保持油箱和低压油路清洁度。

② 及时更换柴油滤清器。

③ 添加合格的柴油。

解决方法

更换新的油量计量单元。

（3）溢流阀卡滞

故障现象

发动机启动困难或无法启动。

原因分析

① 柴油清洁度差，油中颗粒物较多，造成溢流阀卡滞。

② 柴油中含有大量的水分，导致进油溢流阀生锈。

预防措施

① 保持油箱和低压油路清洁度。

② 及时更换柴油滤清器。

③ 添加合格的柴油；及时排除滤清器（油水分离器）中的水分。

解决方法

更换新的溢流阀。

（4）输油泵齿轮磨损严重

故障现象

发动机启动困难或动力不足。

原因分析

输油泵齿轮磨损严重，导致供油能力不足。

预防措施

① 保持油箱和低压油路清洁度。

② 及时更换柴油滤清器。

③ 添加合格的柴油，及时排除滤清器（油水分离器）中的水分。

解决方法

更换新的输油泵。

7.2.7 国六后处理系统故障诊断

（1）尿素不消耗

故障现象

车辆尿素箱内的尿素不消耗。

原因分析

① 前排气温度传感器未接好。

② 尿素喷嘴电磁阀插头未接好。

③ 前排气温度传感器故障（图 7-2-3）。

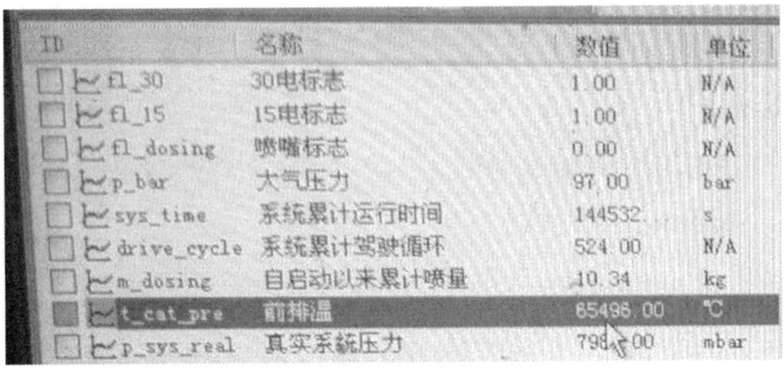

ID	名称	数值	单位
☐ ⊭ fl_30	30电标志	1.00	N/A
☐ ⊭ fl_15	15电标志	1.00	N/A
☐ ⊭ fl_dosing	喷嘴标志	0.00	N/A
☐ ⊭ p_bar	大气压力	97.00	bar
☐ ⊭ sys_time	系统累计运行时间	144532.	s
☐ ⊭ drive_cycle	系统累计驾驶循环	524.00	N/A
☐ ⊭ m_dosing	自启动以来累计喷量	10.34	kg
☐ ⊭ t_cat_pre	前排温	65496.00	℃
☐ ⊭ p_sys_real	真实系统压力	798.00	mbar

图 7-2-3　温度显示不正常

④ 因装配不当导致插接件密封失效，尿素喷嘴电磁阀短路烧坏（图 7-2-4）。

图 7-2-4　烧坏的插头

⑤ 因 DCU 程序刷写故障、电路板损坏、接头松动、针脚弯折等，尿素泵箱集成控制系统检测无压力输出。

⑥ 误调尿素喷嘴针阀升程，致使不能喷射尿素。

解决方法

① 确保接好前排气温度传感器和尿素喷嘴电磁阀插头。

② 在尿素喷嘴的回流管接头外六方处进行漆封，切勿私自调整。

③ 尿素喷嘴电磁阀短路，更换新尿素喷嘴总成。

④ 前排气温度传感器故障，更换新前排气温度传感器。

⑤ 尿素泵箱集成控制系统检测无压力输出，进一步检测尿素泵是否正常，若不正常则更换新尿素泵，若正常则更换新尿素泵箱集成控制系统，同时更换已烧坏的尿素喷嘴。

⑥ 误调尿素喷嘴针阀升程致使不能喷射尿素，更换新尿素喷嘴。

（2）尿素消耗过多

故障现象

尿素管路无泄漏，尿素消耗量却超常。

原因分析

① DCU 程序故障，导致喷嘴常喷尿素。

② 尿素溶液清洁度不好导致尿素喷嘴密封锥面密封失效，产生滴漏、常喷。

③ 未正确安装导致尿素喷嘴密封锥面密封失效，产生滴漏、常喷。

解决方法

① 升级 DCU 程序或重新刷写相同版本程序。

② 更换尿素滤清器并清洗尿素箱内部及管路，添加合格的尿素溶液。

③ 具备维修条件的维修尿素喷嘴，不具备维修条件的更换新尿素喷嘴。

（3）尿素喷嘴渗漏

故障现象

尿素喷嘴外部有白色结晶体，为尿素溶液渗出所致。

原因分析

喷嘴 O 形圈失效（图 7-2-5）。

解决方法

更换新的尿素喷嘴。

（4）尿素泵箱集成控制系统渗漏

故障现象

尿素泵箱集成控制系统有尿素溶液渗漏出来，在线束插头或进出液接头处有白色结晶体（图 7-2-6）。

图 7-2-5　喷嘴 O 形圈失效

图 7-2-6　箱体外部的白色结晶体

原因分析

① 尿素泵 O 形圈失效。

② 尿素泵箱集成控制系统内部尿素管路 O 形圈失效、连接松动等。

解决方法

① 更换尿素泵 O 形圈或更换新尿素泵。

② 旧泵箱渗漏更换为新尿素泵箱总成，新泵箱总成渗漏则更换故障零部件。

（5）消声器堵塞

故障现象

车辆动力不足，油耗高，排气背压高。

原因分析

① 消声器内部尿素结晶（图7-2-7）。

② 消声器内部陶瓷载体破损（图7-2-8）。

图 7-2-7 消声器内部尿素结晶　　　　图 7-2-8 消声器内部陶瓷载体破损

③ 消声器内部陶瓷载体表面有油污或碳烟颗粒。

解决方法

更换消声器总成。

（6）喷嘴卡滞/漏气

故障现象

仪表提示 NO_x 排放超标，诊断仪检测显示故障代码，代码含义为尿素喷射单元的喷嘴故障（卡滞）。检查发现喷嘴底座处漏气，周边被黑色炭粉覆盖（图7-2-9）。

图 7-2-9 喷嘴底座周边被黑色炭粉覆盖

原因分析

喷嘴卡滞是堵塞或超温造成的。堵塞原因可能为尿素结晶或尿素中有杂质；超温原因多是喷嘴的冷却能力不足，超过其许用温度。喷嘴漏气多是由于装配不当造成的。

解决方法

① 检查喷嘴表面及孔道是否有异物，按照操作指导进行清洗。

② 检查喷嘴冷却管路是否有泄漏或堵塞，根据具体情况进行相应处理。

③ 按照安装指导进行卡箍复紧操作，并进行漏气检测。

（7）DPF（颗粒捕集器）堵塞

故障现象

① DPF 吸附颗粒过载。

② DPF 累碳过快（图 7-2-10 和图 7-2-11）。

原因分析

① 漏气、漏油。

图 7-2-10　DOC（氧化催化器）端面

图 7-2-11　DPF（颗粒捕集器）端面

② 燃烧问题造成原始排放差。

③ 燃油、机油品质差。

解决方法

① 进行手动强制再生操作（图 7-2-12）。

② 检查进排气管路、中冷管路、节气门、喷嘴等位置气密性。

③ 检查发动机喷油器、油管等是否漏油。

④ 检查燃油及机油品质。

（8）排气背压阀故障

故障现象

① 排气背压阀卡滞或电路故障（图 7-2-13）。

图 7-2-12　进行手动强制再生
　　　　　操作（DPF 按键）

图 7-2-13　排气背压阀电路故障

② 排气背压阀变形、断裂（图7-2-14）。

原因分析

① 电气接头进水导致针脚腐蚀。

② 外部磕碰造成损坏。

解决方法

更换排气背压阀，确保插接件插接到位，防水堵完好无损。

（9）尿素箱通气阀漏液

故障现象

尿素箱顶部通气阀漏液，通气阀管路漏液，尿素结晶。

原因分析

① 通气阀与尿素箱连接处螺纹密封不严（图7-2-15）。

② 通气阀内部膜片破损（图7-2-16）。

图7-2-14 排气背压阀断裂

图7-2-15 通气阀与尿素箱
连接处螺纹密封不严

图7-2-16 通气阀内部膜片破损

解决方法

重新装配紧固通气阀，酌情更换通气阀。

（10）加注反喷

故障现象

加注时尿素溶液从加注口涌出，无法正常加注。

原因分析

加注口内橡胶圈变形，堵塞管口，加注不畅造成溶液溢出（图7-2-17）。

解决方法

① 检查加注口或管路内部是否有异物或尿素结晶堵塞。

② 检查管路是否有弯折或压扁等情况。

（11）冬季结冰

故障现象

低温环境下，添加尿素溶液时无法加注。

原因分析

尿素系统中只有尿素喷射管路和尿素泵具备加热功能，可保证低温条件下，尿素系统工作时，尿素泵可吸取到足量尿素溶液。若尿素箱内尿素溶液较多，则加注管与尿素箱接口位

图 7-2-17　加注口内橡胶圈变形

置有可能被冻住（图 7-2-18），此位置距离尿素泵较远，持续低温条件下无法实现尿素溶液完全解冻。

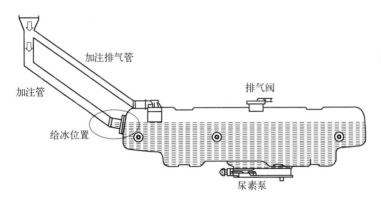

图 7-2-18　结冰位置

解决方法

将车辆移至暖库进行自然解冻后，可正常添加尿素。冬季控制每次加注量不超过 6L。

（12）再生故障

故障现象

① 再生时管路漏气。

② 再生过程中，排气温度异常。

原因分析

① 再生过程中，排气管路密封失效，导致再生喷油时，烟雾从排气管路中泄漏出来。

② 排气温度传感器安装错位。

解决方法

① 重新安装排气管路，正确安装密封垫。

② 正确安装排气温度传感器。

第8章
底盘故障诊断与维修

8.1
传动系统故障诊断与维修

8.1.1　离合器

（1）维修要点

① 离合器总成的维修要点

a. 在使用中膜片弹簧分离指（小端）容易磨损和弯曲，膜片弹簧分离指（小端）磨痕深度超过0.6mm时，应更换。

b. 膜片弹簧装复时，膜片弹簧分离指均应在同一平面内，用专用量具和塞尺插入测量，其间隙超过0.5mm，应用专用工具校正或更换新膜片弹簧。

c. 检查离合器从动盘摩擦片的厚度，还可以继续使用但其上有油污时，可用汽油擦净后继续使用；有轻微烧蚀或硬化时，可砂磨后继续使用；若烧蚀或开裂严重以及摩擦片表面磨损至距铆钉头的距离小于0.2mm时，应更换。

d. 压盘和飞轮表面被划伤时，可用磨削的方法修复或更换新件。

e. 将从动盘总成花键槽套在变速器主轴的花键齿上，用手来回晃动检查，不可有明显的松旷，若有应更换。

f. 检查从动盘毂铆钉是否松动，可用手锤轻轻敲击铆钉进行检查，若出现沙哑的声音，说明铆钉已松动或折断。铆钉松动、折断或减振弹簧折断等，应重铆或更换从动盘总成。

g. 从动盘总成装复时，应注意从动盘有飞轮侧标记的一面朝向飞轮安装，切不可装反。

② 离合器操纵机构的维修要点

a. 离合器主缸与工作缸的检查与装复

ⅰ. 检查离合器主缸和工作缸，其表面不应有划伤、砂眼、严重磨损及腐蚀等，若有应更换。

ⅱ. 在维修中分解主缸和工作缸时应注意，在拆卸皮碗时，不要划伤嵌入槽，检查皮碗必须柔软且有弹性，若皮碗硬化和膨胀应更换。

ⅲ. 在装配主缸和工作缸前，对各零件用酒精或制动液清洗干净，并浸以制动液。禁止使用汽油和煤油等，否则会腐蚀液压系统的橡胶件。

b. 离合器轴承的检查与维护

ⅰ. 离合器分离轴承是含油轴承，维护时不得将轴承浸泡在煤油或汽油中，擦去污物后即可装配。若发现轴承转动有卡滞现象或异响，应更换。在更换轴承时，轴承带有型号的端面应朝向操作者。

ⅱ. 离合器分离轴承座与变速器第一轴承盖的配合表面、分离叉球窝和螺栓接合处在三级维护时（35000～45000km），应涂抹通用润滑脂。

c. 离合器踏板总成的装复　安装离合器踏板总成时，应在踏板轴衬套、回位弹簧和平头销处，适量涂一层通用润滑脂。

d. 离合器踏板自由行程的调整

ⅰ. 调整时先将离合器分泵挺杆调长至分离轴承与分离指接触状态，然后调整主缸挺杆使踏板自由行程为 7～15mm。

ⅱ. 离合器主缸纵向安装在离合器踏板支架总成上，为使装配在离合器主缸内的推杆起到踏板限位器的作用，用止动环防止脱出。踏板高度（约 170mm）可用推杆前端叉杆拧入量调整。

e. 离合器液压传动系统的放气

ⅰ. 离合器液压传动系统的放气工作，由两人协同配合进行。

ⅱ. 检查储油杯内的油液液面，需要时补注。

ⅲ. 摘下放气螺帽。

ⅳ. 踩几下离合器踏板，最后停留在踩到底的位置，旋松放气螺钉，使系统中空气随制动液喷出，然后迅速拧紧放气螺钉，缓慢放松踏板，使其回位。

ⅴ. 按上述程序重复 2～3 次，直到从工作缸放气螺钉处喷出的制动液中没有气泡为止。

ⅵ. 旋上放气螺帽，调整工作缸推杆长度，达到合适的踏板自由行程。

（2）故障诊断

① 离合器打滑

故障现象

起步时，挂上低速挡，慢慢抬起离合器踏板，徐徐加大油门，车辆不能前进，发动机也不熄火。

故障原因与排除

a. 离合器踏板及分离叉没有自由行程或自由行程过小，使离合器处于半接合状态，需调节离合器踏板行程。

b. 摩擦片磨损过度使铆钉头露出，摩擦片硬化、烧损或沾有油污，需更换摩擦片。

c. 离合器膜片弹簧过软、变形或折断，离合器压盘或飞轮的摩擦表面出现沟槽（铆钉头刮伤）、翘曲或出现台阶，需更换离合器。

d. 离合器从动盘毂卡在离合器轴上，需调整或更换离合器。

e. 变速器主轴前轴承或分离轴承加注润滑脂过多，高温时润滑脂稀释后甩入摩擦面间，造成打滑，需清除过多的润滑脂。

f. 踏板回位弹簧过软、折断或在踏板轴上卡滞使踏板不能回位，需更换离合器踏板。

g. 压盘工作不正常及离合器压盖与飞轮之间的紧固螺栓松动，分离轴承套筒轴移动卡滞，需更换有故障的零件。

② 离合器切不断

故障现象

变速器挂挡困难，有齿轮撞击声。在挂上挡后，不抬离合器踏板，车辆就前进或发动机熄火。

故障原因与排除

a. 离合器踏板及分离叉自由行程过大，需调整离合器踏板行程。

b. 液压系统中有空气或漏油，需对液压系统排空气或排除漏油故障。

c. 主缸或工作缸工作不正常，需更换主缸或工作缸。

d. 从动盘翘曲、铆钉松动，需更换从动盘。

e. 新更换的从动盘摩擦片过厚、离合器膜片弹簧断裂，需更换从动盘摩擦片、离合器。

f. 从动盘毂花键槽与变速器主轴花键齿锈蚀卡滞，使从动盘移动困难，离合器压盘不平，需清除锈迹。

③ 离合器发响

故障现象

车辆行驶过程中，离合器发出异响。

故障原因与排除

a. 发动机在怠速运转时，离合器踏板完全抬起，仍能听到有间断的碰击声，这是由于分离轴承刮碰分离杠杆。

b. 踩下离合器踏板少许，使离合器的分离轴承和分离杠杆接触时，若听到"沙沙"的响声，则为离合器分离轴承润滑不足或烧损。

c. 当踩下离合器踏板后，听到"哗哗"的金属干摩擦声，拆下飞轮底壳，观察到分离杠杆已磨出沟痕，甚至在转动时出现火花，说明分离轴承损坏。

d. 起步时，刚抬起离合器踏板，离合器将要接合时啸叫，为从动盘钢片翘曲或破碎，从动盘毂歪斜在运转时摆动，摩擦片硬化凹凸不平，摩擦片铆钉头露出刮碰压盘或飞轮。

e. 当离合器踏板踩到底时，发出"嘎啦"的碰击声，为从动盘花键槽与变速器主轴花键齿磨损过度。

f. 刚踩下离合器踏板或刚抬起离合器踏板，使摩擦片和压盘处于要分离或要接合状态时，听到有"咔哒"的碰击声，为摩擦片铆钉松动。

g. 离合器分离轴承的回位弹簧过软、变形、折断或脱落，使分离轴承不回位，长期跟着转而发响。

④ 车辆起步时振抖

故障现象

发动机怠速运转，挂上低速挡，慢慢放松离合器踏板起步时，车辆前后抖动并发出"哽当、哽当"的冲击声。

故障原因与排除

a. 从动盘摩擦片沾有油污，铆钉头露出（刮压盘），摩擦片不平或从动盘翘曲。

b. 从动盘毂花键槽与变速器主轴花键齿磨损过度而松旷。

c. 离合器分离轴承套筒轴向移动卡滞，离合器盖与飞轮之间固定螺栓松动。

d. 离合器膜片弹簧有裂纹，从动盘减振弹簧变形或折断，踏板回位弹簧折断或脱落。

e. 变速器主轴和发动机曲轴中心线不同轴，飞轮固定螺栓松动。

8.1.2 万向传动装置

（1）注意事项

① 为了确保传动轴的正常工作，延长其使用寿命，严禁使用高速挡起步，严禁猛抬离合器踏板，严禁超载、超速行驶。

② 应经常检查传动轴工作状况，传动轴吊架紧固情况，橡胶支承是否损坏，传动轴各连接部位是否松旷，传动轴是否变形。

③ 为了保证传动轴的动平衡，应经常注意平衡焊片是否脱焊。新传动轴组件是配套提供的，在新传动轴装车时应注意伸缩套的装配标记。在维修拆卸传动轴时，应做好标记，以备重新装配时保持原装配关系不变。

④ 应经常为万向节十字轴轴承加注润滑脂。

（2）故障诊断

① 异响

故障诊断

如车辆起步时有撞击声，行驶中异响始终存在，大多是连接处松动所致；车辆起步时无异响，行驶中出现异响，多是装配或润滑不良引起。

车辆在起步或急加速时发出"咯噔"声，松旷的部位不外乎是万向节十字轴与轴承或花键轴与花键套配合过松。

车辆行驶中若底盘发出"嗡嗡"声，而且行驶速度越高，声音越大，一般是万向节十字轴与轴承磨损、传动轴中间轴承磨损、中间橡胶支承损坏或吊架松动或吊架固定的位置不正确所致。

解决方法

一般来讲，十字轴与轴承旷量不应超过0.13mm，伸缩花键轴与花键套间隙不应大于0.3mm。超过使用极限应修复或更换。

② 平衡问题

故障诊断

车辆行驶过程中若随着车速的增高而噪声增大，并且伴随有抖动，这一般是传动轴失去平衡所致。传动轴动平衡失效严重会导致相关部件的损坏，最常见的是离合器壳出现裂纹和中间橡胶支承的疲劳损坏。

解决方法

对于弯曲的传动轴，更换新件后进行平衡检查，不平衡量应符合标准要求。万向节叉及传动轴吊架的技术状况也应进行详细检查，如安装不符合要求，也会使传动轴失去平衡。

8.1.3 变速器

（1）注意事项

① 油液

a. 油面高度由壳体侧面的油面观察口检查，油面高度应与油面观察口下沿平齐。加油过多会导致变速器温度升高和漏油；加油过少将会导致零件润滑不良，严重的会发生烧箱事故。

b. 油面高度应定期进行检查，检查油面高度时汽车应停在水平路面上。由于热油的体积膨胀，为了防止检测不准确，行驶后的车辆不能立刻检查，在油面稳定和油温接近常温时方可进行。

c. 为了防止不同牌号的润滑油产生反应，在补充润滑油时应保证与原来的润滑油牌号相同。

d. 在更换润滑油时，首先要将变速器内原有的润滑油放净。新变速器在行驶 2000～5000km 时，必须更换润滑油。

e. 每行驶 10000km 应检查润滑油的油面高度和泄漏情况，随时进行补充。在大负荷工况下，在污染严重的环境中或者是在陡坡上持续工作时，应适当缩短换油周期（表 8-1-1）。

表 8-1-1　换油周期

使用条件	公路环境	越野环境	恶劣环境
换油周期	1 年或 100000km	每 1000 小时	每 500 小时

② 工作温度　变速器在连续工作期间的最高温度不得超过 120℃，最低温度不得低于 −40℃。工作温度如果超过 120℃，会使润滑油分解，缩短变速器使用寿命。

③ 工作倾斜角　变速器的工作倾斜角超过 15°时，润滑可能不充分（工作倾斜角等于变速器在底盘上的安装角加上斜坡角度）。

④ 拖行或滑行　工作时，变速器的轴和齿轮不停地转动，可以为变速器提供充分的润滑。但当车辆在后轮着地的情况下被拖行时，主箱的中间轴齿轮和主轴齿轮并不旋转，而主轴却被后轮带动着高速旋转，这样将会因缺乏润滑而引起变速器严重损坏。

为了防止这类现象发生，应注意以下几点：切勿使车辆在熄火状态下空挡滑行；切勿踩下离合器踏板使车辆空挡滑行；当车辆需要拖行时，可抽出半轴或脱开传动轴，也可使驱动轮离地（图 8-1-1）。

⑤ 车速　在车速超过 26km/h 的情况下，严禁将变速器从高挡区换向低挡区。

（2）故障诊断

变速器常见故障及其原因见表 8-1-2。

正确

错误

图 8-1-1　拖车

表 8-1-2　变速器常见故障及其原因

故障现象	原因分析
副变速器高、低挡位段脱挡	①调压阀有缺陷 ②气管或接头松动 ③气管被压扁 ④齿轮受轴扭曲影响,偏离正确位置 ⑤接合齿有锥度
主变速器脱挡或跳挡	①拨叉磨损 ②锁止弹簧弹性变弱或漏装 ③齿轮受轴扭曲影响,偏离正确位置 ④接合齿有锥度 ⑤滑套槽磨损 ⑥连杆运动受阻 ⑦连杆调整不当 ⑧发动机不平稳 ⑨发动机与变速器不对中
副变速器高、低挡位段换挡迟缓或不能换挡	①调压阀有缺陷 ②气管或接头松动 ③气管被压扁 ④气阀柱塞卡滞 ⑤气缸活塞 O 形圈损坏 ⑥气缸活塞螺母松动 ⑦气缸活塞破裂 ⑧同步器弹簧损坏 ⑨同步器损坏 ⑩气缸 O 形圈润滑剂过多或无润滑剂
主变速器换挡困难或不能换挡	①拨叉轴弯曲 ②拨叉轴有毛刺 ③锁止弹簧过硬 ④换挡机构壳体破裂 ⑤齿轮受轴扭曲影响,偏离正确位置 ⑥主轴扭曲 ⑦未使用离合器 ⑧连杆运动受阻 ⑨离合器调整不当 ⑩发动机支承损坏

故障现象	原因分析
不能互锁	①漏装互锁钢球 ②漏装互锁销
换挡时有"嘎嘎"声	①拨叉磨损 ②齿轮受轴扭曲影响,偏离正确位置 ③中间轴制动器不工作 ④连杆运动受阻 ⑤连杆调整不当 ⑥换挡机构壳内衬套磨损
不能摘挡	①主轴扭曲 ②连杆运动受阻 ③连杆调整不当
噪声大	①齿轮受轴扭曲影响,偏离正确位置 ②齿轮有裂纹或内部有毛刺 ③主轴齿轮误差过大 ④副箱中间轴前轴承内钢圈脱落 ⑤轴承损坏 ⑥油面过低 ⑦润滑油质量不合格 ⑧换油不及时 ⑨不同油品混用
空转时发响	①主轴齿轮公差过大 ②发动机运转不平稳
振动大	①发动机支承损坏 ②传动轴安装不当 ③悬架磨损
主轴垫圈烧坏	①油面过高 ②车辆拖行或滑行方法不正确
副轴花键磨损或损坏	①以高挡起步 ②冲击负荷过大 ③离合器调整不当 ④离合器故障 ⑤发动机与变速器不对中 ⑥传动轴安装不当
同步器损坏	①调压阀有缺陷 ②拨叉装反 ③同步器弹簧损坏 ④润滑油质量不合格 ⑤不同油品混用 ⑥操作方法不当
变速器过热	①齿轮受轴扭曲影响,偏离正确位置 ②轴承损坏 ③副箱副轴前轴承内圈脱落 ④油面过低 ⑤油面过高 ⑥润滑油质量不合格 ⑦变速器工作倾斜角过大 ⑧换油不及时 ⑨不同油品混用

故障现象	原因分析
主轴扭曲	①以高挡起步 ②冲击负荷过大
轴承烧坏	①副箱副轴前轴承内圈脱落 ②油面过低 ③润滑油质量不合格 ④换油不及时 ⑤不同油品混用
漏油	①通气孔堵塞 ②油面过高 ③壳体有铸造缺陷 ④后油封损坏 ⑤紧固螺钉松动或滑扣

① 变速器出现不规律的异响。

拆箱检查，发现花键断裂（图 8-1-2）。

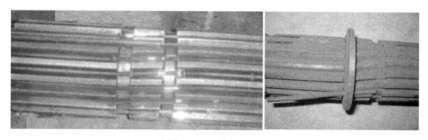

图 8-1-2 花键断裂

② 变速器出现有规律的敲击声。

拆解变速器总成，发现齿轮齿面损伤（图 8-1-3）。

图 8-1-3 齿轮齿面损伤

③ 副箱高挡侧或低挡侧挂挡后出现打齿声。

a. 检查气压和外围气路是否正常。

b. 检查气阀和气控锁止阀是否有效。

c. 若以上都正常，分别转换高、低挡检查副箱活塞是否到位。

d. 分解副箱，发现同步器拨叉摆块磨损（图 8-1-4）。

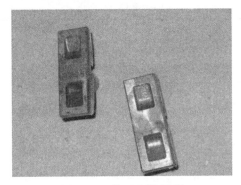

图 8-1-4　拨叉摆块磨损

④ AMT（机械式自动变速器）没有自动模式。

根据仪表信息（ABS 灯常亮），利用故障诊断仪读取故障代码，分析得知右前轮 ABS 传感器与齿圈间隙过大。将 ABS 传感器推向齿圈（图 8-1-5），故障排除。

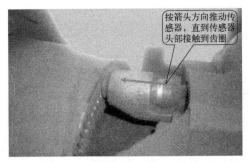

按箭头方向推动传感器，直到传感器头部接触到齿圈

图 8-1-5　将 ABS 传感器推向齿圈

8.2
行驶系统故障诊断与维修

8.2.1　减振器

车辆驶过不平路面，如果出现连续振动而不易衰减，则减振器可能已失效。拆下减振器，向上或向下拉推减振器拉杆（图 8-2-1），如果上下两个行程内感觉有很大并很均匀的阻力，表示减振器良好；如无阻力，说明减振器已失效，需修理或更换。如向下推动拉杆时在某些部位感觉轻松，然后又有些阻力，为减振器油液不足，应补充。

8.2.2　前钢板弹簧

① 拆卸

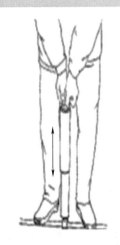

图 8-2-1　向上或向下拉推减振器拉杆

a. 清洁悬架，除去泥沙和油污。将车辆的驻车制动手柄放置在制动位置，用楔木塞住车辆前后车轮。

b. 用千斤顶及安全支架分别支起前轴和车架前部，拆下前轮。

c. 拆卸减振器下端（图 8-2-2）。

d. 拆卸减振器上端，取下减振器。

e. 先松开 U 形螺栓的螺母（图 8-2-3），然后取下 U 形螺栓、盖板、缓冲垫、垫板带减振器下销总成。

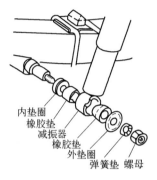
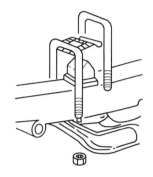

图 8-2-2　拆卸减振器下端　　　　　　　图 8-2-3　松开 U 形螺栓的螺母

f. 慢慢放下千斤顶，使前轴平稳落下，此时钢板弹簧总成处于自由状态。

g. 拆卸弹簧后端，卸下钢板弹簧后销固定螺栓，拆下钢板弹簧后销和侧垫圈。

h. 拆下钢板弹簧前销固定螺栓，卸下钢板弹簧前销。

i. 取下千斤顶，取下前钢板弹簧。

j. 拆下吊耳销固定螺栓，拆下吊耳销、吊耳、侧垫圈。

② 检查

a. 测量弹簧销与吊耳销的外径（图 8-2-4），确保其符合磨损极限要求。

b. 测量弹簧销与吊耳销衬套内径，确保其符合磨损极限要求。

c. 计算弹簧销与衬套之间的间隙以及吊耳销与衬套之间的间隙，确保其在维修标准范围内。

图 8-2-4　测量弹簧销与吊耳销的外径

③ 维护

a. 拆下卡箍螺栓。

b. 用一个 C 形卡钳可靠地夹住弹簧中部。

c. 拆下中心螺栓。

d. 慢慢地放松 C 形卡钳，分开弹簧片。

e. 用中心螺栓按弹簧片的顺序将弹簧组装起来。注意，在弹簧片的相对滑动摩擦面上涂石墨钙基润滑脂。

f. 用 C 形卡钳夹紧弹簧，按规定力矩拧紧中心螺栓和螺母。

g. 从弹簧总成上拆下 C 形卡钳。

h. 在拧紧中心螺栓后，在螺栓和螺母旋合的螺纹处进行冲铆，使其锁止。

i. 在卡箍上装上套管和螺栓，并按规定力矩将螺母拧紧。

j. 在拧紧卡箍螺栓后，在螺栓和螺母旋合的螺纹处进行冲铆，使其锁止。

④ 安装

a. 在装配前将衬套涂一层润滑脂。

b. 将吊耳装到吊耳支架上，吊耳两侧放上侧垫圈，然后将吊耳销打入，再装上固定螺栓，吊耳销上的沟槽与固定螺栓对准，按规定力矩拧紧。

c. 将垫板、弹簧总成、盖板、缓冲垫装到轴上，用千斤顶举起前轴。

d. 将固定端支架孔与弹簧卷耳对准，并把弹簧销插入就位。注意，应使弹簧销的槽对准固定螺栓。

e. 安装固定螺栓，按规定力矩拧紧。

f. 安装弹簧后销，将吊耳孔、弹簧卷耳孔及两边侧垫圈孔对准，并插入弹簧销就位，再装上固定螺栓，按规定力矩拧紧。

g. 暂时装上 U 形螺栓。

h. 用千斤顶将前轴顶起，然后将支在车架上的安全支架取下，再放下千斤顶。

i. 拧上 U 形螺栓的螺母，按规定力矩拧紧。注意，确保钢板弹簧 U 形螺栓拧紧，这关系到钢板弹簧的使用寿命。

j. 安装减振器上端，一定要用固定螺母和锁止螺母把减振器上端固定在减振器上支架上。

k. 将减振器下端装到下支架上，然后装上平垫圈、弹簧垫圈和六角螺母，并拧紧螺母。

l. 对钢板弹簧销和吊耳销加注润滑脂。

8.2.3　车桥

（1）维护保养

① 前桥维护和保养　新车桥使用前在各个黄油嘴处加注足量润滑脂。新车桥装车后，整车经过 1500km 走合，必须重新调整制动间隙，检查各部位紧固件后，方可正式投入使用。

每行驶 2000km，向各处黄油嘴加注润滑脂。每行驶 5000km，检查制动间隙。每行驶 8000～10000km，检查制动底板的紧固情况，检查轮毂轴承的松旷情况，检查制动片的磨损情况，若制动片的磨损超过了限位凹坑，则必须立刻更换。

② 后桥维护和保养　新车桥使用前，从注油孔向减速器内加注重负荷齿轮油至规定位置，从黄油嘴处加注足量润滑脂。新车桥装车后，整车经过 1500km 走合，必须重新调整制动间隙，重新检查各部位紧固件（涂胶螺栓除外）后，方可正式投入使用。

经常清除后桥壳上通气塞上的泥土、灰尘。经常检查加油孔螺塞和放油孔螺塞，如果发现有漏油现象，应及时拧紧，或更换端面密封垫片。每行驶 2000km，向各处黄油嘴加注润滑脂，清洗通气塞；检查半轴螺栓的紧固情况；检查桥壳内齿轮油液面高度。每行驶 5000km，检查制动间隙。每行驶 8000～10000km，检查制动底板的紧固情况，检查轮毂轴承的松旷情况，检查制动片的磨损情况，若制动片的磨损超过了限位凹坑，则必须立刻更换。检查齿轮油是否变质，如有变色、变稀等情况，应及时更换新油。初次换油的里程为

2000km，每行驶 24000km，需再次更换齿轮油。

（2）故障诊断

车桥常见故障原因与排除方法见表 8-2-1。

表 8-2-1　车桥常见故障原因与排除方法

故障现象	原因分析	排除方法
轮毂轴承卡滞	①轮毂轴承预紧过度 ②轴承缺乏润滑或使用的润滑脂不正确 ③轴承脏污	①调整预紧力 ②加强润滑或更换润滑脂 ③清洗
车轮卡滞	①分泵润滑不良或不回位 ②制动蹄或回位弹簧折断或疲劳	①加强润滑或调整 ②更换故障部件
转向操作沉重	①车轮定位不适当（后倾过量） ②主销和衬套的间隙过大 ③止推轴承装反 ④缺乏润滑 ⑤球头销连接过紧或过松 ⑥轮胎压力过低 ⑦轮胎磨损过度	①检查、调整车轮定位 ②检查、调整间隙 ③重新装配 ④加强润滑 ⑤调整 ⑥补充到规定压力 ⑦更换轮胎
转向轮摆振	①轴承磨损 ②主销和衬套磨损过大 ③转向节变形 ④车轮定位不适当	①更换轴承 ②维修或更换故障件 ③更换转向节 ④检查、调整车轮定位
转向跑偏	①车轮定位不适当 ②前轴弯曲 ③制动卡滞 ④轮毂轴承螺母松动	①检查、调整车轮定位 ②校正或更换前轴 ③维修制动器 ④按规定力矩拧紧
不均匀的或过早的轮胎磨损	①车轮定位不适当 ②轮毂轴承磨损或破损，轴承螺母松动 ③球头销、主销和衬套连接过松或过紧	①检查、调整车轮定位 ②更换轴承，按规定拧紧螺母 ③调整，如果必要，更换故障件

① 后桥过热

故障原因

a. 齿轮啮合间隙过小。

b. 轴承调整过紧。

c. 后桥齿轮油液面过低。

故障排除

首先检查齿轮油液面是否符合要求，油质是否合格，然后检查后桥齿轮或轴承间隙是否过小。液面低时应加油，油质不符合规定应更换，间隙过小应重新调整。

② 后桥漏油

故障原因

a. 油封磨损、老化或损坏。

b. 齿轮油加注过多。

c. 通气孔堵塞。

d. 后桥壳有裂纹或砂眼。

e. 密封垫损坏或螺栓松动。

故障排除

后桥漏油过多将直接影响正常润滑，加速机件损坏。与此同时，漏油往往会窜入制动鼓内，降低制动效能，影响行车安全。后桥漏油时，首先检查螺栓是否松动，密封垫是否损坏，油封是否损坏，如是应紧固或更换，否则检查通气孔是否堵塞，后桥壳有无裂纹，如以上都无问题，则可能后桥壳存在砂眼，应酌情更换。

③ 后桥异响

故障原因

a. 后桥壳内有异物。

b. 齿轮或轴承间隙过大。

c. 紧固螺母、螺栓松动。

d. 齿轮或轴承损坏。

故障排除

车辆行驶时，由于突然改变车速而引起的后桥异响，一般是主、从动齿轮啮合间隙过大引起的。齿轮或轴承损坏的异响是随着车速的变化而变化的，车速越高，响声越大。酌情修理或更换。

8.2.4 轮胎

① 检查轮胎的胎面和胎体是否有裂纹和损伤。

② 检查轮胎的胎肩有无不正常磨损。

③ 测量轮胎花纹深度，看其是否在标准范围内，检查胎面磨损是否一致。

④ 检查轮胎上有无钉子、碎石块和其他物品，及时清理。

8.3
转向系统故障诊断与维修

8.3.1 转向系统常见故障与排除

转向系统常见故障原因与排除方法见表 8-3-1。

表 8-3-1 转向系统常见故障原因与排除方法

故障现象	原因分析	排除方法
转向器有"喀喇"声	①转向器与支架有松动 ②转向传动杆系有松动 ③压力软管碰到车辆其他部件 ④转向摇臂轴过松 ⑤转向摇臂松动	①检查转向器安装螺栓,用规定的力矩拧紧螺栓 ②检查拉杆接头有无磨损,必要时更换 ③调整软管位置 ④调整摇臂轴 ⑤按规定力矩拧紧摇臂螺母

故障现象	原因分析	排除方法
转向或回正时,转向器啸叫,转向盘回正性能差	①阀上的阻尼O形圈切断 ②杆系球头销润滑不良 ③中间轴万向节和转向器端面摩擦 ④转向盘与外罩摩擦 ⑤中间传动轴轴承过紧或卡滞 ⑥转向器调整过紧	①更换阀体组件 ②润滑杆系接头 ③松开夹紧螺栓,正确安装 ④对中外罩 ⑤更换轴承 ⑥取下转向器按要求检查调整
汽车偏驶(考虑到道路条件和风的因素,应在平坦的路面上,从两个方向试车)	①前轮定位未校正 ②阀不平衡	①按规定调整 ②更换阀体组件或转向器
向左或向右急转方向时转向盘转向力瞬时增大	①油面低 ②油泵皮带打滑 ③转向器内泄量过大	①按要求添加动力转向液 ②张紧或更换皮带 ③修理转向器
发动机工作时转向,特别是原地转向时转向盘振动	①油面低 ②油泵的皮带松 ③在极限位置时,转向杆系碰到发动机底壳 ④油泵压力不足 ⑤油泵的流量控制阀卡滞	①按要求添加动力转向液 ②按规定调整张力 ③校正间限 ④检查油压(需进行压力试验),如果泄压阀损坏,将其更换 ⑤检查油泵流量控制阀,必要时更换油泵
转向盘回正过度或转向松旷	①转向器中有空气 ②扇齿啮合间隙过大 ③转向器松动	①向油泵的油箱加油,然后进行转向操作排出空气。检查软管接头紧固力矩是否合适,需要时加以调整 ②从车上取下转向器,按规定进行调整 ③按规定的力矩拧紧螺栓
转向器漏油	①油压过高 ②转向器外泄漏 ③连接头压伤	①更换油泵 ②修理转向器 ③更换连接头
动力转向液中有乳状泡沫	油中混入空气	排气

8.3.2　转向系统的安装与维护

（1）转向系统的安装

① 将转向轴置于中间位置并与中间传动轴对接好,然后将装好摇臂的转向器装到车架纵梁上,检查弹簧垫圈是否完好,装上弹簧垫圈和紧固螺钉,拧紧紧固螺钉,并使转向器处于中位。

② 装上转向横拉杆并连好转向摇臂。

③ 放下汽车前端,将软管接到转向器上,拧紧管接头。

④ 加注动力转向液,排出系统中的空气。

注意,安装转向器时,应避免引起管柱变形,管柱、传动轴、摇臂、拉杆等应不干涉,转动自如；连接油管时,转向器进油口和出油口有"▲"和"▼"标志,不得接反,否则会损坏转向器。

（2）转向系统的维护

① 必须加注规定种类的动力转向液，不能与其他油液混用，否则会引起密封失效等问题。

② 首次行驶3000km后转向器必须换油，以后每行驶20000km必须换油。

③ 必须定期检查转向器（5000km检查一次）。

④ 必须定期检查油位（5000km检查一次），如果未达到规定液面，则应加油并排气。

8.4
制动系统故障诊断与维修

8.4.1 制动器的调整与保养及常见故障与排除

（1）制动器的调整

① 前桥制动器

a. 调整时必须保证摩擦片的表面无油漆、润滑油等，如有油污，必须先用干净的布擦净，然后用砂纸打磨。

b. 在蹄片轴与衬套的配合表面、凸轮轴轴颈、凸轮表面及制动蹄滚轮表面涂一薄层润滑脂，多余的润滑脂应除去。

c. 凸轮轴装配后，应合理选择一组调整垫片，保证凸轮轴能自由转动，轴向窜动量应不大于1mm。

d. 安装调整臂时，可调整制动调整臂的蜗杆轴，使调整臂销孔与气室推杆叉销孔对齐，再穿入平头销，严禁改变制动气室推杆的初始长度。

e. 制动器装配后，拧动调整臂蜗杆轴，使上下两蹄收拢后装上制动鼓总成。

f. 用扳手旋转调整臂蜗杆轴，使摩擦片与制动鼓内表面全接触（消除间隙），然后将蜗杆轴反向旋转约1/2圈，制动鼓总成应可自由转动。

g. 制动气室通入空气后，推杆应能立即推出，排气后应能返回，无卡滞现象。

② 后桥制动器

a. 调整制动器制动间隙。

后轮制动器更换制动摩擦片后，因拆卸制动底板致使制动蹄片和制动位置改变，从而破坏了制动摩擦片和制动鼓的正确接触状态，因此需要进行全面调整，顺序如下。

ⅰ. 用扳手旋转调整臂蜗杆轴，使摩擦片与制动鼓内表面全接触。

ⅱ. 反向旋转调整臂蜗杆轴约1/2圈，用手转动制动鼓，能灵活转动，允许有轻微摩擦。

ⅲ. 检查装配位置，不得左右装反。

b. 调整轮毂轴承预紧力。

ⅰ. 用专用扳手紧固调整螺母至规定力矩。

ⅱ. 回转调整螺母使其松开，转动制动鼓 2～3 圈，使轴承正确就位，再以规定力矩紧固。

ⅲ. 反转调整螺母 1/6～1/4 圈，装上锁片，拧紧锁片紧固螺钉。

ⅳ. 转动制动鼓 2～3 圈，听制动鼓内应无异响。

（2）制动器的保养

① 检查制动底板固定螺栓有无松动。

② 制动蹄应能在制动蹄支承销上灵活转动，如有卡滞、锈蚀等情况应拆下清洗、除锈，并涂以适量的润滑脂。如制动蹄支承销松旷应更换衬套。

③ 制动凸轮轴应在 3000km 保养时加注润滑脂，使凸轮轴在支架孔中可以自由转动，如有卡滞、锈蚀等情况应拆下清洗、除锈，并涂以适量的润滑脂。

④ 当制动摩擦片表面到铆钉头的距离小于 0.5mm 时，应更换制动摩擦片。摩擦片表面开裂、缺损时也应更换。

⑤ 制动鼓磨损失圆允许镗削，镗削时必须用轮毂轴承外圈的锥面定位，制动鼓内摩擦表面对轴承轴线的全跳动误差小于 0.2mm。同一车辆左右制动鼓内径差小于 1mm。

⑥ 仔细检查制动蹄回位弹簧两端弯钩处不得有裂纹。若回位弹簧生锈或失效应更换。

⑦ 制动气室膜片应完好，无任何裂纹及老化现象。不允许将胶料配方不同的膜片分别装于同一车辆左、右制动气室。

（3）制动器常见故障与排除

制动器常见故障原因与排除方法见表 8-4-1。

表 8-4-1　制动器常见故障原因与排除方法

故障现象	原因分析	排除方法
制动器制动力不足	①制动鼓旋转不灵活	①调整制动鼓间隙
	②制动摩擦片过热或变质	②更换摩擦片
	③制动摩擦片贴合不当	③校正摩擦片贴合位置
	④制动鼓进水	④在行驶过程中,轻轻地踩下踏板,使水排干
	⑤在摩擦片和制动鼓上有润滑油	⑤清洗油迹或更换摩擦片
制动时有异响	①由于制动摩擦片磨损使铆钉凸出	①更换摩擦片
	②摩擦片表面硬化或变质	②更换摩擦片
	③制动鼓内表面不均匀磨损	③校正或更换制动鼓
	④制动蹄与摩擦片接触不紧密	④紧固
	⑤制动蹄固定销松动	⑤拧紧固定销锁紧螺钉
	⑥轮毂轴承磨损	⑥更换轮毂轴承
	⑦制动鼓变形	⑦校正或更换制动鼓
制动不稳定	①制动蹄固定销松动或回位弹簧损伤	①拧紧固定销锁紧螺钉,更换回位弹簧
	②制动摩擦片有油污或损伤	②清洗或更换摩擦片
	③制动底板有损伤	③更换制动底板

8.4.2　ABS 传感器安装、调整及 ABS 故障诊断

（1）ABS 传感器的安装与间隙调整

ABS 传感器通过夹紧衬套装入夹持体，安装在车桥上。ABS 传感器必须推入衬套内直到接触齿圈为止，绝对不能用锤或硬物敲击。接下来的轮毂装配会把传感器推回到它的适当位置。如果传感器被推回得太远，超过了应保证的间隙，那就要拆下来重新装配。齿圈与传感器之间没有最小间隙的要求，把传感器推到与齿圈接触，齿圈的端面跳动和车轮轴承间隙会自动推开传感器，使传感器和齿圈间形成一个小于 0.7mm 的间隙。

ABS 传感器装好后，必须用专用的检测仪器检测信号。若无专用的检测仪器，也可采用以下简易方法检测传感器输出电压信号：将万用表调至交流电压挡（20V 以内），将万用表的表笔插入传感器的输出接线端子内，转动轮毂，此时若电压信号大于 0.2V，说明 ABS 传感器工作正常；若电压信号小于 0.2V，说明 ABS 传感器与齿圈间隙过大，应调整至0.7mm 以内。同时，还应仔细观察瞬间最大电压与瞬间最小电压之比应小于 2.5，否则，即使平均电压大于 0.2V，也说明齿圈安装偏摆，跳动超差，必须重新安装齿圈。以上两项合格方可。

（2）ABS 故障诊断

闪码诊断法是一种不需任何特殊工具，只要将 ABS 指示灯线人为接地一定时间，通过观察指示灯闪烁的次数获知系统故障代码，通过查阅故障代码表就可确定系统故障的一种诊断方法。

使用该方法进行故障诊断时，先在点火开关关闭的情况下，用导线将 ECU 接口的 18 针插座上的第 18 针脚（指示灯）引出，打开点火开关，将引出的导线接地一定的时间，观察指示灯的闪烁次数。接地时间不同意味着不同的操作模式，指示灯闪烁的次数不同代表着不同的故障代码。

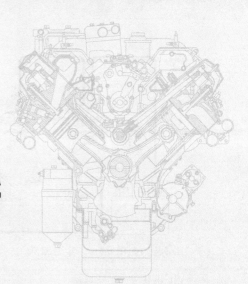

第9章

电气系统故障诊断与维修

9.1
起动机的故障诊断与维修

起动机是启动系统的核心，主要由直流电动机、传动机构和控制装置三部分组成（图9-1-1）。

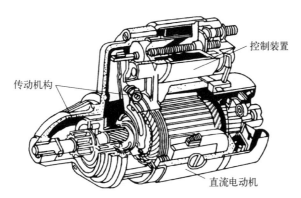

控制装置

传动机构

直流电动机

图9-1-1　起动机的结构

9.1.1　起动机的检查

（1）起动机总成的检查

① 牵引测试（图9-1-2）。

从端子C上断开励磁线圈引线，将蓄电池连接至磁力起动机开关，检查并确认小齿轮向外移动。

② 保持测试（图9-1-3）。

从端子C上断开负极电缆后检查并确认小齿轮没有向内回位。

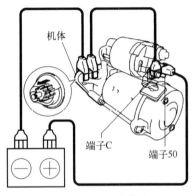

图 9-1-2　牵引测试

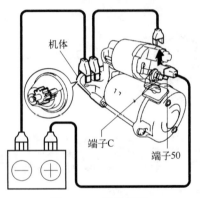

图 9-1-3　保持测试

③ 小齿轮返回测试。

从起动机机体上断开负极电缆，确认小齿轮向内回位（图 9-1-4）。

④ 检查起动机电流。

将蓄电池和电流表连接到起动机上，检查并确认电流表指示电流符合规定（图 9-1-5）。

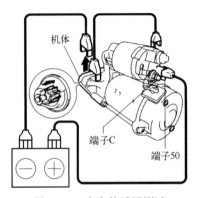

图 9-1-4　小齿轮返回测试

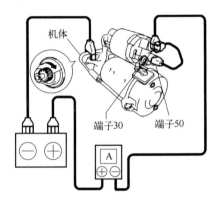

图 9-1-5　检查起动机电流

如果结果不符合规定，更换起动机总成。

（2）磁力起动机开关总成的检查

① 检查铁芯。

推入铁芯，然后检查并确认其能否迅速回到初始位置（图 9-1-6）。

如有必要，更换磁力起动机开关总成。

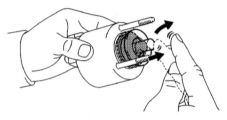

图 9-1-6　检查铁芯

② 检查吸引线圈。

使用万用表测量端子 50 和端子 C 之间的电阻（图 9-1-7 和表 9-1-1）。

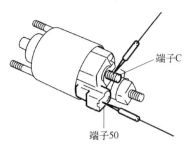

图 9-1-7　检查吸引线圈是否断路

表 9-1-1　标准电阻

万用表连接	使用挡位	规定值
端子 50-端子 C	电阻挡	小于 1Ω

如不符合标准，更换磁力起动机开关总成。

③ 检查保持线圈。

使用万用表测量端子 50 与开关壳体之间的电阻（图 9-1-8 和表 9-1-2）。

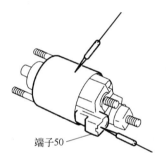

图 9-1-8　检查保持线圈是否断路

表 9-1-2　标准电阻

万用表连接	使用挡位	规定值
端子 50-车身搭钱	电阻挡	小于 1Ω

如不符合标准，更换磁力起动机开关总成。

（3）起动机电枢总成的检查

① 检查换向器是否断路。

使用万用表测量换向器整流子片间的电阻（图 9-1-9 和表 9-1-3）。

图 9-1-9　检查换向器是否断路

表 9-1-3　标准电阻

万用表连接	使用挡位	规定值
整流子片-整流子片	电阻挡	小于 1Ω

如不符合标准，更换起动机电枢总成。

② 检查换向器是否对搭铁短路。

使用万用表测量换向器和电枢线圈间的电阻（图 9-1-10 和表 9-1-4）。

图 9-1-10　检查换向器是否对搭铁短路

表 9-1-4　标准电阻

万用表连接	使用挡位	规定值
换向器-电枢	电阻挡	10kΩ 或更大

如不符合标准，更换起动机电枢总成。

③ 检查换向器径向跳动。

将换向器放在 V 形块上，使用百分表测量径向跳动（图 9-1-11）。

如检查结果超过允许值，更换起动机电枢总成。

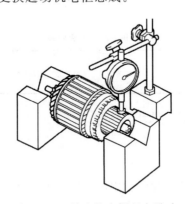

图 9-1-11　检查换向器径向跳动

④ 测量换向器直径。

使用游标卡尺测量换向器直径（图 9-1-12）。

如测量结果超过允许值，更换起动机电枢总成（图 9-1-12）。

（4）起动机电刷架总成的检查

① 测量电刷长度。

拆下弹簧卡爪，然后拆下 4 个电刷，使用游标卡尺测量电刷长度（图 9-1-13）。

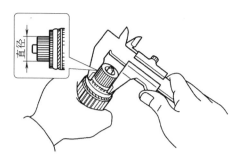

图 9-1-12　测量换向器直径

如检查结果超过允许值，更换起动机电刷架总成。

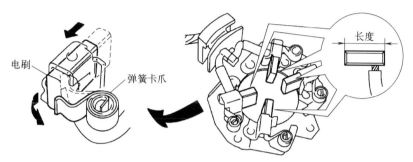

图 9-1-13　检查起动机电刷长度

② 检查电刷间的电阻。

使用万用表测量电刷间的电阻（图 9-1-14 和表 9-1-5）。

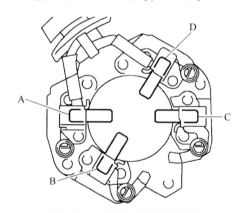

图 9-1-14　测量电刷间的电阻

表 9-1-5　标准电阻

万用表连接	使用挡位	规定值
A-B	电阻挡	10kΩ 或更大
A-C	电阻挡	10kΩ 或更大
A-D	电阻挡	小于 1Ω
B-C	电阻挡	小于 1Ω
B-D	电阻挡	10kΩ 或更大
C-D	电阻挡	10kΩ 或更大

如果不符合标准，更换起动机电刷架总成。

（5）起动机中间轴承离合器分总成的检查

顺时针转动离合器小齿轮，检查并确认其自由转动。尝试逆时针转动离合器小齿轮检查并确认其锁止（图 9-1-15）。

如有必要，更换起动机中间轴承离合器分总成。

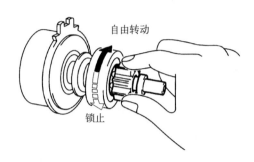

图 9-1-15　检查起动机中间轴承离合器分总成

9.1.2　起动机的常见故障与排除

起动机的主要故障包括起动机不工作、起动机空转等，造成发动机无法启动。起动机检测线的组成：蓄电池连接线一根，起动机继电器检测线两根。

（1）有检测线检查流程（图 9-1-16）

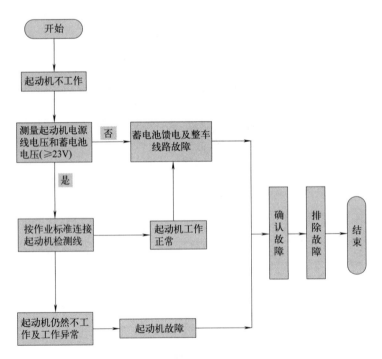

图 9-1-16　有检测线检查流程

（2）无检测线检查流程（图 9-1-17）

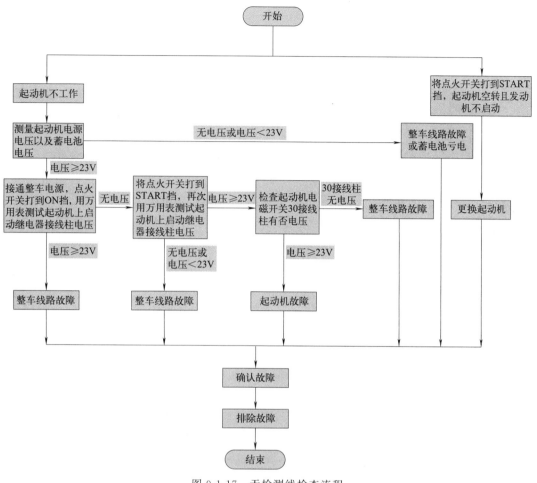

图 9-1-17　无检测线检查流程

9.2
发电机故障诊断与维修

9.2.1　发电机安装、接线与使用注意事项

（1）安装注意事项

① 调整调节臂，保证皮带张紧力适当，按规定力矩拧紧发电机各处紧固螺栓。

② 保证发电机的安装支架可以满足强度、刚度要求。

③ 尽量保证发电机的工作环境通风良好。

④ 尽量避免把发电机装于车辆较低位置或轮胎附近，以避免泥沙进入其内部造成损坏。

⑤ 尽量避免发电机靠近发动机排气管等热源。

⑥ 发电机与车辆上其他零部件保持约 10mm 的间距，以避免在运行过程中产生磕碰。

⑦ 发电机使用时必须与蓄电池并联工作，蓄电池规格应与发电机匹配。

⑧ 各导线连接处必须牢固、可靠，不得有松动、虚接等情况。

（2）接线注意事项

发电机接线端子如图 9-2-1 所示。

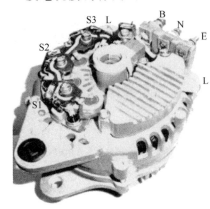

图 9-2-1　发电机接线端子

B—直流输出接线柱；N—中性点输出接
线柱；L—充电指示灯接线柱；E—接地端；
S1，S2，S3—定子线圈引出线

① 汽车发电机有 B、E 输出端（单线制发电机 E 输出端不必接导线，有些发电机则省去了 E 输出端；复线制发电机 E 输出端需接蓄电池负极）。B、E 输出端必须与负载（包括蓄电池）并联。

② 发电机充电指示灯输出端一般标记为 L（或 D+），L 端必须接一充电指示灯（24V 用电系统为 24V、3W 左右，12V 用电系统为 12V、2W 左右）。

③ 有些发电机有中性点输出（标记为 N）和相输出（标记为 W），N 与 W 输出可以接转速信号传感器、继电器开关或悬空等。

（3）使用注意事项

① 及时更换和修复老化、破损的导线，紧固松动的接头并清理接合面。

② 行驶 20000km（视工作环境和使用时间而定）应拆解发电机，清洗轴承及内部污物；补充或填充润滑脂；更换磨损较大的电刷（有刷发电机），并注意不要损伤定子与转子漆包线。

③ 检查轴承转动情况，如显著松动或不够灵活应予以更换；同时检查与轴承相配合的孔径或轴颈是否有磨损。

④ 严禁发电机无负载运行或运行过程中突然断开负载。

9.2.2　发电机的检查

（1）对发电机进行初步检查

若怀疑发电机不发电或发电量不足时，先不要拆下发电机，按以下步骤进行初步检查。

① 检查发电机各外接导线接头处有无断线、错接、短路现象，并测量 B 接线柱有无蓄电池电压。

② 打开点火开关，但不要启动发动机，此时测量 L 接线柱有无电压，并观察充电指示灯是否明亮。

③ 启动发动机，测量发动机 B 接线柱电压，应达到 27V 以上，轻踩加速踏板，电压有少许变化（0.1～0.2V）。

④ 打开部分负载（如车灯），电压在 27V 以上，轻踩加速踏板，电压有中等程度变化（0.2～0.4V）。

⑤ 打开空调、车灯等主要负载，电压在 27V 以上，轻踩加速踏板，电压有较大程度变化（0.5～1V）。

⑥ 进行到第③步时，发电机没有电压输出或输出电压不足，可采取如下方法检查：从蓄电池正极引一条导线，启动发动机后，用另一端迅速点击 L 接线柱，再测量 B 接线柱电

压输出，若无电压输出，则发电机存在不发电故障，若有电压输出，则充电指示灯线路有故障（一般为指示灯损坏，线路接触不良或断路）。

⑦ 若加载部分负载后，B 接线柱电压下降幅度较大，则故障可能为皮带松动、定子线圈缺相、整流或励磁二极管部分烧毁、励磁线圈匝间短路、接头接触不良。

（2）对发电机装配及传动系统进行检查

① 检查固定发电机的各紧固螺栓是否松动，皮带是否达到规定的张紧力。皮带过松，造成发电机发电量降低，高速运转的发电机负载较大时，会伴有煳味，同时发电机过热影响轴承寿命；皮带过紧，可能造成发电机轴承损坏、发电机扫膛或端盖断裂。

② 检查发电机是否与车辆其他零部件有干涉，若干涉，有可能造成短路，使发电机烧毁或造成机械性损伤。

③ 检查发电机安装位置与发动机的排气管是否过近。

（3）对发电机线路进行检查

① 点火开关接通、发动机未运转时，B 接线柱对地电压在 24V 左右，L 接线柱对地电压≥1V，充电指示灯亮，断开 L 接线柱的接线，则充电指示灯熄灭。

② 检查各接线点是否存在松动、虚接的情况，导线相互之间或与发电机壳体及车体之间是否存在短路，导线固定是否安全可靠。

③ 各导线线径是否满足使用要求。

9.2.3 发电机的常见故障与排除

发电机的常见故障原因与排除方法见表 9-2-1。

表 9-2-1　发电机的常见故障原因与排除方法

故障现象	原因分析	排除方法
发电机运行过程中,充电指示灯不灭,车灯发暗,发动机启动困难	①蓄电池或点火开关或起动机复合继电器与发电机之间连接导线断路或接触电阻大 ②定子绕组三相短路或与壳体短路 ③二极管损坏 ④皮带松动 ⑤滑环与电刷接触不良 ⑥调节器损坏 ⑦励磁绕组损坏	①拧紧或更换 ②修理 ③更换整流器 ④张紧或更换皮带 ⑤调整或更换电刷 ⑥更换调节器 ⑦修理或更换
充电电流小,蓄电池严重亏电,低速不充电	①二极管部分损坏 ②定子绕组有一相或多相接触不良 ③皮带松动 ④调节器(输出)电压低	①更换整流器 ②重新焊接 ③张紧或更换皮带 ④更换调节器
运行过程中仪表指示有时充电有时不充电	①蓄电池与发电机 B 接线柱之间接触不良 ②发电机内部接线有松动 ③仪表本身有故障 ④皮带松动,有打滑现象 ⑤调节器工作不稳定	①清理、紧固接触点 ②拧紧或重新焊接 ③修理或更换 ④张紧或更换皮带 ⑤更换调节器
发电机运行时有异响	①皮带过松,运转时有晃动 ②轴承损坏 ③轴承间隙太大,引起扫膛 ④异物进入发电机内部 ⑤安装挂脚松动,运转时产生振动 ⑥风扇、定子等变形	①张紧或更换皮带 ②更换轴承 ③更换轴承或端盖 ④取出异物并修理受损零件 ⑤重新紧固 ⑥修理或更换

故障现象	原因分析	排除方法
充电电流过大	①调节器损坏 ②充电保险装置容量小,与发电机不匹配,被烧损	①更换调节器 ②更换容量大的保险装置

（1）定子故障诊断与排除

故障判断

① 定子搭铁短路：用万用表检查定子线圈引线对发电机壳体电阻应大于 200Ω，反之定子已搭铁或与整流器负极板短路。

② 定子线圈烧毁：从发电机壳体散热窗观察定子线圈，若呈黑色，并伴有煳味，则线圈已烧毁。

③ 定子铁芯损坏：因为转子碰刮、定子绝缘浸漆处理不好，绝缘层破损，造成对地短路。

④ 装配故障：由于定子引出线处理不好，引出线距发电机外壳过近，由于振动、温度的变化，引出线与外壳相碰，出现短路。

故障分析

① 发电机因短路或负载过大，输出电流超过定子绕组的最大负荷能力，使定子绕组因过流而烧毁。

② 发电机不清洁，致使散热不畅，长时间工作温升过高，使绝缘材料热老化失效而短路。

③ 定子浸漆不良，绝缘漆没能填满槽内空隙，使线圈未被有效固定，同时气隙导热差，线圈的热量不能及时散出，使线圈短路烧毁。

④ 轴承因缺油松动或烧蚀，致使轴承径向间隙过大使转子轴偏心，造成转子扫膛，使定子绕组局部温升过高而短路或出现机械性断路。

（2）转子故障诊断与排除

故障判断

转子常见故障出现在励磁线圈，用万用表测量励磁线圈电阻 R，按表 9-2-2 进行判断。

表 9-2-2　检查发电机转子

测量值（R）		故障原因
R 与额定值相差较大	$R<$ 额定值	励磁线圈烧毁、匝间短路或滑环间存在短路
	$R>$ 额定值	滑环与其连线脱落或励磁线圈内部存在断路
R 与额定值相差不大		正常
R 在较大范围内变动		滑环磨损严重或滑环与其连线接触不良

故障分析

① 励磁线圈引线固定不好或励磁线圈与磁轭处配合松动，工作时由于离心力、振动而甩断导线。

② 励磁线圈引线与滑环焊接质量差或其他原因造成脱焊。

③ 电刷磨损较大或松动；电刷弹簧卡滞、变形；滑环烧蚀造成接触电阻较大，励磁电流不能通过，以致磁场不能正常建立。

④ 发动机启动前，闭合点火开关，使电流不断流经励磁线圈，长时间因温升过高而使线圈烧毁。

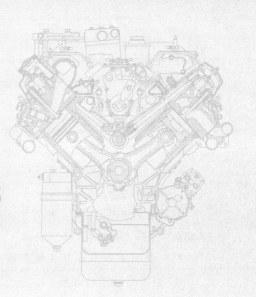

第 10 章
空调系统故障诊断
与维修

10.1
空调系统的检修

10.1.1 检修注意事项

（1）处理制冷剂（R134a）的注意事项

① 不要在封闭的室内或靠近明火的地方处理制冷剂。

② 在操作时应戴安全护目镜，不要使液态制冷剂进入眼睛或接触皮肤。

注意，如果液态制冷剂进入眼睛或沾到皮肤上时，应采取下列措施：不要擦眼睛或皮肤；用大量冷水冲洗沾到制冷剂的部位；用清洁的凡士林涂擦皮肤；立即就医，不要自己进行治疗。

（2）更换制冷剂管道配件的注意事项

① 在更换前，应慢慢地排出制冷剂。

② 应立即给被拆开的配件加上堵塞，以防止水分和灰尘进入系统。

③ 不要将冷凝器或储液罐（储液干燥器）等在拔出堵塞的状态下放置。

④ 在拆卸压缩机前，应排出制冷剂，否则当拔出堵塞时压缩机润滑油将会同制冷剂一起喷出。

（3）拧紧连接配件的注意事项

① 在 O 形圈配合部位涂少量的压缩机润滑油，以便于紧固及防止制冷剂渗漏。

② 使用两把扳手将螺母拧紧，以防止管子的扭曲变形。

③ 将螺纹配合件拧紧到规定力矩。

（4）连接歧管压力表的注意事项

① 将歧管压力表上高、低压手动阀完全关闭。

② 将带快速接头的充注软管端连接到高、低压充注阀。充注阀在压缩机高、低压管路上，充注阀盖上的字母"H"表示高压侧，"L"表示低压侧。

（5）连接软管的注意事项

① 用手拧紧螺母。

② 为防止软管松动，在连接部位不要涂压缩机润滑油。

注意，在连好歧管压力表和制冷剂容器（维修罐）后，应排尽软管内的空气。

（6）抽真空的注意事项

从高、低压两侧同时抽真空 20min，以确保空气全部被排出。将歧管压力表的高、低压手动阀关闭，同时断开真空泵保压 30min，观察低压表指针，检查是否有渗漏。

（7）使用制冷剂容器（维修罐）的注意事项

① 不要对其进行加热。

② 最高使用温度不超过 40℃。

③ 必须使用热水加热时，应小心罐顶部的阀，不要将其浸入水中，否则水会渗入制冷系统。

④ 空的维修罐不能重复使用。

10.1.2　空调压缩机的检修

（1）压缩机的检查

① 安装歧管压力表。

a. 关闭歧管压力表的手动阀。

b. 将歧管压力表的充注软管安装到充注阀上，将低压软管连接到低压充注阀上，将高压软管连接到高压充注阀上。

c. 用手拧紧软管接头螺母。

② 就车检查。

a. 开空调，在冷气最强的状态下，以 1500r/min 左右的转速运转发动机 5min。

b. 分别检查高压表读数和低压表读数是否符合规定值。

c. 检查压缩机是否有异响。

d. 检查油封处是否有渗漏现象。

e. 若发现问题，则应修理或更换压缩机。

③ 检查电磁离合器。

a. 检查是否有漏油痕迹。

b. 测量离合器导线与地之间定子线圈的电阻。若不符合规定值，则应更换压缩机。

（2）压缩机的更换

① 拆卸压缩机。

a. 开空调，怠速运转发动机 10min。

b. 停止发动机运转。

c. 从蓄电池上脱开负极导线。

d. 从配线上脱开电磁离合器导线。

e. 从制冷系统的低压侧排出制冷剂。

f. 从压缩机上脱开两根软管，立即用堵塞封住开口处，以防湿气进入系统。

g. 松开皮带。

h. 拆下压缩机支架固定螺栓和压缩机。

② 安装压缩机。

a. 用固定螺栓安装压缩机，按要求将螺栓紧固至规定力矩。

b. 安装皮带并张紧，压缩机运转 5min 后，在 98N 压力作用下皮带允许挠度为 9～13mm。

c. 将两根软管连接到压缩机吸、排气口上，按要求将螺栓紧固至规定力矩。

d. 将电磁离合器导线连接到配线上。

e. 将蓄电池负极导线连接到蓄电池上。

f. 对空调系统抽真空，抽吸 20min，保压 30min。

g. 向空调系统充入制冷剂并检查是否有气体渗漏。

10.1.3 储液罐的检修

（1）就车检查

a. 检查视镜、易熔塞和接头是否有渗漏现象。

b. 使用检漏仪进行检查，并按需要修理或更换储液罐。

（2）储液罐的更换

① 拆卸储液罐。

a. 从制冷系统的低压侧排出制冷剂。

b. 从储液罐上拆下进、出口管，立即用堵塞封住开口处，以防湿气进入系统。

c. 从储液罐支架上拆下储液罐。

② 安装储液罐。

a. 将储液罐装到储液罐支架上，注意，在连接管子前不要拆除堵塞。

b. 将进、出口管连接到储液罐上，并按要求拧紧。

c. 对系统抽真空，抽吸 20min，保压 30min。

d. 向空调系统充入制冷剂并检查是否有气体渗漏。

10.1.4 冷凝器的检修

（1）就车检查

① 检查冷凝器散热片是否被堵塞或损坏。如果散热片被堵塞，可用水进行清洗，并用压缩空气吹干。

注意，不要损坏散热片，若散热片已弯曲，则应使用合适的工具校直。

② 检查冷凝器接头处是否渗漏，按需要进行修理。

（2）冷凝器的更换

① 拆卸冷凝器。

a. 从制冷系统的低压侧排出制冷剂。

b. 拆下中网和发动机盖锁支架。

c. 从冷凝器接头处脱开进、出口管，立即用堵塞封住开口处，以免湿气进入系统。

d. 拆卸冷凝器固定螺栓，取下冷凝器。

② 安装冷凝器。

a. 拧上螺栓，应使橡胶软垫正确地贴合在安装凸缘上。

b. 将进、出口管连接到冷凝器上，并按要求拧紧。

c. 安装中网和发动机盖锁支架。

d. 对空调系统抽真空，抽吸 20min，保压 30min。

e. 向空调系统充入制冷剂并检查是否有气体渗漏。

10.1.5　蒸发器和膨胀阀的检修

（1）就车检查

a. 安装歧管压力表。

b. 运转发动机并开空调。

c. 在 2000r/min 的转速下运转发动机 5min 以上。

d. 检查膨胀阀，如果膨胀阀被堵塞，则低压将降到零。

（2）蒸发器和膨胀阀的更换

① 拆卸蒸发器和膨胀阀。

a. 蓄电池脱开负极导线。

b. 从制冷系统的低压侧排出制冷剂。

c. 从蒸发器接头处拆下进、出口管，立即用堵塞封住开口处，以防湿气进入系统。

d. 从进、出口接头上拆下密封圈。

e. 拆下右杂物盒。

f. 脱开插接件。

g. 拆下蒸发器。

h. 脱开插接件。

i. 拆下四个弹簧卡子（图 10-1-1）。

j. 拆下螺钉。

k. 拆下上壳体。

l. 拆下温度传感器。

m. 拆下下壳体。

n. 从膨胀阀的进口接头处拆下液体管子。

o. 从蒸发器的吸入管子上拆下密封垫和感温包（图 10-1-2）。

p. 拆下膨胀阀。

q. 检查蒸发器的散热片是否被堵塞。若散热片被堵塞，可用压缩空气吹干净。

注意，绝对不要用水清洗蒸发器。

r. 检查接头是否有裂纹或划痕。若有裂纹或划痕，按需要进行修理。

② 安装蒸发器和膨胀阀

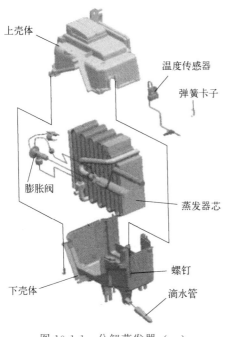

膨胀阀

蒸发器芯

螺钉

滴水管

上壳体

温度传感器

弹簧卡子

下壳体

图 10-1-1 分解蒸发器（一）

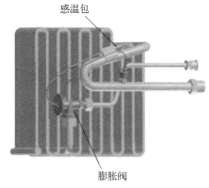

感温包

膨胀阀

图 10-1-2 分解蒸发器（二）

a. 将膨胀阀连接到蒸发器的进口接头上，并拧紧螺母。

b. 将密封垫和感温包装到蒸发器的吸入管子上。

c. 将液体管子连接到膨胀阀的进口接头上，并拧紧螺母。

d. 将下壳体装到蒸发器上。

e. 安装上壳体。

f. 安装螺钉。

g. 安装弹簧卡子。

h. 安装温度传感器。

i. 连接插接件。

j. 安装蒸发器并紧固。

k. 连接插接件。

l. 安装右杂物盒。

m. 将密封圈装到进、出口接头上。

n. 将进、出口管连接到蒸发器的接头上，并按规定力矩拧紧。

o. 将蓄电池负极导线连接到蓄电池上。

p. 对空调系统抽真空，抽吸 20min，保压 30min。

q. 向空调系统充入制冷剂并检查是否有气体渗漏。

10.1.6 空调管路的检修

① 使用检漏仪检查各部分管道是否渗漏。

② 检查各部分管道的夹紧部位是否松动，酌情进行重新紧固。

③ 更换损坏的制冷剂管道。

a. 排出制冷剂。

b. 更换损坏的硬管或软管。

注意，及时用堵塞封住开口处，以防湿气进入系统。

c. 按规定力矩拧紧接头。

d. 对空调系统抽真空，抽吸 20min，保压 30min。

e. 向空调系统充入制冷剂并检查是否有气体渗漏。

10.2
空调系统的故障诊断

10.2.1 空调系统故障诊断与维修方法

（1）凭感觉

① 用眼看。

首先，查看储液干燥器视镜中制冷剂的流动状况：若流动的制冷剂中有大量气泡，说明制冷剂不足，应补充至适量，若制冷剂呈透明状态，表明制冷剂过量，应缓慢放出部分制冷剂；若偶尔看到制冷剂中有少量气泡，则说明制冷剂量正好。

其次，查看空调系统中各部件与管路连接是否可靠，是否有渗漏。应将连接处螺母拧紧或更换密封圈，以杜绝渗漏。

最后，查看冷凝器是否堵塞，散热片是否变形。应将冷凝器表面清理干净，对变形的散热片予以修正。

② 用耳听。

首先，听压缩机离合器有无异响，若有，则多为电磁离合器线圈老化，通电后电磁力不足，或离合器片磨损使其间隙过大，造成离合器打滑而发出尖叫，或者皮带松动引起异响。

其次，听压缩机在运转中是否有液击声，若有，则多为系统内制冷剂过多或膨胀阀开度过大，导致制冷剂在未完全汽化的情况下被吸入压缩机，应缓慢释放制冷剂至适量。

③ 用手摸。

在无温度计的情况下，可用手触摸空调系统各部件以及连接管路的表面，触摸高压回路（压缩机出口、冷凝器、储液干燥器、膨胀阀进口），应呈较热状态。若在某一部位特别热，进、出口之间有明显温差，则说明此处堵塞，触摸低压回路（膨胀阀出口、蒸发器、压缩机入口），应温热。若压缩机高、低压侧无明显温差，则说明制冷剂不足或存在系统故障。用手按压压缩机皮带，松紧度应适中。

（2）用仪器

① 用检漏仪检测空调系统各接头处是否渗漏。

② 将歧管压力表的高、低压表分别接在空调系统充注阀上，在空气温度为 30～35℃、发动机转速为 1500～2000r/min 时，将风速开关和温控开关调至最高挡，高压端压力和低压

端压力应在规定范围内，否则说明空调系统有故障。

10.2.2　空调制冷系统的故障诊断

空调制冷系统常见故障与排除方法见表10-2-1。

表 10-2-1　空调制冷系统常见故障与排除方法

故障现象	原因分析	排除方法
无冷气	①点火开关熔丝烧断 ②电磁离合器故障 ③A/C开关故障 ④配线或接地故障 ⑤无制冷剂 ⑥压力开关故障 ⑦皮带松弛或断裂 ⑧压缩机故障 ⑨膨胀阀故障 ⑩系统有渗漏 ⑪储液罐上的易熔塞熔化或滤网堵塞 ⑫鼓风机电机故障 ⑬配线故障	①检查是否存在短路,酌情处理后更换熔丝 ②检修电磁离合器 ③检修A/C开关 ④酌情处理 ⑤充注制冷剂 ⑥检修压力开关 ⑦调整或更换皮带 ⑧检修压缩机 ⑨检修膨胀阀 ⑩酌情处理 ⑪检修储液罐 ⑫检修鼓风机电机 ⑬酌情处理
间断地有冷气	①电磁离合器打滑 ②膨胀阀故障 ③配线连接故障 ④系统中含有过多的水分	①检修电磁离合器 ②检修膨胀阀 ③酌情处理 ④先回收,再对系统抽真空并充入制冷剂
仅在高速时有冷气	①冷凝器散热片堵塞 ②皮带打滑 ③压缩机故障 ④制冷剂不足或过量 ⑤系统内有空气	①清洗冷凝器 ②检修皮带 ③检修压缩机 ④使制冷剂适量 ⑤对系统抽真空并充入制冷剂
冷气不足	①冷凝器堵塞 ②皮带打滑 ③电磁离合器故障 ④压缩机故障 ⑤膨胀阀故障 ⑥制冷剂不足或过量 ⑦系统内有空气 ⑧压缩机润滑油过多 ⑨储液罐堵塞	①检修冷凝器 ②检修皮带 ③检修电磁离合器 ④检修压缩机 ⑤检修膨胀阀 ⑥使制冷剂适量 ⑦先回收,再对系统抽真空并充入制冷剂 ⑧使压缩机润滑油适量 ⑨检修储液罐

10.2.3　空调暖风系统的故障诊断

空调暖风系统故障诊断流程如图10-2-1所示。

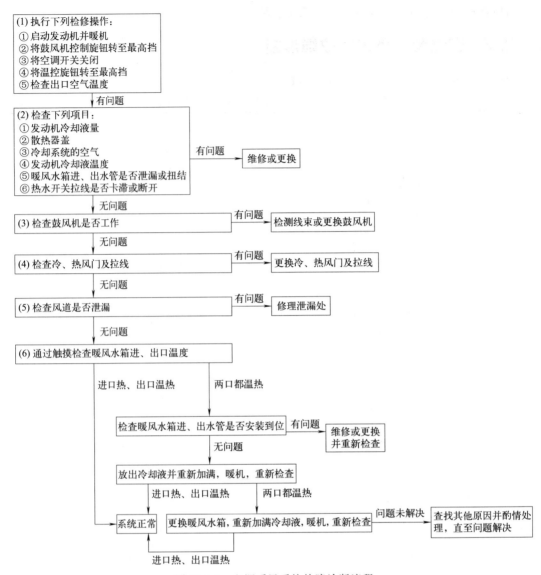

图 10-2-1　空调暖风系统故障诊断流程